MÉMOIRES
ET CORRESPONDANCE
POLITIQUE ET MILITAIRE
DU
PRINCE · EUGÈNE

PUBLIÉS, ANNOTÉS ET MIS EN ORDRE

PAR

A. DU CASSE
AUTEUR DES MÉMOIRES DU ROI JOSEPH

TOME DIXIÈME

PARIS
MICHEL LÉVY FRÈRES, LIBRAIRES-ÉDITEURS
RUE VIVIENNE, 2 BIS

1860

MÉMOIRES
DU
PRINCE EUGÈNE

OUVRAGES DU MÊME AUTEUR

Mémoires du Roi Joseph, 10 vol. in-8.
Suite des Mémoires du Roi Joseph, 3 vol. in-8.
Album des Mémoires du Roi Joseph, in-8.
Précis historique des opérations de l'armée de Lyon en 1814, 1 vol. in-8.
Mémoires pour servir a l'histoire de la campagne de 1812, 1 vol. in-8.
Opérations du 6ᵉ corps en Silésie en 1806 et en 1807, 2 vol. in-8 avec atlas.
Précis des opérations de l'armée d'Orient de mars 1854 a octobre 1855, 1 vol. in-8.
Le Duc de Raguse devant l'histoire, 1 vol. in-8.
Les Erreurs militaires de M. de Lamartine, 1 vol. in-8.
La Morale du soldat, in-18.

ROMANS :

Du soir au matin, 1 vol. in-8.
Le Marquis de Pazaval, 1 vol. gr. in-18 (en collaboration avec M. Valois).
Le Comte de Saint-Pol, 1 vol.
Le Conscrit de l'an VIII, 1 vol. gr. in-18 (en collaboration avec M. Valois).

SOUS PRESSE :

Les Deux Belles-Sœurs.

Nota. — Ouvrage oublié par erreur à la liste publiée aux 2 vol. précédents.
Souvenirs d'un Officier du 2ᵉ de Zouaves, 1 vol. in-18 (rédigé entièrement par M. Du Casse, sur des documents du général Cler).

PARIS. — IMP. SIMON RAÇON ET COMP., RUE D'ERFURTH, 1.

MÉMOIRES
ET CORRESPONDANCE
POLITIQUE ET MILITAIRE
DU
PRINCE EUGÈNE

PUBLIÉS, ANNOTÉS, ET MIS EN ORDRE

PAR

A. DU CASSE,
AUTEUR DES MÉMOIRES DU ROI JOSEPH

« Eugène ne m'a jamais causé aucun chagrin. »
Paroles de Napoléon *à Sainte-Hélène.*

TOME DIXIÈME

PARIS
MICHEL LÉVY FRÈRES, LIBRAIRES-ÉDITEURS
2 BIS, RUE VIVIENNE.

—

1860.

Reproduction et traduction réservées.

MÉMOIRES
ET CORRESPONDANCE
POLITIQUE ET MILITAIRE
DU
PRINCE EUGÈNE

LIVRE XXVII

DU 1ᵉʳ JANVIER AU 9 FÉVRIER 1814.

§ I. — Coup d'œil sur ce qui avait eu lieu depuis le commencement des hostilités à Zara, — Cattaro, — Raguse, — Venise. — Conduite de l'armée napolitaine du roi Murat à Rome, à Ancône. — Cette armée occupe Bologne, Modène, Ferrare et Cento, vers la fin de janvier sans déclaration de guerre préalable. — Première lettre de Napoléon, en date du 17 janvier, dans laquelle il est question de l'évacuation *conditionnelle* de l'Italie. — Napoléon semble abandonner ce projet. — Pourquoi ? — Le prince Eugène, se basant sur les faits hostiles de l'armée napolitaine, adresse une proclamation aux peuples du royaume d'Italie et une à ses troupes. — Il envoie le général Gratien à Plaisance. — Mesures concernant Gênes et le littoral. — L'armée d'Italie abandonne l'Adige (4 février) pour se porter sur la ligne du Mincio. — Position de cette armée sur la rive droite du Mincio.

§ II. — Bataille du Mincio (8 février 1814). — Plan du vice-roi. — Son but en livrant cette bataille. — Dispositions qu'il prend. — Le même jour le comte de Bellegarde veut franchir le Mincio. — Son plan. — Idée fausse à laquelle il obéit. — Ses dispositions. — Récit de la bataille. — Ses différentes phases. — Rapport fait à Napoléon par le commandant Tascher. — Lettre critique du maréchal Vaillant sur cette bataille.

I

Avant de reprendre le récit des opérations sur l'Adige, au commencement de 1814, nous croyons intéressant de résumer les événements qui avaient eu lieu dans les autres parties de la Péninsule. Ainsi que nous l'avons dit au livre XXV°, dès l'ouverture des hostilités en Italie, le cabinet de Vienne était parvenu facilement à faire soulever les populations croates, dalmates, illyriennes; en outre les villes du littoral avaient été bloquées par des troupes autrichiennes auxquelles les escadres anglaises prêtaient un utile concours. Les soldats indigènes incorporés dans nos rangs, où ils étaient retenus de force, s'empressèrent de tourner leurs armes contre nous, et, comme ils composaient la majeure partie des garnisons de Zara, de Raguse et des places des bouches du Cattaro, tout le pays, bientôt en pleine insurrection, se trouva presque sans défense. Les généraux Montrichard, Roize et Gauthier firent néanmoins bonne contenance.

Zara ne se rendit que le 5 décembre 1813, après un siége en règle et un bombardement. La garnison était réduite à 840 hommes, y compris 200 marins illyriens. Les troupes italiennes, 73 gendarmes et 45 canonniers français furent conduits par terre à l'armée du vice-roi sur l'Adige, par suite de la capitulation,

Cattaro capitula le 6 décembre 1813, n'ayant plus que 200 hommes du 3ᵉ bataillon du 4ᵉ régiment léger italien, et 10 canonniers pour servir 65 bouches à feu. Raguse n'était défendu que par 360 hommes du 4ᵉ bataillon de ce même régiment, 30 canonniers et 22 gendarmes français, plus quelques gardes côtes et quelques volontaires.

Cattaro, où commandait le général Gauthier, abandonné par la majeure partie de sa garnison, avait supporté un blocus de trois mois et demi, un bombardement de 10 jours et avait épuisé, pour prolonger sa défense, toutes ses ressources.

Raguse avait supporté, sous les ordres du général Montrichard, 4 mois du blocus le plus rigoureux et 6 jours de bombardement. Non-seulement le général avait eu à lutter contre les Autrichiens du général major Milatinovich, mais encore contre les forces navales anglaises. Les Croates, les canonniers gardes-côtes, la garde nationale, l'avaient abandonné ; les habitants s'étaient insurgés.

Il avait été stipulé que les soldats qui restaient des garnisons de Cattaro et de Raguse seraient considérés comme prisonniers de guerre jusqu'à leur échange, et transportés à Ancône par mer ; cette convention fut exécutée pour les défenseurs de Cattaro. Ceux de Raguse rejoignirent l'armée d'Italie, par le Tyrol, sur l'Adige.

Venise, bloquée après la retraite du vice-roi sur l'Adige, resserrée de manière que toute communication fût interceptée à partir du 14 décembre, soutint diverses attaques sérieuses. Les défenseurs firent de fréquentes sorties contre les troupes du général autrichien Marschall, et luttèrent avec la plus grande énergie, malgré les maladies causées par le froid, dans les lagunes. Cette ville tenait encore au commencement de 1814.

Les premiers jours de janvier se passèrent sans combat sur les bords de l'Adige où l'armée du vice-roi se maintint en face de celle de Bellegarde, occupant la ligne du Montebaldo à Castagnaro. Les Autrichiens cherchaient à gagner du temps pour permettre aux troupes napolitaines d'opérer leur jonction avec eux, et au roi de se déclarer nettement contre la France. Tous les yeux étaient tournés sur Murat. Le prince Eugène se tenait prêt, non pas à se porter sur les Alpes, parce qu'il n'en avait pas encore l'ordre, *même conditionnel*, mais à abandonner la ligne de l'Adige pour celle du Mincio, afin de n'être pas pris à revers par ceux qu'il appelait les *lazaroni* et qui auraient dû couvrir son flanc droit.

Cette armée napolitaine, forte d'une trentaine de mille hommes, qui allait venir, si mal à propos, détruire toutes les bonnes combinaisons du vice-roi et, comme nous l'avons dit, le compromettre à droite, comme la défection de la Bavière l'avait compromis à gauche; cette armée s'avançait doucement, pas à pas, *traîtreusement*, mais s'avançait vers le centre de l'Italie.

Le 16 janvier, un général napolitain, pénétrant à Rome avec 5,000 soldats, se déclara, en vertu des instructions qu'il avait reçues, commandant supérieur des États romains, et prit possession du pays. Les postes français furent relevés par les Napolitains. Le général Miollis, qui avait trop peu de monde pour résister, se retira avec sa faible garnison dans le fort Saint-Ange ; ce qu'il y avait de troupes françaises dans le département du Trasimène et sur la rive gauche du Tibre, se replia sur la Toscane. Miollis, avec 1,800 hommes, dont 1,000 tout au plus en état de porter les armes, fut bloqué dès le 20 janvier dans le fort Saint-Ange qu'il n'avait pas eu le temps d'approvisionner, ayant été surpris par la brusque déclaration des Napolitains. A Civita-Vecchia, le général Lasalcette fut plus heureux. Il avait 1,400 soldats dont 1,000 valides. Informé de ce qui se passait à Rome et prévoyant que la même chose allait lui arriver, il s'empressa de faire entrer des vivres dans la place et d'améliorer les fortifications. Le 27 janvier seulement, les troupes de Murat commencèrent le blocus.

Obéissant à leurs ordres et suivant le même plan de conduite, les généraux de Naples voulurent s'emparer de la citadelle d'Ancône où le général Barbou s'était renfermé. Ils ne purent réussir; mais, dans la haute Italie, et quoique les hostilités n'eussent pas été dénoncées par le roi de Naples, 9,000 fantassins et 4,000 cavaliers de l'armée de ce prince, occupèrent Bologne, Modène, Ferrare et Cento.

On était à la fin de janvier 1814. Le 17, l'Empereur avait écrit au vice-roi une lettre en chiffres[1],

[1] Voir la Correspondance.

dans laquelle il lui disait qu'aussitôt qu'il aurait la nouvelle *officielle* que le roi de Naples se mettait avec l'ennemi, il lui semblait *important* (à lui Napoléon) que le prince gagnât les Alpes avec toute son armée. « Le *cas échéant*, ajouta l'Empereur, vous laisserez les Italiens, » etc., etc. Cette lettre parvint à Eugène le 24, il y répondit le 25. Or la mesure d'évacuation, si nous comprenons bien la dépêche impériale, est subordonnée à la nouvelle officielle de la défection de Murat. Cette dépêche ne contient pas un ordre *positif*. Le vice-roi l'interprète ainsi, et répond que les Napolitains ne se sont pas encore déclarés contre nous. C'est qu'en effet, le 25 janvier, et malgré les actes de demi-hostilité de Murat, ce dernier n'a pas levé le masque, puisqu'il écrit que : *Si les événements l'entraînaient à séparer sa cause de celle de l'Empereur, la France et la postérité le plaindraient, et que, dans aucun cas, il n'agirait contre l'armée du prince sans le prévenir*, etc.

Le vice-roi apprend la conduite des Napolitains à Bologne, à Ancône, à Rome, etc. Il doit se mettre en garde contre Murat, et cependant Murat semble encore indécis; il n'a pas dénoncé les hostilités; un succès de Napoléon, une bataille gagnée en France ou en Italie, peuvent l'amener à ne pas mettre exécution son traité secret avec l'Autriche [1]. L'Empereur cependant, ne manifeste pas de nouveau le désir de voir l'armée d'Italie faire un mouvement

---

[1] Ce traité avait été signé le 11 janvier par Murat, mais il était encore secret, le roi de Naples ne l'avouait pas ; ce n'est que par la lettre du 21, du duc d'Otrante, qu'Eugène en connut l'existence.

pour se rapprocher des Alpes. Pourquoi ? parce qu'à la fin de janvier Napoléon s'est mis à la tête de la Grande-Armée, parce qu'à cette époque des renforts sont en marche de la Catalogne pour rallier le corps d'Augereau à Lyon, parce que tout fait espérer que l'on pourra conserver l'Italie et sauver la France[1].

Telle était la véritable situation des choses, lorsque, le 1ᵉʳ février, Eugène, s'attendant à voir, d'un moment à l'autre, les Napolitains lui tomber sur les bras, crut devoir abandonner la ligne de l'Adige pour prendre celle du Mincio. Il annonça à son armée et aux peuples du royaume la nouvelle phase dans laquelle on allait entrer, par les deux proclamations suivantes :

« Soldats de l'armée d'Italie ! — Depuis l'ouverture de la campagne vous avez enduré de grandes fatigues, vous avez donné à l'ennemi de grandes preuves de courage, et à votre souverain de grands témoignages de fidélité ; mais quelle gloire et quels avantages n'aurez-vous pas acquis enfin par vos nobles efforts ! Vous avez forcé l'ennemi à vous esti-

---

[1] Nous allons donner une nouvelle preuve de ce que nous avançons, et l'on va voir que l'Empereur, au mileu de janvier, n'avait pas encore l'idée bien arrêtée de l'évacuation de l'Italie. Il existe au dépôt de la guerre une longue note dictée par Napoléon lui-même et relative aux armées de Lyon et d'Italie. Dans cette note on lit : « L'Empereur « ne s'oppose pas à ce que le prince Borghèse fasse revenir sur Fenes-« trelle et Briançon tous les fusils dont il n'a pas besoin, cela serait « même utile, *dans le cas de l'évacuation.* »

Donc l'*évacuation*, dans la pensée de Napoléon, est encore une chose conditionnelle.

mer, vous avez mérité la satisfaction et les éloges de l'Empereur, et vous pouvez vous honorer d'avoir protégé, jusqu'à présent, la plus grande et la plus belle partie de l'Italie, et un grand nombre de départements français, contre un ennemi dévastateur.

« Soldats! de tous côtés s'élevaient les espérances d'une paix sincère et durable, mais ce jour d'un honorable repos n'est point encore arrivé pour vous; un nouvel ennemi s'annonce; et quel est-il? Quand je l'aurai nommé, je doute que vous croyiez à mes paroles; mais votre incrédulité, à cet égard, que j'ai longtemps partagée avec vous, vous fait honneur. Ce nouvel ennemi, ce sont les Napolitains, qui nous avaient solennellement promis leur alliance.

« La confiance dans leurs promesses les a fait accueillir en frères dans le royaume d'Italie, dont on leur a permis d'occuper plusieurs départements. Nous avons partagé avec eux nos vivres et nos munitions. Ils sont venus en frères, et dès lors leurs armes étaient préparées contre nous.

« Soldats! je lis dans votre âme toute l'indignation que vous éprouvez; ce noble sentiment rehausse encore votre valeur. Les Napolitains ne sont pas invincibles; peut-être avons-nous quelques amis dans leurs rangs. Car, bien que le sentiment de la loyauté puisse être momentanément étouffé, il faut cependant de la réflexion pour s'affermir dans la carrière de l'infidélité. Un grand nombre de Français sont répandus dans les troupes napolitaines, ils abandonneront bientôt ces drapeaux, qu'ils croyaient inséparables de ceux de leur souverain. Ils se réuniront à vous et retrouveront dans vos rangs les mêmes grades auxquels ils s'étaient élevés auparavant. Vous les recevrez en amis, et votre accueil les dédommagera de la circonstance douloureuse dans laquelle ils se sont trouvés, et dont ils n'ont pas mérité d'être victimes. Français! Italiens! j'ai confiance en vous; comptez aussi sur moi! Vous y trouverez toujours votre avantage et votre gloire. Soldats! ma devise est *Honneur et Fidélité!* Qu'elle soit aussi la vôtre; avec elle et l'aide de Dieu nous triompherons enfin de nos ennemis. »

« Peuples du royaume d'Italie!—Depuis trois mois nous avons eu le bonheur de préserver la plus grande partie de votre territoire des invasions de l'ennemi. Depuis trois mois les Napolitains nous ont solennellement promis leurs secours. Et comment aurions-nous dû jamais nous méfier de leurs protestations? Leur souverain est allié par les liens du sang au grand homme à qui, lui et moi, nous devons tout; et ce grand homme est aujourd'hui moins heureux!... Confiant dans la parole des Napolitains, nous pouvions donc espérer que les efforts que nous avons faits jusqu'à présent ne seraient pas perdus, et que l'ennemi serait bientôt obligé de se retirer de nos frontières.

« Peuples du royaume d'Italie! le croirez-vous? Les Napolitains trompent aussi tous nos vœux, toutes nos espérances. Cependant, tandis qu'ils paraissaient comme alliés, ils se sont avancés sur notre territoire, et ont occupé plusieurs départements. Nous les avons accueillis en frères, nous leur avons ouvert avec empressement nos magasins, nos caisses, nos arsenaux et nos forteresses. En récompense de cette confiance, en récompense de nos sacrifices, sur la même ligne où ils devaient unir leurs armes aux nôtres, ils tendent la main à l'étranger, ils élèvent leurs drapeaux contre nous. L'inexorable histoire dévoilera un jour tous les artifices, toutes les machinations qu'il fallut employer, sans doute, pour égarer à ce point un souverain qui s'est trop distingué par sa valeur pour ne pas posséder toutes les autres vertus d'un soldat.

« Peuples du royaume d'Italie ! nous ne le cachons pas ; la défection des Napolitains a cruellement augmenté les difficultés de notre position. Mais nous ne craignons pas de le dire : notre courage sera d'autant plus grand que notre situation est plus difficile. Réunissez-vous donc autour du fils de votre souverain ; ayez confiance dans la justice et dans la sainteté de votre cause ; marchez à la voix de celui qui vous porte tous dans son cœur, et qui, vous le savez, n'eut jamais d'autre ambition que celle de contribuer de toutes ses forces à l'augmentation de votre gloire et à l'affermissement de votre bien-être. Italiens ! ceux-là seuls sont immortels, même dans l'estime et dans les annales des nations étrangères, qui savent vivre et mourir fidèles à leur souverain et à leur patrie, fidèles à leurs serments et à leurs devoirs, fidèles à la reconnaissance et à l'honneur. »

Quelques jours avant de répandre ces deux proclamations, et en apprenant la conduite des Napolitains sur la rive droite du Pô, Eugène avait envoyé l'ordre au général Gratien, qui organisait à Alexandrie la 1re division de l'armée de réserve, de se rendre à Plaisance pour couvrir cette place, se lier avec sa propre armée et arrêter le mouvement de Murat. La division Gratien arriva à Plaisance le 28 janvier, ne comptant guère plus de 3,300 combattants. En même temps qu'il prenait cette mesure sage et prudente, le vice-roi prévenait le prince Camille Borghèse, gouverneur général des divisions militaires au delà des Alpes, de ce qui se passait. Ce prince, apprenant de son côté qu'une expédition anglaise se préparait en Sicile pour enlever Livourne et Gênes, prescrivait au général Fresia de se rendre dans cette dernière place, pour y succéder au général Montchoisy, malade. Fresia était à Turin, occupé à organiser une des divisions de l'armée de réserve. Il arriva à Gênes, ne trouvant dans toute l'étendue de son commandement qu'une force de 4,500 combattants, répartis à la Spezzia, à Bardi, à Gavi, à Borgo-di-val-Taro, à Pontremoli, à Gênes, à Savone et le long de la côte ; cet officier général demanda des renforts. On n'en avait pas à lui donner. On se borna donc à réparer les fortifications sur quelques points et à envoyer derrière la Magra le général de brigade Rouyer Saint-Victor en le chargeant de défendre le passage de cette rivière et de couvrir Pontremoli avec les quelques troupes de la réserve du levant.

Revenons aux opérations de l'armée principale d'Italie. Le mouvement rétrograde de cette armée commença le 3. Pour le masquer, le prince chargea les 1re et 2e divisions de former un rideau sur le bord de l'Adige, puis les 3e, 4e, 6e et la garde se portèrent sur le Mincio. La 5e se replia de Rivoli et de la Corona sur Castel-Nuovo, laissant toute la journée ses postes dans leurs positions. Le 4, l'opération fut achevée ; la brigade d'arrière-garde Bonnemains, laissée à Zevio, évacua Vérone et prit position à Villafranca. Le soir, le général autrichien Stefanini voulut tâter l'arrière-garde du général Bonnemains, qui le rejeta derrière Villafranca en lui faisant quelques prisonniers.

Le même jour, 4 février, les Autrichiens passèrent l'Adige et se déployèrent sur la rive gauche du Mincio. L'armée du vice-roi prit les positions suivantes sur la rive droite : 1re lieutenance, division Rouyer, à Mantoue, ayant 2 bataillons à Borgo-Forte sur le Pô, en observation ; division Marcognet à Bozzolo sur la rive droite de l'Oglio et dans les environs ; division Zucchi à Mantoue même, détachant deux bataillons à Governolo, point de jonction du Mincio et du Pô ; 2e lieutenance, division Quesnel, à Goito, point où débouche la route du Brescian ; division Fressinet à Borghetto, Volta et en face Pozzolo, se liant par les hauteurs qui dominent ce dernier village avec la division établie à Goito ; division Palombini à Peschiera et Monzambano. Cavalerie, 1re brigade, à Mantoue ; 2e en arrière de Goito ; 3e à Rivalta, Sarginesco et Castellucchio ; garde royale et quartier général à Mantoue.

II

Lorsque le vice-roi vit sa petite armée bien établie sur la rive droite du Mincio, appuyée à gauche à Peschiera, à droite à Mantoue, il résolut de donner une bonne leçon à l'armée napolitaine, qui, sans avoir encore déclaré la guerre, avait réellement fait acte d'hostilités. Toutefois il jugea indispensable de mettre d'abord le comte de Bellegarde hors d'état d'inquiéter les troupes qu'il laisserait sur le Mincio pendant son expédition sur la rive droite du Pô. Pour cela il fallait livrer bataille aux Autrichiens. Le prince fit ses dispositions en conséquence et fixa pour l'attaque la journée du 8 février.

Franchir le Mincio de front et livrer à l'ennemi une bataille parallèle parut au vice-roi une opération dangereuse. Au contraire, marcher sur Villafranca en débouchant de Mantoue à droite, de Goito et de Monzambano au centre, de Peschiera à gauche, afin de serrer pour ainsi dire les Autrichiens dans un étau, lui sembla une combinaison avantageuse. En effet, comme le prince était maître des ponts de Goito et de Monzambano, et qu'il était toujours sûr de s'appuyer, en cas de non-succès, sur Peschiera et sur Mantoue, il n'avait pas à craindre pour sa ligne de retraite.

Basant son projet, son plan offensif sur cette donnée, Eugène prit ses mesures en conséquence.

Le 8 au matin, son armée commença son mouvement de la manière suivante :

1° Une colonne, celle de droite, formée par les divisions Rouyer, Marcognet (de la 1re lieutenance), par la garde et la brigade de cavalerie Perreymond, toutes troupes à Mantoue et aux environs, déboucha de cette ville sous les ordres du général Grenier, se dirigeant sur Roverbella par San-Brizio, et suivant la grande route de Vérone.

2° Une seconde colonne, celle du centre, formée par la division Quesnel (de la 2e lieutenance), ayant une avant-garde aux ordres du général Bonnemains, avant-garde composée du 31e de chasseurs à cheval, de 2 bataillons et de 4 canons, déboucha par le pont de Goito, sous la direction spéciale du prince lui-même.

3° Une troisième colonne, celle de gauche, formée par la division Fressinet (de la 2e lieutenance), et par le 4e régiment de chasseurs à cheval italien, se réunit sur les hauteurs de Monzambano, aux ordres du général Verdier, ayant pour instruction de passer le Mincio au pont de ce village et de se diriger par les hauteurs de Valeggio sur Villafranca, où le vice-roi comptait trouver les Autrichiens et les forcer au combat.

Ces trois colonnes avaient pour points de réunion : les colonnes de droite et du centre le coude de la route entre le village de Marengo et Roverbella ; les colonnes de droite et du centre avec celle de gauche, Villafranca.

Comme le vice-roi voulait n'avoir affaire qu'au centre de l'armée ennemie, afin de pouvoir lutter à forces à peu près égales, il prescrivit :

1° A la division Zucchi (de la 1re lieutenance), qui

formait le fond de la garnison de Mantoue, de sortir de cette place avec la brigade de cavalerie Rambourg, de se répandre sur les routes de Legnago, de Isola-delle-Scala et de Castiglione-di-Mantova, tenant l'extrême droite des attaques pour occuper les trois brigades de la division autrichienne Mayer, en position sur ces routes et chargées plus spécialement du blocus de Mantoue;

2° A la division Palombini (de la 2° lieutenance), formant la garnison de Peschiera, de déboucher de cette place, de se prolonger par les hauteurs de Cavalcaselle et de Salionze dans la direction de Castel-Nuovo, San-Giorgio et Oliosi pour occuper la division autrichienne chargée du blocus de Peschiera et l'empêcher de se porter sur Villafranca.

Dans le cas où cette division autrichienne marcherait au secours du centre des Autrichiens à Villafranca, la division Palombini devrait la suivre sur ce point.

Ces dispositions paraissaient sages et pouvaient laisser espérer un succès au vice-roi, puisque ce prince avait l'espoir de combattre l'ennemi sans une trop grande disproportion de forces, et que, de toute façon, il n'avait pas à craindre les conséquences fâcheuses d'une bataille perdue.

Un fait singulier, dont il y a peu d'exemples dans l'histoire militaire des armées modernes, vint modifier toute la combinaison du prince.

Le général en chef autrichien, persuadé, on ne sait trop pourquoi, que son adversaire n'avait qu'une pensée, celle d'abandonner le Mincio pour se replier sur la rive droite du Pô; convaincu, en outre, que ce mouvement était déjà commencé par les troupes d'Eugène, et qu'on n'avait laissé que deux divisions sur le Mincio pour masquer ce changement de front en arrière, avait décidé que ce même jour, 8 février, il jetterait son armée sur la rive droite du Mincio en perçant la ligne par le pont de Borghetto, au-dessous de Valeggio, et par un autre pont qu'on établirait à Pozzolo[1].

En conséquence, ordre fut donné :

1° Aux 18,000 hommes de la division Radivojevitch de franchir la rivière à Borghetto;

2° A la division Merville de se diriger sur Pozzolo avec l'équipage de pont;

3° A la division Mayer de rester au blocus de Mantoue;

4° A la division Wladitch d'occuper devant Peschiera les hauteurs de Cavalcaselle;

5° A la division Sommariva de se rapprocher du Mincio pour franchir cette rivière avec le reste de l'armée autrichienne, à la suite de la division Radivojevitch.

Tandis que l'armée du vice-roi, exécutant le mouvement ordonné, portait les deux colonnes de droite et du centre de Mantoue et de Goito sur Roverbella, que la colonne de gauche, qui avait moins d'espace à parcourir pour gagner Villafranca, se réunissait

---

[1] Le comte de Bellegarde, qui fut peut-être trompé par le rapport de ses espions, ne se donna pas même la peine de faire reconnaître la ligne du Mincio, ni de prescrire l'enlèvement des ponts occupés par l'armée du vice-roi.

sur les hauteurs de Monzambano, rappelant ses postes et se concentrant sous la direction supérieure du général Verdier, l'armée autrichienne, exécutant également les dispositions adoptées par son chef pour le passage du Mincio, se rapprochait de la rivière.

La division Radivojevitch franchit tranquillement le Mincio. Elle n'avait trouvé personne à Borghetto, puisque la division Fressinet avait quitté ce point pour se concentrer à Monzambano, étant fort loin de s'attendre à ce que l'ennemi allait la prévenir, en faisant au-dessous d'elle une opération analogue à la sienne. Cette division Radivojevitch fit réparer le pont et se trouva bientôt sur la rive droite.

La division Merville jeta son pont de bateaux au moulin de Pozzolo, fit passer la rivière par une de ses brigades, celle du général Vecsey, qui s'établit sur les hauteurs de Volta pour se lier avec la division Radivojevitch, poussant sa cavalerie vers Cereta et Cerlongo dans la plaine, et enlevant les équipages de la brigade Bonnemains. Le général Merville, avec la brigade de grenadiers de Stutterheim et les régiments de dragons de Savoie et de Hohenloe (brigade Verden), s'établit en réserve à Pozzolo.

La division Mayer resta au blocus de Mantoue, occupant tous les villages de Marmirolo à Villabona, ayant son quartier général à Roverbella.

La division Wladitch resta au blocus de Peschiera.

La division Sommariva s'avança vers le Mincio, la brigade Stanislavlevitch vint à Oliosi, la brigade Fenner à Salionze.

Le maréchal Bellegarde prit position avec le reste de ses troupes à Valeggio.

Voyons maintenant ce qui arriva de cette double combinaison des deux généraux en chef des deux armées.

La colonne de droite de l'armée d'Italie arriva à Rota, et fit ses dispositions pour enlever Roverbella, où le prince Eugène croyait trouver une forte avant-garde ennemie et éprouver une sérieuse résistance.

La colonne du centre, débouchant de Goito, se trouva tout à coup, et à peu de distance de cette ville, en présence des premiers postes de la division Merville en opération sur Pozzolo. La brigade d'avant-garde Bonnemains franchit les ponts des canaux autour de Villabona. Le 31ᵉ de chasseurs s'étendit dans la plaine entre Marengo et Mazimbona, au pied du rideau des hauteurs qui dominent le Mincio de Valeggio à Mazimbona. Les postes ennemis furent enlevés, près de 500 Autrichiens faits prisonniers par quelques pelotons de chasseurs. La division Quesnel, ayant dépassé Marengo, se prépara à se déployer pour l'attaque présumée contre Roverbella d'abord et Villafranca ensuite. Elle se lia avec la colonne de droite, et s'étendit par sa gauche vers Belvédère pour donner la main à la colonne de gauche (général Verdier). Les deux colonnes françaises de droite et du centre se trouvaient alors sur le plateau qui s'étend de Marengo à Villafranca.

La division Zucchi, sortie de Mantoue, replia sur Roverbella les postes et les troupes de la division Mayer, et s'approcha de Castiglione-di-Mantova, menaçant de déborder l'ennemi. Le général autrichien se concentra en arrière de Roverbella.

La brigade Bonnemains, avant-garde de la colonne du centre, prit la gauche de la division Quesnel et se dirigea sur Belvédère.

Le vice-roi continuait son mouvement offensif, persuadé qu'il allait trouver devant lui, entre Roverbella et Villafranca, tout le centre de l'armée ennemie. Quel ne fut pas son étonnement, lorsque, de la hauteur qui domine le village de Mazimbona, à trois quarts de lieue de Pozzolo, il aperçut distinctement dans la plaine de Volta, entre cette ville et Goito, au pied des mamelons, de fortes colonnes autrichiennes. Presque au même instant le canon se fit entendre à l'extrême gauche, sur les hauteurs de Monzambano.

En effet, la division Fressinet était aux prises d'une manière sérieuse avec les forces triples des siennes de la division Radivojevitch, et cette dernière, s'étendant dans la direction de Pozzolengo, cherchait à acculer le général Verdier au Mincio.

Le vice-roi comprit ce qui avait lieu. — Il était trop tard pour repasser les ponts de Goito et pour se porter sur Borghetto au secours de la division Fressinet. Il eût fallu pour cela faire faire cinq à six lieues aux colonnes de droite et du centre; d'ailleurs, le général Verdier pouvait appeler à lui la division Palombini. L'important était de battre, d'écraser si la chose était possible, ce qui de l'armée autrichienne n'avait pas encore franchi le Mincio. C'est le parti qu'adopta le prince Eugène, et il eut d'autant plus raison d'agir ainsi, qu'en volant au secours de sa gauche il découvrait et compromettait la division Zucchi, déjà assez éloignée de Mantoue. En outre, il espérait que le bruit de son canon, se rapprochant de Valeggio, exciterait le courage de la division Fressinet et donnerait des craintes à l'ennemi.

Au lieu donc de livrer bataille à Bellegarde sur le plateau de Villafranca, le vice-roi marcha sur Valeggio, persuadé qu'il avait encore toutes les chances favorables pour lui, et qu'il pourrait faire assez de mal aux Autrichiens pour les dégoûter pendant quelque temps de toute entreprise sérieuse.

La division Quesnel reçut l'ordre de faire un changement de direction à gauche, et de se porter en colonne sur Pozzolo. La division Rouyer reçut celui de suivre ce mouvement. La division Marcognet dut continuer le sien sur Roverbella pour rejeter le général Mayer sur Villafranca. La brigade Perreymond, qui était à hauteur de Marengo, vint prendre la gauche de la division Quesnel, afin de se trouver opposée à la cavalerie autrichienne qui marchait avec la division Merville. La garde fut dirigée sur Goito, pour assurer la conservation des ponts que l'ennemi semblait menacer par la rive droite du Mincio. Ainsi, d'après ces nouvelles dispositions, le prince n'avait plus dans la main, pour combattre le centre de Bellegarde, que 2 divisions d'infanterie et 2 brigades de cavalerie, c'est-à-dire de 12 à 13,000 hommes au plus. Il venait de se priver d'une division et de sa réserve, mais c'était chose forcée, puisqu'il fallait d'une part occuper fortement et assurer la conservation du pont de Goito; d'une autre, tenir éloignée du champ de bataille la division autrichienne Mayer.

La division Quesnel, arrivée à la hauteur de Mazimbona, opéra son déploiement. La brigade Perreymond s'établit sur la route de Valeggio. La brigade Bonnemains, rappelée de Belvédère, prit la droite de la ligne de bataille. La division Rouyer vint se former entre cette brigade et la division Quesnel. La division Marcognet continua sa marche sur Roverbella. Les troupes plus spécialement dirigées par le vice-roi lui-même n'étaient plus loin de la rampe qui conduit à Pozzolo lorsque la brigade de dragons du général Wreden, jusqu'alors cachée par le rideau des hauteurs, déboucha appuyée par 4 escadrons de hulans de l'archiduc Charles, et vint donner sur la brigade Perreymond. Le 1er de hussards, composé en grande partie de jeunes chevaux montés par de jeunes soldats, fut culbuté, et 6 pièces enlevées par l'ennemi, malgré les efforts des dragons de la reine. Cette brigade, poussée de côté sur la division Rouyer, put enfin se rallier derrière la division Quesnel, dont le prince fit former les carrés; une fois remise de son échec, elle chargea à son tour, ramena les Autrichiens sur Pozzolo, et reprit 5 des 6 pièces qui lui avaient été enlevées.

Cependant le général Merville avait fait prévenir le comte de Bellegarde que les Français marchaient à lui, cherchant à se placer entre sa division et celle du général Mayer, qui allait être acculée sur Roverbella. Bellegarde, ne pouvant abandonner l'idée que le vice-roi voulait passer sur la rive droite du Pô et quitter la ligne du Mincio, se figura que le prince avait appris le mouvement de l'armée autrichienne et était revenu avec une ou deux divisions pour mettre obstacle à ses projets. Néanmoins il envoya la brigade Quasdanovitch et le régiment de Deutschmeister ainsi que quelques escadrons sur Pozzolo.

Le général Merville s'avança avec la brigade de grenadiers de Stutterheim, à la hauteur du village, se forma en bataille sur le plateau, s'étendant par sa gauche vers Remelli. Les troupes envoyées par Bellegarde se placèrent en seconde ligne, et le général Merville attendit l'attaque de l'armée d'Italie.

Le général Bonnemains, qui revenait de Belvédère après avoir enlevé un convoi d'équipages, se trouva bientôt en face de la droite de la ligne ennemie. Il déploya ses deux bataillons, les couvrit par ses 4 pièces et opposa le 31° de chasseurs à la cavalerie autrichienne qui s'avançait vers Remelli. Le combat s'engagea; le général Merville essaya de menacer les 2 bataillons du général Bonnemains. Le 31° de chasseurs fit un changement de front pour prendre en flanc l'ennemi, qui se retira. Dix-huit bouches à feu ne tardèrent pas à ouvrir leur feu contre le général Bonnemains, qui allait se trouver dans une position critique, lorsque la division Rouyer arriva pour soutenir la division Quesnel. La ligne du vice-roi avait pour appui : la brigade de cavalerie Perreymond à gauche, l'avant-garde du général Bonnemains à droite.

Le prince, en se voyant en face de l'ennemi, ordonna à la division Quesnel de former la 1re ligne, à la division Rouyer de former la seconde. L'armée d'Italie présentait sur ce point de 12 à 13,000 combattants, les troupes autrichiennes 1,000 ou 1,500 hommes de plus. Le combat s'engagea vivement. La brigade Forestier, de la division Quesnel, fut dirigée sur Pozzolo avec mission d'en chasser la brigade autrichienne de Vecsey, qui avait été rappelée sur la rive gauche et occupait le village. Il était trois heures. Pozzolo, attaqué vigoureusement, fut enlevé; le régiment de Chasteler rejeté avec une grande perte sur la rive droite, le pont détruit et tout le matériel saisi.

L'ennemi, voyant se dessiner l'attaque de Pozzolo, essaya une diversion en faisant avancer contre l'aile droite du prince quelques bataillons de grenadiers en carré. Le 31e de chasseurs prit la charge, et, quoiqu'il n'eût pas de succès, il put se replier derrière les deux bataillons du général Bonnemains sans éprouver de pertes sensibles, se reformer et exécuter une nouvelle charge des plus heureuses contre 5 escadrons autrichiens qui venaient soutenir les grenadiers. Eugène s'était porté à son aile droite; il ordonna une troisième charge sur l'infanterie ennemie. Cette infanterie culbutée fut poursuivie jusque vers Querni. Le général Merville, voyant ses deux ailes enfoncées, battit en retraite. Pendant son mouvement rétrograde, il fut renforcé par plusieurs régiments, et il essaya de reprendre une nouvelle ligne de bataille, à une demi-lieue en arrière ou un quart de lieue de Valeggio, la droite à Rizzi, la gauche dans la direction de Querni. Pendant ce temps-là, la cavalerie de la garde royale italienne avait, d'après les ordres du prince, quitté Goito, qui ne semblait pas menacé, pour soutenir les divisions Quesnel et Rouyer. Elle passa devant la brigade Perreymond, qui, assez maltraitée, resta en réserve à l'aile gauche.

Le prince résolut de pousser ses avantages pour dégoûter l'ennemi de toute nouvelle tentative et pour venir en aide à la division Fressinet. Il se porta donc encore en avant, laissant à Pozzolo la brigade Forestier chargée spécialement de s'opposer à tout retour offensif et à tout passage du Mincio par les troupes autrichiennes se trouvant sur la rive droite. Du reste, ses troupes venaient d'être renforcées par une des brigades de la division Marcognet. Cette division avait réussi à culbuter la division Mayer; une des brigades françaises s'était liée avec la division Zucchi pour contenir Mayer, l'autre avait appuyé à gauche vers le général Bonnemains et entrait en ligne. La division Rouyer opéra un passage en avant, se plaça devant la division Quesnel, et le combat recommença avec vivacité. Il se soutint jusqu'au soir, mais alors le général Merville fut enfoncé de nouveau et rejeté sur Valeggio. Les troupes françaises prirent position sur le terrain occupé par la ligne autrichienne en avant de Mussi et de Furoni.

Si, à ce moment, le général Verdier, appelant à lui la division Palombini, et la portant avec celle du général Forestier contre le général Radivojevicht, eût pressé les Autrichiens encore sur la rive droite du Mincio, la défaite de Bellegarde devenait infailliblement un désastre qui avait sur le reste de la campagne en Italie des conséquences incalculables. Malheureusement, Verdier tout en se maintenant avec énergie contre les forces, relativement bien supérieures aux siennes, de la division Radiyojevitch, crut avoir beaucoup fait en culbutant l'ennemi et en le forçant à repasser sur la rive gauche. Il n'essaya pas de le poursuivre, d'enlever le pont de Borghetto et de donner la main aux troupes de la 1re lieutenance en utilisant la division Palombini. Cette dernière sortie de Peschiera le matin, comme le lui prescrivaient ses instructions, s'était avancée jusqu'à Salionze poussant devant elle les postes autrichiens. Arrivée là, elle fut tout à coup en face de la division Sommariva plus forte qu'elle. Elle se replia sous le canon de la place sans coopérer davantage à la bataille.

La division Zucchi rentra dans Mantoue le soir, après avoir livré plusieurs combats brillants, deux entre autres à Castiglione-di-Mantova et à Due-Castelli.

L'ennemi eut 6,000 hommes hors de combat et 2,500 prisonniers. Le prince Eugène eut 2,500 hommes hors de combat.

Un rapport fort curieux sur cette singulière bataille fut fait à l'Empereur lui-même par un témoin qui y avait pris une part des plus active, le commandant Tascher de la Pagerie, un des aides de camp du vice-roi[1]. Envoyé par le prince Eugène à Napoléon

---

[1] L'Empereur nomma Tascher colonel en récompense de sa conduite pendant la campagne.

pour donner tous les détails, Tascher partit le 9, arriva quelques jours après au grand quartier général de l'Empereur, eut une longue conversation avec Napoléon sur la bataille du Mincio, et d'après les ordres de Sa Majesté rédigea, dans la nuit même, le rapport intéressant qu'on va lire sur les opérations du prince Eugène depuis le 4 février jusqu'après l'affaire du 8. Voici ce rapport :

« Le prince vice-roi a opéré son mouvement de Vérone sur Mantoue le 4 février à huit heures du matin. Son Altesse Impériale sortit de Vérone avec l'arrière-garde; l'ennemi pénétrait déjà dans Véronette par le château San-Felice. Ce poste n'était que faiblement gardé et ne fit pas grande résistance ; les troupes se replièrent pour se joindre, sur la grande place, à la colonne qui venait de la porte de Vicence. A neuf heures du matin, les premières troupes autrichiennes entrèrent dans Vérone; à onze heures, l'avant-garde traversait la ville et se portait sur Villafranca. L'arrière-garde française opéra son mouvement sans avoir été nullement inquiétée, et prit position à Villafranca. Vers les cinq heures du soir, le général ennemi, pensant qu'on ne gardait que faiblement ce poste, voulut s'en rendre maître. 4 bataillons d'infanterie et 3 escadrons furent chargés d'attaquer la ville. Le général Bonnemain a réuni 2 bataillons et sa brigade de cavalerie ; l'ennemi fut culbuté et poursuivi pendant une lieue et demie. Un escadron du 31ᵉ de chasseurs fit une belle charge : l'ennemi prit position, notre arrière-garde revint à sa position, on fit 40 à 50 prisonniers, parmi lesquels un officier. L'armée, dans la journée du 5, continua son mouvement sur Mantoue et *Goito*. Elle prit position sur la rive droite du *Mincio*, la droite à Mantoue, la gauche dans la direction de *Monzambano*.

« Le 6, l'armée ennemie ne se montra point en force. Son Altesse Impériale savait que toute l'armée passait l'Adige, se dirigeant sur Villafranca, menaçant d'un passage de rivière. Le 7, Son Altesse résolut d'attaquer l'ennemi et de le surprendre dans son mouvement; ce mouvement fut ordonné pour le 8 février. La lieutenance Grenier débouchait de Mantoue, prenant la direction de *Roverbella* et *Isola della Scala;* la colonne, dirigée à ce dernier endroit, tourna la gauche de l'ennemi à Villafranca, point où l'ennemi paraissait avoir réuni la plus grande partie de ses forces. La garde royale, mise en marche de Mantoue, se lia à la lieutenance Grenier et marcha sur *Marmirolo*. Le prince vice-roi déboucha par Goito avec une division de la lieutenance Verdier, et toute la cavalerie marcha pour se lier avec la lieutenance Grenier dans la direction de Roverbella. Le général Verdier, commandant la 2e lieutenance, avait ordre de forcer le passage du Mincio à Monzambano, de suivre les collines, d'inquiéter l'ennemi et de se joindre par sa droite, à la hauteur de Villafranca, avec notre gauche. Ce mouvement, qui tournait la position de Valeggio, faisait espérer les plus heureux résultats. Le général Verdier, afin d'exécuter ces ordres, rappela les postes qu'il avait sur la ligne du Mincio. L'ennemi, qui avait intention de passer le fleuve, trouvant dégarnis les points de Pozzolo et Borghetto, y jeta ses ponts; une grande partie de la cavalerie ennemie passa sur la rive droite; toutes communications avec le général Verdier furent interceptées, aucun des officiers envoyés par ce général ne put passer. Le général Verdier fut vivement attaqué, il ne pensa plus à faire son mouvement, mais bien à défendre sa position, ce qu'il fit avec une division et un régiment de cavalerie contre près de 12 à 15,000 hommes. La canonnade et la fusillade devenant plus vives sur ce point, le prince voulut en être informé. Il apprit, quand toutes les colonnes étaient en marche et même engagées avec l'ennemi, que l'ennemi avait passé le Mincio. Rappeler tout son monde et repasser le Mincio pour culbuter tout ce qui était sur la rive droite, ce mouvement était impossible, faute d'avoir assez de temps pour l'exécuter. Il était déjà onze heures du matin, la garde royale, seule, eut ordre de changer sa direction, et de se rendre à Goito pour occuper la ville et la tête de pont, afin que l'ennemi ne s'en emparât point. Le prince vice-roi croyait, n'ayant pu avoir aucune nouvelle du général Verdier, qu'il avait exécuté son passage, et, comme il paraissait fortement engagé, Son Altesse fit faire un changement de front à gauche à toute l'armée, et se porta au secours de la lieutenance Verdier, dont une partie était avec elle. L'ennemi croyait que notre mouvement sur Roverbella n'était qu'une simple reconnaissance, afin de faire diversion pour arrêter son mouvement. Mais, quand il apprit que toute l'armée était en ligne et attaquait, il pensa d'abord à conserver sa communication avec Vérone, que nous menacions par la division de droite, et à soutenir ce qui était de l'autre côté du fleuve et qui allait se trouver compromis. Il fit avancer ses réserves et attaqua fortement notre première ligne. La cavalerie ennemie fit une charge qui fut heureuse; presque toute la batterie d'artillerie de notre cavalerie fut prise (mais reprise, d'après le rapport qui en a été fait au prince, par le général de division Mermet, commandant la cavalerie); le 1er régiment de hussards français fut culbuté et perdit du monde; le régiment italien des dragons de la reine le sauva d'une perte entière. Le prince engagea une seconde division d'infanterie pour soutenir celle qui était engagée. Les masses ennemies furent renvoyées; on en vint plusieurs fois à la baïonnette; 5 bataillons de grenadiers autrichiens, tenant la gauche de l'ennemi, s'avancèrent bravement pour tourner la droite de la division qui était engagée; mais, reçus presqu'à bout portant par 2 bataillons, ils furent culbutés, laissant près de 100 hommes tués ou blessés. Le 31e de chasseurs à cheval fit une belle charge contre les bataillons de grenadiers; deux mirent bas les armes. Une charge, que l'ennemi fit contre ce régiment, ne lui permit de conduire prisonnier qu'un des bataillons. Vers les cinq heures du soir, le prince ordonna l'attaque de Valeggio. Le premier plateau fut enlevé au pas de charge; l'ennemi, à notre centre, fit d'immenses progrès pour arrêter notre mouvement; la fusillade devint très-vive; l'ennemi ne pensa plus alors qu'à tenir jusqu'à la dernière extrémité et gagner du temps, afin de faire repasser le fleuve à ce qui était déjà sur la rive droite. Une attaque sur *Pozzolo* détruisit le pont que l'ennemi y avait construit; il ne restait que celui de Borghetto, dont Son Altesse ne put se rendre maître. La nuit mit fin au combat. L'ennemi en profita pour retirer toutes les troupes passées sur la rive droite. Son Altesse coucha sur le champ de bataille, qu'elle avait gagné après douze heures de combat, et ayant chassé l'ennemi pendant 12 milles, qu'il n'a abandonné qu'après s'être bien battu. L'épouvante fut générale sur la route de Vérone. Artillerie, bagages, tout y était encombré. Une forte reconnaissance, faite sur ce point, mit en notre pouvoir une centaine de voitures et les équipages des généraux. Le général Bellegarde doit avoir perdu les siens. Les troupes ont fait des prodiges de valeur. L'armée a près de 3,000 hommes hors de combat; l'ennemi en a, sans exagération, le double, outre 2,500 à 3,000 hommes, dont 40 officiers, qui sont entrés prisonniers à Mantoue.

« Dans la nuit du 8 au 9, l'ennemi a retiré toutes ses troupes sur la rive gauche. Le 9 au matin, l'ennemi n'avait devant nous que peu de cavalerie. Son Altesse Impériale, dans la matinée du 9, a repassé le Mincio sans avoir été inquiétée par l'ennemi; l'armée prend position sur le Mincio, le centre à *La Volta*, couvrant la route de Brescia et observant le mouvement des Autrichiens, en cas d'un nouveau passage, et celui des Napolitains, dont Son Altesse présageait une attaque avant peu de temps. Cette raison seule a empêché le prince de pousser les Autrichiens sur Vérone et d'en prendre beaucoup. Ce mouvement lui faisait perdre deux marches, et les Napolitains pouvaient en profiter et faire une diversion en faveur des Autrichiens.

« L'armée est belle et animée d'un excellent esprit. »

Nous terminerons ce qui a trait à la bataille du Mincio par une critique des plus judicieuses faite sur cette affaire. Cette critique est une lettre que le maréchal Vaillant, alors ministre de la guerre, adressait le 10 mars 1858 à M. Dieudé Defly, agent de France à Milan, lequel avait envoyé au maréchal une relation de la bataille du 8 février 1814, rédigée par M. Vacani.

« Monsieur, M. le comte Walewski, notre ministre des affaires étrangères, m'a fait parvenir hier la lettre que vous avez bien voulu m'adresser à la date du 28 janvier dernier, et qui accompagne la relation de la bataille livrée le 8 février 1814, sur les bords du Mincio, entre l'armée du prince Eugène-Napoléon, vice-roi d'Italie, et l'armée autrichienne commandée par le maréchal comte de Bellegarde.

« Je commence par vous faire tous mes remercîments de cet envoi. Vous avez eu raison de croire que je ne resterais pas indifférent au récit de cette grande affaire du Mincio; aussi, ai-je lu sur-le-champ et avec beaucoup d'avidité la relation qui en a été faite par M. le chevalier Vacani à qui nous devons de précieux ouvrages sur la guerre d'Espagne, et sur les nombreux et remarquables siéges et défenses de places qui ont eu lieu dans la Péninsule pendant le règne de Napoléon Ier. D'après le contenu de votre lettre, monsieur, et surtout d'après l'*avant-propos* dont M. Vacani a fait précéder le récit de la bataille du Mincio, je m'attendais à trouver dans cette tardive publication des révélations de nature à confondre une fois de plus les calomniateurs du prince Eugène; et, bien que tous les honnêtes gens, tous les militaires principalement, sachent à quoi s'en tenir sur les indignes Mémoires qui ont cherché à noircir cette vie chevaleresque et pure, je croyais, dis-je, que de nouvelles lumières allaient jaillir de la lecture de l'œuvre du chevalier Vacani..... Il n'en a rien été.

« Je n'ai trouvé dans la brochure de M. Vacani qu'un récit assez curieux, mais fort incomplet, de la journée du 8 février, récit fait à un point de vue tout à fait autrichien, et dans lequel les combinaisons du prince français sont généralement appréciées avec une sévérité difficile à comprendre de la part d'un officier supérieur du génie, faisant alors partie de l'armée d'Eugène-Napoléon !

« Je ne puis accepter en son entier le jugement prononcé par M. Vacani. Je n'ai pas la prétention de justifier tout ce qui s'est fait du côté du prince; je reconnais volontiers qu'on peut lui reprocher d'avoir laissé des forces trop considérables à son aile gauche, près de Peschiera, et que l'isolement complet où s'est trouvée cette aile du reste de l'armée, était une chance peu favorable. Mais, d'un autre côté, si on veut bien remarquer ce qu'il y a eu d'imprévu dans cette rencontre des deux armées à cheval toutes deux sur le Mincio, si on admet qu'avec de meilleures troupes dans la main du prince Eugène, avec plus de vigueur de la part du général Verdier, plus de persistance dans l'attaque des deux ailes, le prince aurait pu remporter une grande, une superbe victoire, on conviendra qu'il y a peut-être de l'injustice à n'apprécier ses combinaisons que d'après le résultat qu'elles ont amené. Que serait-il arrivé de cette lutte entre Eugène et Bellegarde, si l'armée de celui-ci, à moitié passée sur la rive droite, n'ayant encore qu'un pont sur le Mincio, avait été menacée sérieusement, quant à sa ligne de retraite sur l'Adige, en même temps qu'elle aurait été pressée comme dans un étau par le corps sorti de Peschiera et par le corps venant de Mantoue? Ce n'était pas la perte d'une bataille qu'avait à craindre Bellegarde, c'était l'anéantissement même de son armée, de toute son armée, entendez-vous! Jamais plus belle victoire n'aurait été obtenue, jamais général n'a été plus près d'un immense succès... Le prince n'a pas réussi, c'est vrai; en vain écrit-il à sa femme, le soir même de cette grande journée : *Encore une bataille* de gagnée, ma bonne chère Auguste... Non, prince, ce n'a point été une bataille gagnée; vous n'avez pas été battu, vous ne pouviez pas l'être appuyé comme vous l'étiez; mais vous avez éprouvé un grave échec, ayant été arrêté dans une entreprise bien conçue, bien commencée, que l'espèce de vos troupes et la mollesse de vos généraux ont seules fait avorter. Votre père adoptif eût fait payer bien cher à Bellegarde, et son imprudence de tenter ainsi le passage d'une rivière comme le Mincio, si près d'une armée qui n'avait point été entamée et dont le moral n'avait encore que peu souffert, et son ignorance des mouvements de cette armée qu'il croyait en pleine retraite alors qu'elle repassait la rivière pour venir l'attaquer sur ses deux flancs! Napoléon, et surtout le général Bonaparte eût exterminé l'armée de Bellegarde, et depuis plus de quarante ans, cette grande victoire, ou plutôt les mouvements qui l'auraient précédée, seraient donnés comme modèles aux jeunes officiers, et offerts à l'admiration de tous ceux qui étudient le noble métier des armes.

« Un tel bonheur, une si belle gloire n'étaient pas réservés au prince Eugène! Mais si la fortune lui fut contraire dans cette occasion, sachons du moins reconnaître qu'il avait fait beaucoup pour se la rendre favorable, et n'ôtons à ses combinaisons rien de leur mérite et de leur grandeur; sachons ne pas juger toujours d'après l'événement et le succès! Napoléon, loin de blâmer le prince Eugène, lui écrivait de Nangis, le 18 février : « Mon fils, j'ai vu avec « plaisir les avantages que vous avez obtenus; s'ils « avaient été un peu plus décisifs et que l'ennemi « *se fût plus compromis*, nous aurions pu garder « l'Italie... » Villars qui sauva la France en 1712, l'habile et audacieux Villars, avant de réussir contre Eugène de Savoie à Denain, vit ses combinaisons échouer plusieurs fois; et son immortel triomphe du 24 juillet se fût très-probablement changé en un très-grave échec, si le gouverneur de Bouchain, témoin de la marche de Villars sur Neuville, eût osé prendre sur lui d'ouvrir les écluses de sa place, et s'il eût promptement couvert d'un banc d'eau, et rendu ainsi absolument impraticables les abords de Neuville et de Denain. Un peu plus de tête à ce gouverneur, et l'entreprise de Villars échouait ! A quoi tiennent les succès à la guerre, et quelle réserve ne doit-on pas apporter dans l'appréciation des mouvements et des combinaisons par lesquels un général croit les avoir assurés !

« Pour me résumer, monsieur, et mettre une fin à cette trop longue lettre, je dirai que l'ouvrage de M. Vacani est intéressant : il fournit sur la bataille du Mincio des renseignements curieux que l'on ne saurait trouver ailleurs. Mais plus de précision à l'égard de certains mouvements, des données plus complètes sur la force des corps de troupes réellement présents sur le champ de bataille, se font désirer, et il nous semble que l'auteur était en position de ne rien laisser à regretter à cet égard.

« La petite planche, jointe au texte, est d'une imperfection qu'on s'explique difficilement lorsqu'on réfléchit aux riches collections de cartes accumulées en Italie, et à tous les travaux topographiques exécutés dans le pays compris entre le Pô et l'Adige.

« L'auteur aurait bien mieux fait de laisser sa relation en italien, comme il l'avait rédigée primitivement, il y a quelque quarante ans : au moins les lecteurs qui savent cette langue seraient-ils sûrs de bien comprendre le texte original, tandis qu'il n'en est pas de même à l'égard de l'étrange français avec lequel on a travesti la première rédaction.

« Enfin, et cette dernière observation est la seule à laquelle nous attachions une véritable et sérieuse importance, M. Vacani s'est trompé en pensant que son ouvrage, publié aujourd'hui tel qu'il a été composé dès 1814, était de nature à rehausser la réputation du prince Eugène. Sachons gré à l'auteur d'avoir exprimé dans son *avant-propos* une opinion qui est celle de tous les hommes de cœur, d'avoir apprécié comme il convient *la conduite toujours honorable du prince Eugène de France, de ce prince si loyalement lié jusqu'au bout de sa noble carrière à Napoléon le Grand;* mais regrettons que M. Vacani, dans son récit de la bataille du Mincio et dans l'appréciation des mouvements qui ont précédé ce grand fait d'armes, n'ait pas su s'affranchir de certains ménagements, de certaines réserves qui ôtent à ce récit le cachet d'impartialité que nous espérions y trouver. »

Nota. On lit dans le XVIIe volume de M. Thiers, page 562 : « En effet, *voyant les Autrichiens occupés à passer le Mincio,* sur sa gauche, vers Valeggio, il avait laissé le général Verdier en position avec un tiers de l'armée, avait franchi le fleuve avec les deux autres tiers par les ponts de Goito et de Mantoue, puis portant cette masse en avant, par un rapide mouvement de conversion, il avait pris l'armée autrichienne en flanc, tandis qu'elle était en marche pour se rendre sur le point de passage est. » Cette description très-succincte de la bataille de Roverbella ou du Mincio est complétement erronée. Si, *voyant* les Autrichiens passer la rivière, Eugène l'eût passée également pour les attaquer, il eût commis sinon une faute du moins une grande imprudence, car Verdier pouvait être accablé, détruit à son extrême gauche, etc. Du reste, nous nous en référons entièrement à ce que nous avons dit de cette bataille singulière. Si nous relevons avec soin les erreurs qu'on rencontre dans le chef-d'œuvre qu'on appelle l'*Histoire du Consulat et de l'Empire*, c'est que la valeur de cet ouvrage est telle que ce livre fera école et qu'il est urgent, dans l'intérêt de la vérité, de ne pas laisser se propager des faits qui manquent d'une certaine exactitude.

CORRESPONDANCE

RELATIVE AU LIVRE XXVIII.

DU 1ᵉʳ JANVIER AU 9 NOVEMBRE 1814.

« Mon fils, j'ai reçu avec plaisir, au commencement de l'année, les témoignages que vous me donnez de votre attachement pour moi. Je vous remercie des sentiments que vous m'exprimez, et j'espère que cette nouvelle année sera glorieuse pour vous, autant qu'heureuse pour la vice-reine et vos enfants. »

Nap. à Eug. Paris, 1ᵉʳ janvier 1814.

« Sire, j'ai l'honneur d'adresser à Votre Majesté le livret de situation de son armée d'Italie à l'époque du 1ᵉʳ janvier 1814. Votre Majesté y remarquera quelques augmentations. Elles proviennent des conscrits qui commencent à nous arriver. Quoiqu'il leur manque encore quelque chose en effets d'équipement, j'espère qu'ils seront bientôt en état d'entrer dans les bataillons.

Eug. à Nap. Vérone, 2 janvier 1814.

« Les Napolitains sont arrivés le 29 à Bologne et à

Rimini. J'attends avec impatience le résultat de leur mouvement ultérieur. Tout le royaume a les yeux sur eux. La conduite qu'ils devront tenir ces jours-ci lèvera tous les doutes, puisqu'ils sont dès aujourd'hui en présence de l'ennemi. S'ils réoccupent Forli et Faenza, sans tirer un coup de fusil, certes ils sont d'accord avec l'ennemi, s'ils se déclarent ouvertement, ma position ici deviendra fort embarrassante. »

Eugène à la vice-reine.
Vérone, 3 janvier 1814.

« Ma chère Auguste, j'ai reçu aujourd'hui des lettres de Paris. Il paraît que beaucoup de gens y ont perdu la tête; les choses en sont venues au point que la conclusion doit être dans ce mois et pas plus tard, voilà mon opinion. J'ai lu ce matin une gazette d'Allemagne qui rapporte une proclamation du.......... aux troupes............ Elle m'a fait la plus grande peine ; car elle sort réellement de toutes les bornes ; cet écrit respire la haine la plus violente contre l'Empereur, et il est toujours mal de se conduire ainsi envers celui auquel on doit quelque chose ; qui l'a toujours bien traité, et qui d'ailleurs est déjà malheureux. Adieu, ma chère Auguste, nous sommes tranquilles ici. »

Clarke à Eugène.
Paris, 3 janvier 1814.

« Monseigneur, j'ai eu l'honneur d'écrire le 30 décembre à Votre Altesse Impériale, d'après la marche de l'ennemi à travers les cantons suisses pour se diriger soit sur Genève et déboucher de là par le mont Cenis, dans les départements au delà des Alpes, soit sur le Valais, pour déboucher par le Simplon en Italie.

« Dans tous les cas, Votre Altesse Impériale jugera qu'il est nécessaire, dans les circonstances présentes, de conserver à Alexandrie, à Casal, à Fenestrelles et à la citadelle de Turin, des forces suffisantes pour y assurer le service et défendre ces places, dont Votre Altesse Impériale connaît toute l'importance, pour appuyer les opérations de l'armée d'Italie, dans le cas où l'ennemi parviendrait à déboucher par le mont Cenis en Piémont.

« Je charge, en conséquence, Son Altesse Impériale le prince Borghèse d'employer tous les moyens qui sont à sa disposition, pour défendre le passage du mont Cenis et compléter les garnisons des places de la 27ᵉ division militaire, en attendant l'arrivée de nouveaux renforts.

« J'ai cru devoir donner connaissance à Votre Altesse Impériale de cette disposition, afin de la mettre à portée de régler ses opérations de la manière qu'elle aura jugé le plus convenable au bien du service de Sa Majesté. »

Eugène à la vice-reine. Vérone, 5 janvier 1814.

« Certes, ma chère Auguste, je ne veux pas te prouver que notre situation soit belle, mais il faut aussi penser qu'elle est loin d'être désespérée. D'abord il est certain qu'on continue à traiter la paix, et je persiste toujours à la croire prochaine, et enfin où crois-tu que l'ennemi voudrait l'aller chercher si on ne s'entendait pas de suite ? Ce serait en France. A quoi lui servirait de grands efforts ici ? à rien du tout, ce serait du temps perdu pour eux, et il est donc plus naturel de penser que les ennemis se porteront vers le point où la paix pourra s'obtenir.

« Quant aux Napolitains, ils sont bien peu à craindre pour le moment, car sûrement ils ne passeront le Pô ni pour nous ni contre nous. En dernier malheur, Mantoue ou Alexandrie nous offrirait un refuge pour attendre le dénoûment, cela ne peut tarder. Sois donc sans inquiétude pour le moment, soigne ta santé et sois sûre que je pense à tout et tâche de tout prévoir à temps pour l'époque de tes couches.

« Je te renvoie la lettre de l'Empereur, tu auras vu par son dernier discours qu'il renonce à toutes ses conquêtes. Ainsi on ne peut rien dire de mieux pour la paix, aussi j'y crois toujours et j'espère qu'elle nous trouvera encore dans le même lieu. »

Eugène
à Clarke.
Vérone,
7 janvier
1814.

« L'ennemi occupe encore, monsieur le duc de Feltre, Ravenne et Forli, et, quoique ses avant-postes soient d'un côté à Césena et de l'autre à Faenza à une très-petite distance des troupes napolitaines, puisqu'elles occupent depuis plusieurs jours Rimini et Isola, il ne se tire pas un seul coup de fusil. Les pièces dont je vous transmets extrait vous mettront à même de connaître tout ce qui s'est passé depuis un mois relativement à la marche lente des troupes napolitaines et à leur inconcevable inaction. Les généraux qui les commandent attendent les ordres de leur souverain pour marcher à l'ennemi avec lequel ils prétendent qu'il existe un armistice ; cette déclaration a été faite à Bologne au général Fontanelli, commandant la 4ᵉ division militaire du royaume, par le général napolitain Filangieri, ce qui s'accorde parfaitement avec la conduite de ces troupes à l'égard de l'ennemi et *vice versa*, et à leur fréquente communication par voie de parlementaire, et l'envoi d'officiers napolitains au quartier général de l'armée autrichienne.

« D'autres circonstances, qui résultent du contenu de quelques-unes des pièces ci-jointes, donnent au surplus la preuve que depuis le 5 décembre dernier, époque de l'arrivée à Ancône de la tête de la 1re division napolitaine, et la réunion qui a eu lieu immédiatement de cette dernière à Ancône et Sinigaglia, il n'y a eu aucun moyen de déterminer le général napolitain d'Ambrosio à fournir un seul homme des troupes sous ses ordres pour, conjointement avec les troupes que nous avions du côté de Forli, marcher sur Ravenne, qui, depuis le 7 décembre, est occupé par l'ennemi! Aussi ce dernier, enhardi par cette inaction et sans doute sachant à quoi s'en tenir sur les dispositions des troupes napolitaines, n'a point hésité de marcher sur Forli avec 1,200 hommes, et de s'en emparer après avoir contraint quelques faibles détachements français, italiens et du régiment étranger, à abandonner ce chef-lieu du département du Rubicone. Non-seulement les troupes napolitaines, au nombre de 16,000 hommes, réunies à Rimini et environs, ne marchent point à l'ennemi, mais il en est de même de celles qui sont à Bologne, dont l'état de situation est ci-joint.

« On avait annoncé l'arrivée du roi de Naples à Rimini pour le 2 de ce mois, mais un nouvel avis porte que, la reine ayant été malade, le départ du roi de sa capitale a été différé.

« Je me suis empressé de répandre la nouvelle du départ du duc de Vicence; elle ne peut que faire partout un bon effet; et il peut se faire qu'elle jette de nouvelles incertitudes dans les déterminations du roi. »

<small>Eugène à la vice-reine. Vérone, 8 janvier 1814.</small>

« Je t'envoie la copie de la dernière lettre de l'Empereur; elle te fera sûrement plaisir [1]. Au reste, quoi qu'il arrive, tant que le ciel te conservera pour mon bonheur, je ne puis jamais être malheureux. Crois-moi pour la vie, etc. »

<small>Eugène à la vice-reine. Vérone, 10 janvier 1814.</small>

« Je désirerais beaucoup te voir pour le 14, jour heureux de notre heureuse union, ma bonne Auguste; mais je crains que cela ne te fatigue, ne fasse trop d'allées et de venues; et puis, il paraît qu'une division ennemie est arrivée du 4 au 6 à Trente. Je t'en écrirai demain soir ou après-demain. En attendant, je t'en conjure, ménage bien ta chère santé. »

<small>Eugène à la vice-reine. Vérone, 12 janvier 1814.</small>

« Je ne t'écris que deux mots, ma bonne Auguste, pour t'annoncer que le duc de Vicence est positivement parti pour le quartier général des alliés. Nous avons donc à espérer que tout finira bientôt; avec quel plaisir je t'embrasserai quand je pourrai être assuré de la tranquillité de ma petite famille; je te serre contre mon cœur ainsi que mes petits anges. »

---

[1] Lettre en date du 1ᵉʳ janvier.

« Sire, Votre Majesté doit être bien impatiente d'apprendre quelque chose de positif sur les projets des Napolitains. Je n'ai pu jusqu'à présent en rien démêler moi-même, quelque surveillance que j'y apporte. Les dernières nouvelles que j'ai reçues de Rome et de Naples portent expressément que l'on croit à l'existence d'un traité d'alliance offensive et défensive entre le roi de Naples et les Autrichiens, et que l'on s'attend d'un moment à l'autre à le voir se déclarer en conséquence. On appuie ces nouvelles de la présence à Naples d'un agent de la cour d'Autriche, d'un agent de l'Angleterre, et même des discours tenus à ce sujet par M. de Gallo. Je dois croire que Votre Majesté aura reçu les mêmes détails. D'un autre côté, je reçois à l'instant, de Bologne, l'avis qu'un secrétaire du roi vient d'y arriver, annonçant de sa part que les hostilités entre les armées napolitaines et autrichiennes vont commencer. Ce secrétaire a ajouté que le roi était à Rome, et il est reparti sur-le-champ pour aller, a-t-il dit, au-devant de Sa Majesté. A ce sujet, je remarque que mes dernières nouvelles de Rome sont du 8, et me sont parvenues par estafette; qu'on ne paraissait point y attendre le roi aussi prochainement, et qu'il était certainement encore dans sa capitale le 7. Il doit paraître également assez singulier que ce soit un secrétaire qui ait été chargé de la missive de faire commencer les hostilités. Enfin, j'observe que ce secrétaire est le même qui, dernièrement, était parvenu à franchir nos avant-postes pour se rendre au quartier général autrichien. Je ne vois donc en cela que de nouvelles am-

*Eug. à Nap.
Vérone,
13 janvier
1814.*

biguïtés. Je me tiens sur mes gardes, et j'attends avec anxiété le moment où je pourrai apprendre à Votre Majesté pour qui et contre qui les Napolitains auront tiré leur premier coup de fusil. »

<small>Eugène à la vice-reine. Vérone, 13 janvier 1814.</small>

« Ma bonne Auguste, nous eûmes hier des probabilités d'avoir quelque affaire. L'arrivée de renfort à l'ennemi de 3 nouveaux bataillons qui venaient doubler les postes, les journaux du Tyrol qui annonçaient le passage des Russes, enfin les rapports des déserteurs, parlaient d'une prochaine attaque. Quoique éloigné d'y croire, je n'en avais pas moins pris toutes mes précautions. La plupart de ces nouvelles étaient fausses. J'ai fait savoir au général Bellegarde le départ de Caulaincourt, et j'en aurai réponse dans peu. C'est un premier pas pour s'entendre et faire cesser toute hostilité. Si je parviens à faire une petite suspension d'armes, je te ferai venir à Vérone. Garde encore ceci pour toi. Les Napolitains hésitent toujours, et tu verras qu'ils feront la bêtise de nous déclarer la guerre au moment où la paix générale sera signée. »

<small>Eug. à Murat, Vérone, 14 janvier 1814.</small>

« Sire, il ne m'appartient pas sans doute de chercher à pénétrer les secrets de votre politique; je conjure Votre Majesté d'être persuadée que je connais les bornes de mes devoirs, et qu'il est loin de mon intention de les franchir.

« Mais, sire, les sentiments que je porte à Sa Majesté l'Empereur, ceux que j'ai voués à Votre Majesté depuis mon enfance, m'imposent aussi des devoirs, et c'est à ceux-là que je crois être fidèle, au moment où je prends la liberté de vous écrire.

« Depuis près de trois mois, je compte sur les secours que Votre Majesté a bien voulu me faire espérer; et, Votre Majesté n'en doute pas, j'ai mis toute ma confiance dans ses promesses.

« J'étais persuadé qu'aussitôt que les troupes de Votre Majesté, conduites par elle, se réuniraient aux troupes de l'Empereur, l'Italie tout entière n'aurait bientôt plus rien à craindre des ennemis du dehors.

« Les heureux résultats de mes faibles efforts, depuis l'ouverture de la campagne, justifient, ce me semble, et confirment mon opinion.

« Cependant (et Votre Majesté ne peut l'ignorer), depuis quelque temps les peuples du royaume d'Italie redoutent l'influence que les agents de l'étranger ont pu exercer sur votre cabinet, et il faut bien le dire, aujourd'hui plus que jamais, on semble craindre que Votre Majesté, profitant de la situation dans laquelle notre juste confiance l'a placée, ne marche avec l'ennemi contre ce même royaume d'Italie, dont nous avons mis tant d'empressement et de plaisir à lui ouvrir toutes les portes, et à lui offrir toutes les ressources.

« Sire, je n'ai pas voulu croire à tous les propos répandus en Italie depuis deux mois; et je proteste à Votre Majesté que je suis encore loin d'y ajouter la moindre foi.

« Mais, cependant, les moments se pressent; les troupes de Votre Majesté sont bien avant dans le royaume, et elles n'agissent pas contre l'ennemi!

« Serait-on enfin parvenu à persuader à Votre Majesté qu'il est dans ses véritables intérêts, non-seulement de séparer sa cause de celle de l'Empereur, mais même de porter ses armes contre lui?

« S'il en était ainsi, sire, je n'hésiterais pas à croire qu'on a trouvé le moyen de surprendre votre religion, en offrant à vos yeux le tableau de ce que l'Italie pouvait avoir à redouter sans votre secours, et en dissimulant à Votre Majesté tout ce qu'elle pouvait pour et avec l'Italie, en continuant à servir l'Empereur.

« Mais, dans une affaire de cette importance et de cette nature, il faudrait être mieux informé que je ne le suis et ne peux l'être, pour oser considérer mon opinion comme infaillible.

« Les événements et le temps pourront seuls dire, lequel de votre cabinet ou de moi se sera trompé.

« Quoi qu'il en soit, sire, je crois acquérir de nouveaux droits à votre bienveillance, en osant vous dire : Des espérances de paix s'élèvent de toutes parts. Combien il serait désirable que Votre Majesté n'eût pris aucun parti public contre l'Empereur, avant d'avoir pu s'assurer que ses espérances ne sont pas sans fondement!

« Puisse au moins Votre Majesté rendre justice au sentiment qui m'a dicté le vœu que je viens d'exprimer!

« Dans tous les cas, sire, j'ose vous le dire, il serait indigne de votre caractère que l'homme qui défend ici les intérêts de l'Empereur fût informé par d'autres que par vous du parti auquel vous aurez cru devoir vous arrêter.

« Je m'adresse donc à Votre Majesté avec confiance, pour savoir d'elle-même ce que les sujets et les troupes de l'Empereur ont à espérer ou à redouter des troupes qui vous appartiennent.

« Si Votre Majesté embrasse un parti contraire à celui de l'Empereur, j'en serai profondément affligé, sire ; mais je n'oublierai pas pour cela les sentiments qui m'attachent à votre personne, et, quelque difficile que soit alors la situation dans laquelle Votre Majesté m'aura placé, je ne pourrai me défendre de former encore des vœux pour son bonheur et pour celui de sa famille. »

« Je n'ai besoin que de penser à cette journée, ma chère Auguste, pour savoir que la Providence protége ma vie. Que de bonheur, que de charmes je dois à ce 14 janvier qui a uni ma destinée à celle de la plus belle, de la meilleure, de la plus vertueuse des femmes. C'est pour épargner ta modestie que j'évite de te répéter cette vérité; car chaque jour je l'éprouve et voudrais pouvoir t'aimer encore davantage, pour t'aimer autant que tu le mérites. Adieu, ma bonne amie, puissions-nous vivre tous deux jusqu'à célébrer les cinquante ans de mariage. Et puisse le ciel surtout être assez bon pour ne pas appeler à lui l'un de nous sans l'autre ! »

Eugène à la vice-reine. 14 janvier 1814.

« Il paraît qu'il sera difficile de s'arranger avec l'ennemi. On a parlé de sacrifices, et je ne puis ni

Eugène à la vice-reine. Vérone,

15 janvier 1814.

ne veux en faire. Nous verrons cela; en attendant ils ont assuré que le congrès de Bâle était déjà ouvert, je persiste à penser que nous aurons la paix ce mois-ci. »

Nap. à Eug. Paris, 17 janvier 1814.

« Mon fils, vous avez su, par les différentes pièces qui ont été publiées, tous les efforts que j'ai faits pour avoir la paix. J'ai, depuis, envoyé mon ministre des relations extérieures à leurs avant-postes. Ils ont différé de le recevoir, et cependant ils marchent toujours! Le duc d'Otrante vous aura instruit que le roi de Naples se met avec nos ennemis. Aussitôt que vous en aurez la nouvelle officielle, il me semble important que vous gagniez les Alpes avec toute votre armée. Le cas arrivant, vous laisseriez des Italiens pour la garnison de Mantoue et autres places, ayant soin d'amener l'argenterie et les effets précieux de ma maison et les caisses [1]. »

Eugène au prince Borghèse Vérone, 17 janvier 1814.

« Je ne dois pas laisser ignorer à Votre Altesse Impériale l'avis qui m'est donné de toutes parts

---

[1] Une lettre du même jour, toute en chiffres, n'a pu être traduite ni aux archives de Russie ni aux archives de France.

Voilà la première lettre dans laquelle l'Empereur parle de l'éventualité pour le vice-roi de quitter l'Italie avec son armée, encore n'est-ce pas un *ordre*. IL ME SEMBLE IMPORTANT, dit l'Empereur, cela ne veut pas dire : ÉVACUEZ L'ITALIE. En outre, cette mesure d'évacuation est-elle toute CONDITIONNELLE. Il n'est plus question dans la correspondance de l'Empereur ni dans celle du ministre de l'évacuation de l'Italie jusqu'au 9 février, et l'ordre transmis par le duc de Feltre, à cette date, est encore *conditionnel*, aussi bien que la dépêche télégraphique concernant le même objet et contresignée Cambacérès.

que les Autrichiens et les Anglais ont enfin entraîné le roi de Naples dans leur parti. Quoiqu'il n'y ait pas encore paru de déclaration officielle, on doit regarder aujourd'hui comme constante la conclusion du traité qui consomme cette nouvelle alliance. Cependant les troupes napolitaines se sont avancées dans le royaume, et elles s'y sont établies sur divers points, à la faveur de l'harmonie qui n'a pas encore cessé d'exister entre les deux États. Dans ces circonstances, Votre Altesse Impériale concevra facilement que je ne puis pas prendre trop de précautions pour me maintenir contre un nouvel ennemi, d'autant plus dangereux qu'il sera sur moi avant même de s'être déclaré. Je fais établir une tête de pont sur le Pô, en face de Mantoue, afin de m'en servir en cas de besoin. J'ai déjà écrit à Votre Altesse Impériale pour la prier de faire mettre Plaisance à l'abri d'une insulte. Il m'importerait actuellement beaucoup de connaître en quel état va se trouver l'organisation des divisions de l'armée de réserve qu'elle commande. Votre Altesse Impériale m'a déjà écrit qu'elle avait sagement arrêté de distribuer chacune de ses divisions pour leur organisation dans les places de Plaisance, Alexandrie et Turin. Je désirerais bien qu'elle pût m'apprendre que la division qui se réunirait à Plaisance fût non pas organisée comme pour entrer en campagne, mais mise en état de pouvoir tenir dans cette place contre un coup de main. Si j'avais cette certitude, je serais plus tranquille sur les entreprises que les Napolitains pourraient tenter sur mes derrières, et n'ayant pas affaire avec deux ennemis à la fois, je serais encore en assez bonne position de faire tête à celui que j'ai en face.

« Je n'ai pas besoin, sans doute, de faire observer à Votre Altesse que, dans l'état actuel des choses, les raisons trop fondées que j'ai de prendre toutes les précautions[1] doivent toujours demeurer secrètes. »

<small>Eugène à la vice-reine.
Vérone, 18 janvier 1814.</small>

« ... Il est de toute impossibilité d'accéder à la proposition de ton père, et tu vois qu'il le sent lui-même. Espérons que tu ne seras pas éloignée de quitter Milan et, si cela est nécessaire, tu as toujours la route de Gênes à Marseille; d'ailleurs il faut que Bellegarde fasse une campagne bien heureuse pour me pousser au delà d'Alexandrie, et enfin il n'est pas encore dit que tout ne soit fini d'ici à la fin du mois, comme je l'espère toujours. Tu sauras déjà que Caulincourt a fait demander à Paris deux secrétaires de plus; donc l'on traite, et l'Empereur en est bien réduit, dans la situation actuelle, à accorder tout ce que l'ennemi demandera. Adieu, ma bonne Auguste. On a tiré hier quelques coups de fusil mais sans conséquence. Adieu encore, j'ai envoyé Gifflenga au roi de Naples. Il est fin, il saura me dire sur quoi on peut compter de ce côté. »

<small>Eugène à la vice-reine.
Vérone, 20 janvier 1814.</small>

« Je n'ai pu t'écrire ces jours derniers, ma chère Auguste, étant fort occupé à écrire. Je n'ai ici absolument rien de nouveau. Sois tranquille pour toi et

---

[1] La lettre très-importante d'Eugène à la vice-reine, en date du 17 janvier, se trouve au texte du livre, volume IXe, page 317.

tes enfants et sois sûre que je suis le premier intéressé à ce que tu sois prévenue à temps par moi. Ils ne pourront jamais te couper la route d'Alexandrie, je serai là pour les en empêcher. Fontanelli est arrivé après midi et m'a donné de tes nouvelles, ainsi que de celles de mes enfants. Il paraît pourtant que tu as été plus souffrante dimanche que tu ne me l'avais écrit. Je te demande en grâce de bien soigner ta santé... J'ai reçu des lettres de Paris du 14 et de Suisse du 15, on traite toujours de la paix ; mais je ne serais pas étonné qu'il y eût vers la fin de ce mois une grande bataille en France, si cela n'a pas encore été fini. Quant au roi de Naples, il a refusé, dit-on, de se battre contre les Français, et il paraît certain que son alliance avec l'ennemi se bornera à occuper un certain espace. Je fais des vœux sincères pour la paix, puisqu'elle doit enfin me réunir à toi. »

« Monseigneur, une lettre de M. Metternich a décidé la reine de Naples à entrer dans la coalition. Je ne connais pas le traité, mais je sais qu'il est conclu. Prévoyant le résultat prochain, j'ai eu l'honneur d'écrire, il y a quelques jours, à Votre Altesse de prendre ses mesures comme s'il était signé.

« La lettre de M. Metternich est perfide ; après avoir fait le tableau des forces de la coalition et des désastres de la France, elle ajoute que l'empereur Napoléon, dans des négociations avec les puissances coalisées, cède toute l'Italie et même Naples ; toutefois, qu'il a fait demander par le roi de Bavière le Milanais pour Votre Altesse.

Fouché, à Eugène, Florence, 21 janvier 1814.

« Le projet de coalition est simple : c'est de remettre les choses comme elles étaient avant 1789; le roi de Naples en sera convaincu trop tard.

« Votre Altesse sait ce qui vient de se passer à Rome; nous allons être forcés d'évacuer la Toscane; la grande-duchesse fait rassembler tous les militaires qui ne sont pas nécessaires pour la garde des forts, et les enverra au quartier général de Votre Altesse; le prince Félix doit s'y rendre, et j'aurai l'honneur de l'y accompagner. »

Murat à Eug. Naples, 21 janvier 1814.

« Monsieur mon cher neveu, je reçois la lettre de Votre Altesse Impériale en date du 14 janvier, et je me hâte d'y répondre. Je suis vivement touché des sentiments que vous me témoignez; ils sont parfaitement en harmonie avec ceux que je vous porte, et que je ne cesserai de vous conserver, quels que soient les événements que la politique et la guerre peuvent entraîner.

« Vous me dites « que depuis trois mois vous
« comptez sur mes secours, et que, si mes troupes
« s'étaient réunies à celles de l'Empereur, l'*Italie*
« *tout entière* n'aurait rien à craindre des ennemis
« du dehors. »

« Ces expressions doivent me faire croire que Votre Altesse Impériale n'a pas été exactement informée des invitations que j'ai reçues de l'Empereur et des déclarations que je lui ai faites. Elles pourraient aussi me porter à penser qu'en parlant de l'*Italie tout entière* vous perdez de vue mon royaume.

« En effet, ce que l'Empereur me demanda lorsque je me séparai de lui pour rentrer dans mes États, ce fut *de me porter sur le Pô*. Ce même désir fut celui qu'il m'exprima par ses lettres après son retour à Paris, et la réunion de mes troupes aux siennes fut si peu dans son intention, que jamais il n'en a même supposé la possibilité, puisque jamais il n'a déterminé à qui, en pareil cas, appartiendrait le commandement[1]. Cependant Sa Majesté Impériale et Royale ayant manifesté, dans une de ses dépêches, l'idée que je pourrais marcher vers la Piave, je m'empressai de lui faire connaître et de lui démontrer qu'il m'était impossible de franchir le Pô sans compromettre évidemment la sûreté de mes États, menacés par des fermentations intérieures contre le système de la France, et par des expéditions que l'ennemi pourrait faire soit de la Sicile, soit des côtes d'Illyrie, soit de l'Albanie.

« Votre Altesse Impériale, en y réfléchissant, jugera elle-même que, si mes troupes au delà du Pô eussent pu devenir utiles au royaume d'Italie, elles n'auraient nullement garanti l'*Italie tout entière*; elle jugera que mon royaume aurait eu tout à craindre dès l'instant où mon armée s'en serait assez éloignée pour n'être plus à portée de le secourir en cas d'attaque; elle sentira qu'il était de mon devoir de ne pas exposer à de tels périls mes États, la reine et mes enfants.

« Cependant ma marche a servi puissamment

---

[1] Murat ne pouvait ignorer cependant qu'une division napolitaine devait, en vertu des instructions de l'Empereur, faire partie de l'armée du vice-roi.

l'Empereur, j'en atteste Votre Altesse Impériale et les ennemis qu'elle a devant elle; s'ils n'ont pas osé passer l'Adige, s'ils n'ont pas tenté d'envahir la haute Italie, c'est parce qu'il leur était impossible d'entreprendre de telles opérations en présence de mon armée, qui pouvait tomber sur eux, les couper dans leur marche ou leur fermer toute retraite.

« Il est vrai que je n'ai point agi contre le petit nombre de troupes autrichiennes qui se sont présentées sur la rive droite du Pô, et qu'il m'eût été si facile d'écraser. Mais c'est qu'au moment où j'aurais pu les attaquer un négociateur autrichien était dans ma capitale pour me proposer de concourir au rétablissement de la paix en Europe. J'ai dû écouter de telles propositions, faites au nom d'un grand souverain, parce qu'elles avaient un but, qui est le vœu de l'humanité, et parce qu'elles m'offraient pour mon royaume une garantie d'autant plus précieuse à mes yeux, que je ne recevais du côté de la France ni les informations ni les assurances que j'étais en droit d'attendre.

« Toutefois il en est temps encore; si les espérances de paix dont Votre Altesse Impériale me fait part se réalisaient, ainsi qu'elle paraît s'en flatter, cet événement, qui me comblerait de satisfaction, arrêterait tout l'effet des négociations dans lesquelles je suis entré et dont j'ai prévenu l'Empereur.

« Si, au contraire, les événements m'entraînaient à séparer ma cause de celle de l'empire, la France et la postérité me plaindraient de la violence que j'aurais dû faire aux sentiments les plus chers et les plus constants de mon cœur; elles jugeraient que je n'ai pu céder qu'à mes devoirs envers mes peuples et mes enfants, et je sens au fond de mon âme que mon attachement personnel à la France, à l'Empereur, à sa famille, et à Votre Altesse Impériale en particulier, ne saurait jamais s'altérer.

« Vous m'avez rendu justice en croyant que dans aucun cas je ne pourrais agir contre Votre Altesse Impériale avant de l'avoir prévenue; je lui donne ici l'assurance que si je me trouvais forcé à prendre un parti décisif, *je ne ferais aucun mouvement qui puisse menacer l'armée qu'elle commande sans l'en avoir préalablement informée.*

« Je suis instruit que des mesures prises à Ancône après l'arrivée d'un de vos aides de camp ont excité beaucoup d'inquiétude, beaucoup de défiance, et des dispositions presque hostiles entre vos troupes et les miennes. Si elles produisaient des effets fâcheux, j'en serais désespéré. Les ordres que j'ai donnés à mes généraux sont d'éviter autant que cela sera possible toute voie de fait, mais aussi de se mettre à l'abri de toute surprise. Je désire que des ordres analogues de la part de Votre Altesse Impériale préviennent des éclats que le ciel peut encore et voudra, je l'espère, nous épargner. »

« Ma chère Auguste, les Napolitains se sont portés sur Reggio et Modène, mais ils ne sont pas du tout placés offensivement, puisqu'ils ont encore des régiments à Rome, Ancône et Rimini, et il leur faut plus de dix jours pour réunir leurs troupes; ainsi, sois

Eugène à la vice-reine. Vérone, 25 janvier 1814.

tranquille. Ma santé est bonne : les dernières lettres de France nous annoncent une prochaine bataille qui n'arrête pourtant pas les négociations. Lavalette me mande que l'Empereur a déjà réuni vers Châlons 160,000 hommes et plus de 900 pièces de canon. Adieu; je te répète que tout cela doit finir bientôt. »

<small>Eug. à Nap. Vérone, 25 janvier 1814.</small> « Sire, j'ai reçu, hier 24, la lettre chiffrée de Votre Majesté du 17 janvier, qui contient l'instruction pour le cas où le roi de Naples se déclarerait contre nous. J'agirai de manière à remplir les intentions de Votre Majesté.

« *Jusqu'à présent* rien d'officiel à cet égard, et, en supposant que les Napolitains se déclarent, cela peut fort bien ne pas encore changer aussitôt ma position, surtout si ces troupes continuent à rester telles qu'elles sont placées en ce moment, échelonnées depuis Modène jusqu'à Ancône et Rome. Tout au plus, pour le moment, pourrais-je prendre la ligne du Mincio, qui me rapprocherait de mes ponts sur le Pô. Une des trois divisions de l'armée de réserve, quoique incomplète, s'est portée sur Plaisance; on travaille à mettre la ville à l'abri d'un coup de main, et, dans toute hypothèse, cette division suffira pour arrêter les Napolitains s'ils s'avançaient trop rapidement sur la droite. D'ailleurs je ne cache pas à Votre Majesté que l'armée serait bien aise de trouver l'occasion de pouvoir donner une leçon à ceux dont la conduite inspire tant de mépris et d'indignation.

« Dans le cas d'un mouvement rétrograde, j'exécuterai les ordres de Votre Majesté quant aux places fortes et aux garnisons à y laisser; mais je ne lui cache pas que l'esprit est tel en Italie que beaucoup d'officiers et surtout la troupe se laissent séduire par le moyen que l'ennemi emploie en ce moment : l'*indépendance de l'Italie*. Il est fâcheux de le dire, et pourtant il le faut, puisque c'est la vérité, que, dès que l'armée de Votre Majesté aura quitté l'Italie, celle-ci sera perdue pour bien longtemps. Je n'envisage pas non plus sans effroi le mouvement rétrograde que je serai obligé de faire. Il est certain que, y compris les 7,000 conscrits que je viens de recevoir dernièrement, sur les 15,000 promis, je n'ai pas 1,200 Français de l'ancienne France. Tous les hommes que j'ai reçus pour commencer la campagne étaient Toscans, Génois, Piémontais. Votre Majesté doit donc s'attendre, même dans nos rangs, à une désertion considérable[1]. »

Eugène à la vice-reine. Vérone, 25 janvier 1814.

« Les moments deviennent bien pressants, ma bien-aimée Auguste, surtout à cause de ces maudits Napolitains. Peut-on voir plus de perfidie, *ne pas se déclarer* et continuer à s'avancer sur nos derrières. N'importe, j'en aurai un morceau, je t'en réponds. A tout événement, je fais partir demain Triaire pour Milan. »

[1] Cette lettre prouve que le vice-roi considérait l'ordre *conditionnel* de l'évacuation, comme étant donné par l'Empereur non pas dans l'intention de renforcer les armées agissant en France, mais dans celui de soustraire les troupes d'Italie aux dangers qui résulteraient pour elles de la trahison de Murat. C'est en effet ce qui découle de la lecture de la lettre de Napoléon en date du 17 janvier.

Eugène à la vice-reine. 26 janvier 1814.

« Rien encore de nouveau, ma bonne Auguste : tu seras prévenue à temps si les Napolitains avancent davantage, et tu ne devrais quitter Milan qu'autant qu'ils auraient dépassé Plaisance. J'ai pris des mesures pour que cela n'arrive pas. Avant-hier le préfet d'ici a donné une assez nombreuse réunion, à laquelle j'ai été. On a dansé, quoique en conscience personne n'a le cœur à la danse. »

Eugène à Clarke Vérone, 25 janvier 1814.

« Monsieur le duc de Feltre, il y a plusieurs jours que je ne vous ai écrit sur la situation de l'armée, parce que depuis cette époque il ne s'est passé absolument rien de nouveau. Les Autrichiens n'ont dans cet intervalle reçu d'autres renforts que la division Mayer, forte de 8,000 hommes environ, et qui est venue de Dresde. Les bataillons qui sont arrivés sont très-faibles, mais ils ont trouvé ici à l'armée des 3es bataillons qui étaient très-forts et qui ont été amalgamés avec eux.

« L'ennemi a fait venir de Trieste 2 ou 300 matelots et quelques officiers de marine, pour construire et armer sur le lac de Garda des chaloupes canonnières. Il y a à Riva 12 pièces d'artillerie. Je m'occupe de combiner une expédition pour détruire ces préparatifs.

« Les Napolitains, qui n'étaient encore venus qu'à Bologne et Ferrare, se sont étendus sur la rive droite du Pô, jusqu'à Modène et Reggio. J'ai fait porter une des divisions de l'armée de réserve à Plaisance pour mettre cette ville à l'abri d'un coup de main et couvrir le pont que j'y fais établir. J'ai fait défendre aux troupes napolitaines de dépasser le Taro sous peine de regarder leur démarche comme un acte d'hostilités. D'après cela, j'attends encore dans ma position qu'il y ait une déclaration officielle, ou que des hostilités aient été commises, et j'agirai pour le mieux et suivant les circonstances. »

« Sire, mon aide de camp me remet à l'instant la réponse que Votre Majesté a bien voulu faire à ma dépêche du 14. Il est donc vrai que Votre Majesté a jugé indispensable aux intérêts de sa couronne, non-seulement de s'allier aux ennemis de l'Empereur, mais même de marcher contre ses troupes !

Eug. à Murat.
Vérone,
28 janvier
1814.

« Sire, je l'avoue, je n'aurais jamais cru un tel événement *possible*, et j'éprouve le besoin de lui dire que j'en ressens une profonde douleur. Puisse Votre Majesté ne jamais regretter le parti qu'elle prend aujourd'hui, c'est le vœu de mon cœur.

« En disant, sire, que vos efforts réunis aux miens auraient pu sauver l'Italie tout entière, certes je n'ai pas à me reprocher d'avoir perdu de vue son royaume; j'ai dit seulement ce que Sa Majesté a certainement pensé plus d'une fois, ce qu'elle a même exprimé au général Gifflinga. Au reste, je n'ai plus le droit de parler sur cet objet. Je me borne à dire à Votre Majesté que je reçois avec reconnaissance les nouvelles assurances d'amitié qu'elle me donne et que je me repose d'ailleurs entièrement sur sa parole royale, qu'elle ne fera aucun mouvement qui puisse menacer l'armée de l'Empereur qui m'est confiée *sans m'en avoir préalablement et à temps informé.* »

Eugène à la vice-reine.
Vérone, 28 janvier 1814.

« Gifflinga est revenu aujourd'hui de Naples. Le roi est décidément contre nous, et il sera à Bologne d'ici à quelques jours; je vais donc me préparer à un mouvement sur le Mincio, pour être de là plus à portée de passer le Pô, et donner sur le nez des Napolitains, si l'occasion s'en présente.

« Il faut penser sérieusement à ton voyage, quoique je sois certain de pouvoir toujours te prévenir. Rien ne peut t'empêcher de passer par Turin, le col de Tende et Nice pour aller à Marseille; la route de Gênes serait peut-être moins sûre, à cause des Anglais, qui sont toujours le long des côtes.

« Tu feras bien de dire à Triaire de faire partir pour Aix ou pour Marseille mes caisses de livres et de cartes topographiques. »

Eug. à Nap.
Vérone, 29 janvier 1814.

« Sire, les mauvaises intentions du roi de Naples étant tout à fait déclarées, j'ai l'honneur d'informer Votre Majesté qu'il me devient impossible de conserver ma position sur l'Adige. Il n'a pas encore commencé les hostilités, il attend pour cela la *ratification* de son traité; mais ce traité est signé, et les vedettes napolitaines sont placées sur le Pô et sur l'Enza, comme si l'attaque devait commencer d'un jour à l'autre. Votre Majesté voit donc que ma droite est déjà dépassée; ainsi dans trois ou quatre jours je serai obligé de me porter sur le Mincio. Si les Napolitains font un mouvement rapide sur Plaisance, ce mouvement devant être combiné avec une attaque de front, je serai forcé d'abandonner le Mincio et de me retirer à Alexandrie. Je ne puis me dispenser de laisser 8,000 hommes à Mantoue, 5,000 à Peschiera, et 2,000 à Legnago. Ainsi, des 36,000 hommes d'infanterie que j'ai maintenant, il ne m'en restera pas 25,000 quand je serai à Alexandrie, et je ne crois pas exagérer quand je dirai à Votre Majesté qu'environ la moitié de ces hommes est de Rome, de Toscane, de Gênes ou du Piémont, gens sur lesquels il est impossible de compter.

« Votre Majesté m'a ordonné de me retirer, en cas de besoin, sur les Alpes; j'ose la prier de vouloir bien préciser davantage cette instruction, dans le cas où je devrais repasser ces montagnes ou en défendre les passages. Depuis la Bocchetta jusqu'au mont Cenis, un grand nombre de routes traversent les Alpes, et si je devais en défendre tous les débouchés, je serais obligé de faire beaucoup de petits détachements, et je n'aurais plus d'armée. Il peut cependant entrer dans les vues de Votre Majesté que je me porte en France avec le peu de troupes que j'aurais conservées. Dans cette supposition je préférerais suivre la route de Grenoble plutôt que celles qui conduisent à Nice; car, en me portant sur cette dernière ville, je m'éloignerais davantage de Votre Majesté; je m'exposerais à trouver Nice et les passages qui y conduisent occupés par des troupes qui auraient pu débarquer dans ces parages, et d'ailleurs l'armée ennemie qui m'aurait suivi pourrait, en forçant le mont Cenis, qui est peu susceptible de résistance, arriver à Grenoble en même temps que j'arriverais à Nice, et me couper bientôt toute communication avec Votre Majesté. Je la supplie donc de me faire connaître, le plus tôt possible, ses ordres très-précis, et elle peut être sûre que je les exécuterai ponctuellement. »

<small>Eugène à la vice-reine. Vérone, 30 janvier 1814.</small>

« Je t'envoie à la hâte, ma bonne Auguste, la lettre que j'ai reçue du duc de Bassano. Tu pourras en prendre connaissance, et la faire lire, ainsi que le *Moniteur*, au duc de Lodi et aux ministres. Il ne faut pas qu'on en publie rien. Il paraît certain que Caulincourt a été reçu. Dans trois ou quatre jours, je serai sur le Mincio. »

Extrait du Journal de Francfort, 29 janvier 1814 : — « Le bruit court que les Napolitains ont déjà opéré leur jonction avec le général Nugent. La position du vice-roi devient de plus en plus critique. Mais il faut convenir qu'il la soutient avec beaucoup de force et de dignité. Tous les partis prennent la part la plus vive aux peines qu'éprouve la vice-reine. »

<small>Eugène à la vice-reine. Vérone, 1er février 1814.</small>

« Je vois, par ta dernière lettre, que tu es bien triste, ma bonne Auguste, et il y a de quoi, certes, dans de pareilles circonstances; mais, enfin, il faut prendre courage. Aujourd'hui on commence le mouvement sur le Mincio, et après-demain je quitte Vérone. Le préfet m'a dit qu'on s'en doute déjà en ville, et que les habitants sont au désespoir. Je serai donc après-demain soir à Mantoue; j'espère que tout se passera dans le plus grand ordre, et sans tirer un coup de canon. Je vais bien mûrir le projet de ce qui te concerne, et en écrirai en conséquence au maréchal Bellegarde; je ne recevrai sa réponse que sur le Mincio; mais il est probable d'ailleurs que je resterai au moins huit jours sur cette ligne [1]. Adieu, ma bonne Auguste, je souffre de tout cela, ce que tu peux croire. »

« Je t'envoie, ma bonne Auguste, deux proclamations que j'ai faites au sujet de la défection des Napolitains; j'attends deux ou trois jours pour les faire mettre dans les journaux. Je pense que tu feras bien, tout en attendant la réponse de Bellegarde, de dire à Triaire de faire partir pour Aix ou pour Marseille mes caisses de livres et cartes topographiques. Quant au reste, qui est en lieu sûr, on peut attendre à la fin de tout ceci. Demain je reste encore ici, et après-demain j'en pars pour Mantoue. Vérone est réellement dans la plus vive affliction. »

Eugène à la vice-reine. Vérone, 2 février 1814.

« Comme j'espère encore de bonnes nouvelles, ma chère Auguste, je retarde tant que je puis mon

Eugène à la vice-reine. Vérone, 2 février 1814.

---

[1] Il résulte de cette lettre, de la réponse du maréchal Bellegarde, de celle de l'empereur d'Autriche (lettres que l'on trouvera plus loin), qu'à cette époque, la vice-reine voyant approcher le moment de ses couches et le prince Eugène craignant que sa femme ne pût supporter un voyage, tous deux convinrent de demander au général en chef autrichien l'autorisation pour la princesse Auguste de rester à Milan, dans le cas où l'armée franco-italienne serait forcée d'évacuer cette ville. *Cette démarche fort simple et tout en dehors de la politique*, ainsi que le prouvent les réponses de Bellegarde et de l'empereur François, fut probablement rapportée à Napoléon et peut-être *dénaturée*. Il est probable encore, ainsi que le dit lui-même Eugène dans sa lettre du 2 mars, que c'est là ce qui motiva de la part de Napoléon la dépêche du 19 février, concernant l'ordre assez durement exprimé de faire venir la vice-reine à Paris pour ses couches.

mouvement, et je reste ici peut-être encore jusqu'après-demain. Tout cela dépendra de ce que je saurai de Bologne. »

<small>Murat à Eug.
Bologne,
2 février
1814.</small>

« Monsieur mon cher neveu, j'ai reçu hier, sur la route d'Ancône, la lettre de Votre Altesse Impériale. Je vous réitère encore la promesse que vous avez reçue, de ne point commencer les hostilités sans vous en avoir prévenu, et je fais des vœux bien sincères pour que la paix, si nécessaire au monde, vienne m'épargner la douleur d'en venir aux mains avec les troupes de Votre Altesse Impériale, avec mes compatriotes.

« Mais je ne puis prendre le même engagement pour les troupes du comte de Bellegarde, dont j'ignore entièrement les projets.

« Je vous prie d'ajouter foi à tout ce que j'ai dit à votre officier d'ordonnance, sur les sentiments d'amitié que je vous conserve toujours. Je vous prie de présenter mes hommages à Son Altesse Impériale la vice-reine. »

« *P. S.* Soyez assez bon, mon cher Eugène, pour me rappeler au souvenir de l'Empereur, et pour lui parler de ma douleur; je verse des larmes en vous écrivant ce peu de mots. Je vous embrasse bien tendrement. »

<small>Le général
Porson,
chef d'état-
major du
prince
Borghèse
au général
Vignolle,</small>

« Mon général, je me suis empressé de communiquer au prince Camille la lettre que vous m'avez fait l'honneur de m'écrire le 30 janvier, par laquelle vous l'informez que, conformément aux intentions de Son Altesse Impériale le prince vice-roi, M. le général de division comte d'Anthouard son premier aide de camp, se rend à Parme et à Plaisance pour concerter avec le général Gratien et aviser aux moyens de mettre ce débouché important dans le meilleur état de défense; que pendant tout le séjour de M. le général d'Anthouard dans ces places il aura le commandement comme étant le plus ancien général de division, non-seulement sur le général Gratien, mais encore sur M. le général de division italien Severoli, qui va commander une division italienne qui se rassemble sur la gauche du Pô, du côté de Casal. Déjà son Altesse Impériale avait fortement recommandé à M. le général de division Gratien, ainsi qu'au général commandant d'armée à Parme, d'exécuter à la lettre tous les ordres que vous seriez dans le cas de leur transmettre de la part de Son Altesse Impériale le prince vice-roi ; je me persuade qu'ils s'y conformeront exactement.

Turin,
2 février
1814.

« La division Gratien se trouvant en point de contact avec la division italienne qui se rassemble sur la rive gauche du Pô, le prince Camille vient d'ordonner qu'elle recevrait les vivres de campagne. Comme elle peut être attaquée d'un moment à l'autre, grâce à la perfidie du roi de Naples, qui abandonne les compagnons de sa gloire et les auteurs de sa fortune pour faire cause commune avec nos implacables ennemis, on lui forme un service d'ambulance qui va se rendre à Plaisance.

« Je vous serai infiniment reconnaissant de vouloir bien me tenir au courant de tous les événements qui surviendront, ainsi que vous avez eu la bonté de me le promettre par votre dépêche précitée. »

Eugène à la vice-reine. Vérone, 3 février 1814, à midi.

« Je t'envoie la réponse de M. Bellegarde. Ce matin son aide de camp s'est entretenu longuement avec Bataille. Le maréchal accorde tout avec les restrictions ci-après. Il ne peut permettre que tu restes à Milan même, mais il approuve tout autre lieu et particulièrement Monza. Il répond qu'on aurait pour toi et tes enfants les plus grands égards et que tu serais toujours libre, après tes couches, de te rendre soit près de moi, soit près de ton père. On a demandé le nom des personnes qui resteraient près de toi, et j'ai désigné : Frangipani, chevalier d'honneur; Corradini comme préfet du palais, Allemagne comme écuyer, Erba le chambellan et deux ou trois dames. J'ai fait remercier par des politesses et j'ai dit que je ferai prévenir de nouveau le maréchal si ta santé t'obligeait à demeurer en Italie. Tu es donc à présent libre de faire ce qui te conviendra. Je préfère, moi aussi, que tu sois à Monza plutôt qu'à Milan. Le maréchal m'a aussi fait donner l'assurance, sans que je le lui aie demandé, qu'on aurait le plus grand respect pour tout ce qui est de mes propriétés. Ainsi tout ce qui sera à la villa sera respecté. Il sera pourtant bien de laisser en sûreté ce qui aura été mis en maison tierce. Si tu restes, tu garderas avec toi tout le linge, l'argenterie et la porcelaine qui appartiennent à notre villa, pour ton service. Réponds-moi donc ce que tu penses faire, et si tu te décides à rester, envoie-moi de suite

Triaire à Mantoue, pour que je règle tout avec lui, afin que tu n'aies en aucun cas à manquer de rien jusqu'à ce que tu puisses venir me rejoindre. Il est toujours clair que les affaires ne peuvent tarder d'être décidées sous bien peu de jours.

« *P. S.* Vérone sera cédée demain à midi sans qu'on y tire un coup de canon; j'ai cru devoir cela à cette ville qui s'est si bien conduite pour nous. »

Réponse du maréchal Bellegarde : — « Je m'empresse de répondre à la lettre dont Votre Altesse Impériale a bien voulu m'honorer en date d'hier. Je sais apprécier tout ce que la démarche que les circonstances exigent de Votre Altesse Impériale renferme de confiance, et particulièrement je la remercie de ce qu'elle a de flatteur pour moi. Si la santé de madame la vice-reine ne lui permet pas de suivre la direction que Votre Altesse Impériale désirerait lui donner, et qu'elle se trouve ainsi obligée de rester à Milan, Votre Altesse Impériale doit être persuadée qu'elle ne trouvera dans sa situation qu'un titre de plus pour lui garantir les respects qui sont dus à son rang et les soins qu'exige son état. Votre Altesse Impériale a bien voulu désigner un de ses aides de camp pour s'entendre sur les détails à cet effet, et j'ai l'honneur de la prévenir qu'un des miens se trouvera, dans le même but, aujourd'hui, à huit heures du matin, à ses avant-postes. »

« J'arrive à l'instant même ici, ma bonne Auguste, et je veux t'embrasser et t'écrire deux mots. J'ai quitté Vérone à huit heures du matin avec nos

Eugène à la vice-reine. Mantoue, 4 février 1814, au soir.

derniers postes; l'ennemi nous a laissé toute la journée tranquilles. Demain et après je parcourerai la ligne du Mincio, de manière à la bien fortifier, et je tiendrai l'œil sur notre ami le roi de Naples. Nous verrons un peu ce qu'il fera. »

<small>Eug. à Murat.
Mantoue,
4 février
1814.</small>

« Sire, mon officier d'ordonnance, le chef d'escadron Corner, me remet à l'instant la lettre que Votre Majesté m'a fait l'honneur de m'écrire le 2 de ce mois. Je m'empresse de la remercier de la promesse qu'elle veut bien me renouveler de ne point commencer les hostilités sans m'en avoir prévenu d'avance, et j'y compte entièrement.

« J'ai vu par la lettre de Votre Majesté, et surtout par le peu de mots qu'elle a ajoutés de sa propre main, combien elle est peinée de la situation dans laquelle elle se trouve. Ces combats qui s'élèvent dans son âme ne m'ont point étonné; mais j'en ai lu les expressions avec un attendrissement bien profond. Il était impossible, en effet, que Votre Majesté pût supporter sans douleur la pensée de voir des ennemis dans ces mêmes Français qui se sont toujours honorés de la compter parmi leurs concitoyens! Que Votre Majesté écoute donc la voix de son cœur, qu'elle repousse des conseils dont les résultats ne seraient que des regrets amers pour elle; qu'elle temporise encore quelque temps. L'Empereur a quitté Paris. Dans peu de jours, le temps des dangers ou du moins des incertitudes sera passé, et Votre Majesté pourra trouver la politique d'accord avec les sentiments de son cœur.

« Votre Majesté voit que je suis sur le Mincio. Elle doit sentir aisément combien j'ai été peiné d'être obligé d'abandonner l'Adige. La nécessité de ce mouvement, auquel le maréchal Bellegarde n'était point en état de me forcer et les.... (*un mot illisible dans la minute*) de Votre Majesté m'ont obligé de faire connaître aux peuples d'Italie et à l'armée, par une proclamation, les motifs de la démarche que j'ai dû faire.

« J'espère que Votre Majesté sentira que je n'ai pu agir autrement, et qu'elle n'en agréera pas moins l'assurance de mes sentiments pour elle. »

Eugène à la vice-reine. Mantoue, 5 février 1814.

« Triaire est arrivé ce matin, ma chère Auguste. Je lui ai tout expliqué. Tu feras bien d'aller à Monza dès que les appartements seront bien chauffés et que j'aurai quitté la ligne du Mincio. Cela pourra être dans huit jours comme dans quatre. Espérons!

« Je rumine en ce moment le mode de donner sur le nez de l'un de mes adversaires, et j'y réussirai peut-être. Hier soir, après que j'eus quitté mon arrière-garde, ils sont venus l'attaquer; on a été bien vite à cheval; on les a repoussés à une lieue et on leur a fait quelques prisonniers, dont un officier.

« Je donne ordre à Hennin[1] de te remettre d'avance toute l'année de tes épingles, et puis 200,000 francs pour ta maison; puis Rè, qui est à Ancône, te fera passer mes fonds. J'aime autant que tu les gardes, puisque tu pourras t'en servir au besoin. »

---

[1] Trésorier de l'apanage du vice-roi.

Eugène au général d'Anthouard. Mantoue, 5 février 1814.

« Monsieur le général comte d'Anthouard, je viens de recevoir par mon officier d'ordonnance, le chef d'escadron Corner, une lettre du roi de Naples. Il paraît qu'il n'est point encore décidé à prendre le parti de la guerre et qu'il veut encore gagner du temps. Il me renouvelle aussi la promesse de ne point attaquer sans m'en avoir prévenu. Évitons donc également tout ce qui pourrait attirer sur nous les reproches d'avoir commencé les premiers les hostilités. Tenez-vous cependant bien en mesure et prêt à repousser la première attaque, non-seulement de la part des Napolitains, mais aussi de la part des Autrichiens qui pourraient bien prendre les devants pour décider plus aisément leur allié à entrer dans la lice. Si les Autrichiens étaient seuls, vous auriez plus de monde qu'il n'en faut pour les arrêter à Plaisance, car le général Nugent n'a que 5 à 6,000 hommes, et, s'il est vrai que le général Stahrenberg aille le rejoindre avec à peu près autant de monde, j'aurai le temps de vous faire parvenir les secours qui pourraient vous être nécessaires.

« Je sais que vous avez fait rester à Plaisance un officier du roi de Naples qui se rend à Turin auprès de Pierre Camille : vous pouvez lui laisser continuer sa route en lui donnant un officier pour l'accompagner comme pour sa sécurité personnelle. C'est ainsi qu'ils en usent avec les nôtres. L'officier que vous enverrez aura soin d'empêcher qu'il ne s'arrête trop longtemps à Alexandrie ou dans tout autre endroit où il pourrait avoir intérêt à faire quelques observations.

« J'aurais quelques projets de ce côté-ci; mais, avant de les mettre à exécution je désirerais savoir de vous d'une manière certaine si, dans le cas où vous viendriez à être attaqué, vous pourriez tenir Plaisance en vous y renfermant avec tout votre monde trois ou quatre jours. Cette certitude me donnerait la sécurité nécessaire pour exécuter les desseins que j'aurais formés pour ce côté-ci.

« Faites courir le bruit qu'une division et la garde vont arriver à Plaisance et que je ne tarderai pas à m'y rendre moi-même; et, pour donner plus de crédit à ce bruit, faites faire mon logement et celui de mon quartier général dans cette ville. »

«Mon général, le général de division Gratien ayant été chargé de faire diriger sur l'armée d'Italie tous les hommes provenant de la conscription de 1808 à 1814 au fur et à mesure qu'ils seraient habillés, équipés et armés, le prince gouverneur avait lieu de penser que l'on aurait exécuté cette disposition envers ceux qui appartiennent au 31ᵉ régiment; mais, puisque cela n'a pas été fait, Son Altesse Impériale vient d'ordonner au général Despinois de les faire partir d'Alexandrie, le 7 du courant, pour Plaisance, sous la conduite d'un certain nombre d'officiers et de sous-officiers.

Le général Porson au général Vignolle, Turin, 5 février 1814.

« Je vous remercie infiniment, mon brave général, de l'envoi que vous avez bien voulu me faire des deux proclamations de Son Altesse généralissime le prince vice-roi, qui ne laissent plus de doute sur la conduite inconcevable du roi de Naples. »

Eugène à Clarke.
Vérone, 6 février 1814.

« Monsieur le duc de Feltre, les Napolitains s'étant beaucoup renforcés entre Bologne et Reggio au moyen de leur 2ᵉ division qu'ils ont fait marcher de Rome sur Bologne, je me suis trouvé avoir sur mon flanc droit et en arrière 15 à 18,000 hommes, des intentions hostiles desquels il ne m'était plus permis de douter, quoique les hostilités entre mes troupes et eux n'eussent point encore commencé : ils avaient permis d'ailleurs à la division autrichienne du général Nugent, forte de 5 à 6,000 hommes, de s'avancer jusqu'à Bologne; dès lors j'ai dû craindre une attaque sérieuse sur ma droite, et, n'étant pas assez fort pour tenir la ligne de l'Adige et défendre la rive droite du Pô, j'ai été obligé de replier mon armée sur le Mincio, afin d'être plus à portée de mes ponts sur le Pô et de pouvoir manœuvrer suivant les circonstances sur l'une ou l'autre rive de ce fleuve. En quittant la ligne de l'Adige, j'ai éprouvé, ainsi que toute l'armée, de vifs regrets : les travaux que j'avais fait faire depuis trois mois sur cette ligne l'avaient rendue presque inexpugnable et l'avaient mise à l'abri de toute crainte d'une attaque de front. Je suis sur le Mincio, placé de manière à observer les mouvements de l'un et de l'autre côté du Pô, et je compte, ainsi que vous le penserez bien, m'y arrêter le plus longtemps possible.

« J'ai cru, dans les circonstances présentes, devoir faire les deux proclamations que je vous envoie ci-jointes : elles étaient nécessaires pour justifier aux yeux de l'armée et des peuples du royaume un mouvement que je n'aurais point fait sans la conduite des Napolitains. »

« Mon général, le prince Camille partage la juste indignation que la conduite inconcevable du roi de Naples fait éprouver à tout Français fidèle à sa patrie et dévoué au grand homme qui nous gouverne. Chacun est ici indigné, et le sentiment est unanime dans tout l'empire. Si, d'un côté, ce roi ingrat excite l'animadversion générale, notre bon et valeureux prince Eugène enfante des héros, par son cri de ralliement, *honneur et fidélité*, si bien entendu des braves, qui retrouvent en lui un Bayard, un grand Condé et un Turenne. Ses deux proclamations peignent sa belle âme et l'immortalisent à jamais, elles ont produit ici le plus grand effet.

« M. le directeur général de la police des départements au delà des Alpes ayant reçu du duc de Rovigo la note ci-jointe, par laquelle notre auguste souveraine a battu complétement les ennemis dans les journées des 29 et 30 janvier, le prince Camille a pensé que si elle ne vous était pas encore parvenue Son Altesse Impériale le prince vice-roi la verrait sans doute avec le plus grand plaisir; c'est dans cette persuasion que je vous prie de vouloir bien la lui communiquer.

« J'avais prévu les intentions de Son Altesse Impériale en ordonnant de couvrir par un ouvrage en terre le pont de bateaux de Casal, auquel on travaille vivement. Il sera armé de plusieurs bouches à feu, indépendamment de l'artillerie du château qui le prendra à revers en battant le pont.

« Tout ce qui dépendra du prince Camille pour bien seconder Son Altesse Impériale le prince vice-

Le général Porson au général Vignolle, Turin, 6 février

roi sera employé ; c'est sur quoi vous pouvez compter comme sur mon entier dévouement.

« *P. S.* Nous sommes fort aises de savoir l'armée du prince Eugène sur le Mincio sans coup férir. »

<small>Eugène à la vice-reine. Mantoue, 7 février 1814, au soir [1]</small>

« Je n'ai pas beaucoup de temps à moi, ma chère Auguste, car j'ai beaucoup d'ordres à donner pour un mouvement que je fais faire, non pas en arrière, comme tout le monde le craint, mais en avant ; j'espère que la fortune me sera favorable et que je pourrai ces jours-ci me venger des Napolitains. »

<small>Hortense à Eugène, Paris, 8 février 1814.</small>

« Mon cher Eugène, nous sommes au fort de la crise, il n'y a encore aucune nouvelle pour quitter Paris, cela se fera peut-être au dernier moment lorsqu'il ne sera plus temps. Enfin, c'est le moment du courage, et tu sais que je n'en manque pas. L'on me fait l'honneur de l'admirer ici, et je trouve qu'il est tout simple. Rien n'abaisse quand on n'a rien fait de mal, et perdre sa position est plus supportable que de perdre un ami. Au reste, les négociations vont très-bien, comme je te l'ai mandé : l'Empereur se concentre à Nogent, on dit la position belle ; il attendra qu'on l'attaque et nous dépendons de la bataille, perdue ou gagnée ; on espère pourtant la paix, d'ici là, car je crois bien qu'il faudra céder tout ce qu'on demandera et je pense que l'Empereur y est disposé... On serait bien aise ici de jeter un soupçon sur toi, mais il ne peut t'atteindre ; quand on a prouvé comme

---

[1] Veille de la bataille du Mincio.

tu l'as fait qu'on aimerait mieux le contentement de sa conscience à toutes les plus belles positions, on ne croit pas ceux qui voudraient vous donner des torts. Au reste, l'opinion du monde te rend bien justice, et j'en jouis : le plus beau nom à envier n'est pas celui de roi, mais celui d'un homme d'honneur, et tu dois être satisfait de tout ce que tu fais, car c'est approuvé et estimé de tous les partis. Ma pauvre sœur doit être bien triste de devoir quitter Milan avec toute sa petite famille, mais j'espère que tout sera décidé d'ici au mois d'avril. Le duc de Vicence a écrit à sa mère pour lui demander de vos nouvelles ; j'ignore s'il a vu le roi de Bavière, cela me le ferait croire, mais on assure qu'il a été bien reçu des empereurs. Adieu, ne te bats plus surtout, car, n'étant pas le plus fort, le bonheur semble bien ne plus être pour nous... On s'est beaucoup battu à Châlons, c'est notre côté faible, et l'on croit l'ennemi bientôt à Épernay. Adieu, je t'embrasse tendrement, et quand je t'écrirai nous serons sans doute ou mieux ou encore plus mal. Si nous courons les champs il n'y aura plus de fin à tout cela et c'est ce que je redoute le plus. mais j'ai déjà pris mon parti sur tout, ainsi rien ne m'étonnera. »

« Sire, je viens d'avoir le bonheur de remporter un avantage assez marqué sur l'ennemi, au moment où il s'apprêtait à passer le Mincio. J'envoie à Votre Majesté mon aide de camp Tascher, qui aura l'honneur de lui rendre compte de tous les détails de cette affaire. Je regrette, toutefois, que les résultats n'en

Eug. à Nap. Goïto, 9 février 1814.

aient point été assez décisifs pour l'avenir. Si j'avais pu repousser les Autrichiens jusqu'au delà de Vérone, mon projet aurait été de déboucher aussitôt par Borgo-Forte sur votre nouvel ennemi et de lui faire évacuer les départements qu'il a envahis. »

Eugène à Clarke. Goïto, 9 février 1814.

« Monsieur le duc de Feltre, j'avais été informé que l'ennemi s'était porté avec toutes ses forces de Vérone sur Roverbella et Villafranca ; je résolus de repasser le Mincio le 8 pour lui présenter la bataille dans cette position. J'ordonnai en conséquence que les divisions Rouyer et Marcognet de la 1re lieutenance, commandée par le lieutenant général comte Grenier, la division Quesnel, la cavalerie du général Mermet et la garde royale déboucheraient avec moi de Mantoue et de Goïto. Le lieutenant général comte Verdier, qui était sur le haut Mincio avec les divisions Fressinet et Palombini, devait se borner à réunir ses troupes pour passer ensuite avec elles à Mozambano et appuyer le mouvement général de l'armée sur Villafranca.

« Je devais compter trouver les troupes ennemies où elles étaient placées la veille au soir, c'est-à-dire à Roverbella, Villafranca et Valeggio : mais, par une rencontre extraordinaire, l'ennemi, dans la même nuit, ploya son armée sur Valeggio, et précisément à la même heure que nos troupes débouchaient par leurs têtes de pont il effectuait son passage à Borghetto. Néanmoins la bataille s'engagea dans les plaines de Roverbella avec une partie de l'armée ennemie et toutes ses réserves, en même temps que le lieutenant général Verdier opposait sur les hauteurs, à Monzambano, la plus grande résistance à son avant-garde.

« Dès onze heures du matin, notre avant-garde, commandée par le général de brigade Bonnemains, couvrait déjà la plaine près de Roverbella, et avant midi nous étions maîtres de ce village. L'ennemi, qui s'était porté au-devant de nous et qui sentait de quelle importance il était pour lui de retarder notre mouvement, fit contre nos troupes qui s'avançaient dans la plaine plusieurs fortes tentatives avec sa cavalerie et ses grenadiers ; mais elles furent infructueuses. Ses attaques furent repoussées avec vigueur et il fut poursuivi avec audace. A quatre heures après midi, le village de Pozzolo fut enlevé, et l'ennemi, qui y avait commencé des préparatifs de ponts, les y abandonna. Nous avons poussé nos succès jusque sous les hauteurs de Valeggio où la nuit nous surprit. Son obscurité eut peine à mettre fin au combat, tant était grande l'ardeur de nos soldats. L'affaire fut excessivement chaude, par l'acharnement qu'on mit de part et d'autre, vu surtout la situation respective des deux armées ; mais la valeur de nos troupes surmonta toute la résistance que l'ennemi développa.

« De son côté, le lieutenant général comte Verdier, qui s'était placé sur les hauteurs de Monzambano, avait repoussé toutes les attaques de l'ennemi, et quoique sans communication avec les autres divisions, puisque l'ennemi avait déjà jeté des colonnes sur Volta, il n'avait pas perdu un seul pouce de terrain.

« Les résultats de cette journée sont des plus satisfaisants. Plus de 2,500 hommes dont 40 officiers sont tombés entre nos mains. L'ennemi a eu 5,000 hommes tués ou blessés, et nous avons pris un grand nombre d'équipages. Les régiments de Deutschmeister, Reiski, la réserve des grenadiers et les dragons d'Hohenlohe ont particulièrement souffert. Dans une seule charge du 31ᵉ de chasseurs, un carré de grenadiers a été écharpé. *Il est difficile jusqu'à ce moment de connaître nos propres pertes, cependant elles n'arrivent pas à 2,500 hommes hors de combat.*

« Pendant la nuit, l'ennemi a fait repasser sur Valeggio les forces qu'il avait conservées devant le général Verdier. Nos troupes, après avoir couché sur le champ de bataille, ont repassé ce matin le Mincio, rétabli la communication avec le corps du général Verdier et repris la ligne du Mincio. Je porterai aujourd'hui mon quartier général à Volta.

« Le général Zucchi, qui s'était porté avec ses troupes sur les différentes communications d'Isola della Scala pour flanquer la droite de l'armée, a rencontré quelques bataillons ennemis qu'il a repoussés, et est rentré ce matin à Mantoue avec plusieurs centaines de prisonniers.

« Dans cette brillante journée l'armée a déployé la plus grande valeur. J'ai été parfaitement satisfait de la conduite des généraux, officiers et soldats. Je vous ferai connaître par un rapport particulier les noms de ceux qui se sont faits le plus remarquer, et je vous prierai de solliciter en leur faveur les bontés de l'Empereur. »

« M. le général comte d'Anthouard ayant été informé que l'ennemi avait débouché de Vérone avec toutes ses forces et s'était réuni à Villafranca, j'ai résolu de lui livrer bataille dans cette position. En conséquence j'ai ordonné que l'armée repasserait le 8 sur la rive gauche du Mincio par les ponts de Mantoue, de Goïto et de Monzambano. Ce mouvement donnait à espérer les résultats les plus heureux; mais par une de ces combinaisons qu'il est impossible de prévoir, l'ennemi ayant, dans la nuit du 7 au 8, passé lui-même le Mincio à Pozzolo et à Valeggio, le général Verdier n'a point pu déboucher par Monzambano, ainsi qu'il en avait reçu l'ordre. Cependant j'ai combattu l'ennemi entre Valeggio et Villafranca, et j'ai eu constamment un avantage marqué sur lui; on s'est battu pendant douze heures de suite. L'élite de l'armée autrichienne a été engagée presque tout le jour. J'ai été parfaitement satisfait de la bravoure que nos troupes ont montrée. Une seule charge exécutée par le 1er régiment de hussards n'a point eu le succès qu'on pouvait désirer, le nombre des prisonniers que nous avons faits s'élève à 2,500. Je ne crois point exagérer en portant la perte de l'ennemi à 4,000 hommes tués ou blessés. Jusqu'à présent il paraît que nous avons eu à peine 2,000 hommes hors de combat; l'ennemi ne nous a fait que très-peu de prisonniers.

« Le général Verdier s'est maintenu dans sa position de Monzambano; je manœuvre aujourd'hui pour rétablir ma communication directe avec lui : en conséquence, j'ai fait repasser à l'armée le Mincio et je me porte sur Volta. L'ennemi a totalement repassé la rivière à Valeggio et n'a plus de ce côté-ci que quelques piquets de cavalerie qui sont sans espoir de pouvoir se retirer; ma communication avec le général Verdier est rétablie; il a soutenu les efforts de l'ennemi avec beaucoup de vigueur et n'a pas perdu un pouce de terrain.

« J'ai repris la ligne du Mincio. L'armée s'est conduite avec une extrême valeur. »

LIVRE XXVIII

DU 9 FÉVRIER A LA FIN D'AVRIL 1814.

§ I. — L'Empereur revient à son projet de rappeler en France l'armée d'Italie (8 février 1814). — Lettres du duc de Feltre, de l'impératrice Joséphine et de la reine Hortense. — Dépêche télégraphique. — Lettre de l'Empereur au duc de Feltre (8 février). — Remarque sur les ordres donnés par Napoléon. — Réponse du vice-roi (16 février) au duc de Feltre. — Nouvelle dépêche de ce dernier (17 février). — Lettres explicatives du vice-roi à Napoléon et à sa mère (18 février). — Eugène se prépare à obéir, puis il modifie ses projets par suite de la conduite du roi de Naples. — Lettre au prince Camille (21 février) — La situation change complétement. — Lettre de Napoléon à Eugène (18 février). — Lettre de Napoléon relative à la vice-reine (19 février); — d'Eugène au duc de Feltre (22 février). — Arrivée du colonel Tascher (25 février). — Son curieux rapport au vice-roi. — Résumé. — Extrait du précis historique des opérations de l'armée de Lyon en 1814.

§ II. — Ce qui avait motivé la lettre du 19 février de l'Empereur. — Explications à ce sujet. — Démarche du vice-roi auprès de Bellegarde. — Mécontentement de la princesse Auguste en voyant la belle conduite de son mari méconnue. — Ses lettres à la reine Hortense et à Eugène (19 et 20 février).—Réponse du vice-roi (21 février). — Lettre du roi de Bavière à sa fille. — Noble réponse du prince Eugène. — Le vice-roi fait connaître à la princesse Auguste la lettre de Napoléon en date du 19 février. — Réponses d'Eugène et de la princesse à l'Empereur. — Nouvelles lettres de Napoléon à Eugène et à sa femme (12 mars). — La vice-reine se décide à s'enfermer dans Mantoue pour y faire ses couches.

§ III. — Suite des opérations militaires. — Le lendemain de la bataille du Mincio ou de Roverbella, le prince Eugène repasse la rivière et rétablit sa communication avec le général Verdier. — Affaire de Borghetto (10 février). — Combats du côté du Tyrol; — de Gardova, le 14; — de Salo, le 16 février. — Sixième organisation de l'armée d'Italie.— Ce qui la motive. — Le général d'Anthouard envoyé à Plaisance. — Conduite des Napolitains. — Ils déclarent formellement la guerre le 15 février. — Ils attaquent le 17 les avant-postes de la division Sévéroli. — Mouvements du côté de Plaisance. — Rapport du général Grenier.— Capitulation de la citadelle d'Ancône le 15, de Livourne le 19 février. — Combat de Guastalla (1er mars). — Combat sur le Taro. — Attaque de Parme (2 mars). — Succès du général Grenier. — Affaire de Reggio (7 mars). — Blocus de Venise. — Reconnaissance offensive du 10 mars sur la ligne du Mincio.— Évacuation de Civita-Vecchia et du château Saint-Ange par suite d'une convention (10 mars). — Le général Maucune prend le commandement du corps détaché de droite de l'armée d'Italie. — La vice-reine à Mantoue. — Siége de Gênes (1er avril). — Affaire du Taro (13 avril). — Convention pour l'évacuation de l'Italie (16 avril). — Reddition de Gênes (19 avril). — De Venise le 20. — Évacuation de l'Italie par l'armée. — Proclamation du vice-roi.— Ordre du général Grenier (18 avril). — Intrigues et révolution à Milan. — Conduite du prince Eugène. — Adresse de l'armée au vice-roi. — Lettre de d'Anthouard. — Réflexions.

I

Le jour même (8 février 1814) où le vice-roi battait les Autrichiens sur les bords du Mincio, l'Empereur, mécontent de la conduite d'Augereau à Lyon[1],

[1] C'était bien à tort que Napoléon se plaignait à cette époque de l'inaction du duc de Castiglione; le maréchal n'avait encore que peu de monde et se trouvait hors d'état de prendre l'offensive Les troupes d'Espagne étaient en marche pour Lyon, mais elles ne pouvaient arriver avant la fin de février. Il était donc trop tôt de quelques jours pour qu'Augereau pût exécuter les ordres impératifs de Napoléon, car Augereau n'avait alors que 3 à 4,000 combattants à Lyon (*Précis historique des opérations de l'armée de Lyon en* 1814, par A. du Casse). Quelques jours plus tard, le maréchal eût pu faire une utile diversion, mais alors il agit mollement et laissa échapper l'occasion.

Nous avons été surpris de ne trouver dans le XVIIe volume du *Consulat et de l'Empire* que quelques lignes sur l'armée de Lyon, sur le rôle et sur la conduite d'Augereau.

Nous avons été surpris également en voyant que, tout en rendant

se voyant pressé par les armées (bien supérieures aux siennes en nombre), de la coalition, revint à son projet de rappeler en France Eugène et les troupes françaises sous ses ordres. Il n'avait plus été question de ce projet (*conditionnel à la défection de Murat*) depuis le 17 janvier ; néanmoins Napoléon écrivit alors au ministre de la guerre en ce sens, et le lendemain, 9 février, le duc de Feltre expédia la dépêche suivante à Eugène :

« Monseigneur, l'Empereur me prescrit par sa lettre datée de Nogent-sur-Seine le 8 de ce mois de réitérer à Votre Altesse Impériale l'ordre que Sa Majesté lui a donné de se porter sur les Alpes *aussitôt que le roi de Naples aurait déclaré la guerre à la France*. D'après les intentions de Sa Majesté, Votre Altesse Impériale ne doit laisser aucune garnison dans les places d'Italie, si ce n'est des troupes d'Italie, et elle doit de sa personne venir avec tout ce qui est français sur Turin et Lyon, soit par Fenestrelle, soit par le mont Cenis.

« L'Empereur me charge de mander à Votre Altesse qu'aussitôt qu'elle sera en Savoie elle sera rejointe par tout ce que nous avons à Lyon. »

En outre, l'impératrice Joséphine et la reine Hortense furent chargées par l'Empereur d'écrire dans le même sens à Eugène. Voici leurs lettres : la première, de l'Impératrice, est du 9, la seconde, de la reine, est du 10 février :

justice à la conduite du prince Eugène, à sa fidélité, le grand historien ne dit pas que l'ordre envoyé au vice-roi pour l'évacuation de l'Italie, à cette époque comme en janvier, était *conditionnel*.

« Ne perds pas un instant, mon cher Eugène, quels que soient les obstacles, redouble d'efforts pour remplir l'ordre que l'Empereur t'a donné. Il vient de m'écrire à ce sujet. Son intention est que tu te portes sur les Alpes, en laissant dans Mantoue et les places d'Italie seulement les troupes du royaume d'Italie ; sa lettre finit par ces mots : « La France « avant tout, la France a besoin de tous ses enfants ! »

« Viens donc, mon cher fils, accours ; jamais ton zèle n'aura mieux servi l'Empereur. Je puis t'assurer que chaque instant est précieux.

« Je sais que ta femme se disposait à quitter Milan ; dis-moi si je peux lui être utile ? Adieu, mon cher Eugène, je n'ai que le temps de t'embrasser et de te répéter d'arriver bien vite. »

La reine Hortense à Eugène. — « Je t'envoie la lettre de l'Empereur à l'Impératrice et la réponse de notre mère ; je ne comprends rien à tout cela... Au reste, la paix se fait, car on en parle beaucoup : cela ne nous empêchera peut-être pas d'être pris à Paris, mais tout cela sera décidé dans peu de jours. Ce qui prouve bien que l'Empereur ne comptait pas sur toi pour venir en France, c'est que d'après sa lettre il dit ne t'avoir ordonné de quitter l'Italie *que quand le roi de Naples lui déclarerait la guerre, et cette guerre à laquelle il devait bien s'attendre depuis longtemps, je parie qu'il s'est toujours fait illusion et ne l'a pas crue possible...* Il est vrai qu'il est plus pénible de voir des torts à ceux qu'on a beaucoup aimés. Tes proclamations sont à merveille et tu ne dois jamais envier ton voisin victorieux et puissant. Tu vas te trouver dans un grand embarras... Suis ta tête, elle te fera mieux juger ce qu'il faut faire étant de près, et je suis sûre que tu suivras toujours ton cœur en faisant ce qui sera le mieux pour servir l'Empereur, et que lui-même ne pourra jamais en douter. Comme c'est là la seule récompense que tu attends, il serait pénible de ne pas l'obtenir... »

Enfin nous trouvons dans les archives de la guerre trace d'une dépêche télégraphique que voici :

« Le ministre de la guerre réitère à Son Altesse Impériale le prince vice-roi l'ordre de l'Empereur de se porter sur les Alpes, AUSSITÔT QUE LE ROI DE NAPLES AURA DÉCLARÉ LA GUERRE. Son Altesse ne doit laisser aucune garnison dans les places d'Italie, si ce n'est des troupes d'Italie, et doit venir avec tout ce qui est français sur Turin, soit par Fenestrelle, soit par le mont Cenis. »

Cette dépêche fut-elle envoyée réellement en Italie et parvint-elle à Eugène, cela nous paraît fort douteux, car le vice-roi, dans ses réponses au ministre et à l'Empereur n'en fait pas mention; mais comme, dans tous les cas, cette dépêche ne pouvait parvenir au vice-roi que le 13 ou le 14 février, et que le prince reçut la lettre du duc de Feltre le 16, cela n'a pas grande importance.

Ces ordres envoyés en Italie l'avaient été à la suite de la lettre suivante, écrite par l'Empereur à son ministre, en date du 8 février, de Nogent, lettre qu'il est bon de faire connaître :

« Monsieur le duc de Feltre, j'ai donné ordre au vice-roi, *aussitôt que le roi de Naples aurait déclaré la guerre*, de se porter sur les Alpes. Réitérez bien cet ordre par le télégraphe, par estafettes et en triplicata par un officier. Vous lui ferez connaître qu'il ne doit laisser aucune garnison dans les places d'Italie, si ce n'est des troupes d'Italie, et qu'avec tout ce qui est français il doit venir sur Turin et Lyon, soit par Fenestrelle, soit par le mont Cenis ; qu'aussitôt qu'il sera en Savoie, il sera rejoint par tout ce que nous avons à Lyon. Écrivez également à la grande-duchesse et au général Miollis que du moment que le roi de Naples a déclaré la guerre, le grand-duché de Toscane et Rome ne sont plus tenables; qu'en conséquence, il remettra toutes les places au roi de Naples, en y mettant pour condition que tous les Français et employés se retireront sur les Alpes, le mont Cenis et Briançon avec armes et artillerie. Adressez au duc d'Otrante, s'il se trouve encore en Toscane, l'ordre d'aller près le roi de Naples pour arranger cette convention. Les troupes et les employés se rejoindront dans la même direction. Expliquez-vous bien que sous quelque prétexte que ce soit, aucune troupe de la France ne doit rester dans aucune place de l'Italie, et tous doivent revenir en masse sur Chambéry, Lyon ou Grenoble. Vous l'écrirez au prince Borghèse. Si la marche de l'ennemi obligeait à évacuer le Piémont, je pense que des garnisons sont inutiles à Casal et à Plaisance, qui sont de mauvaises places, qu'on pourrait mettre dans la citadelle de Turin quelques troupes piémontaises, et quant à Alexandrie, qu'il suffirait d'y mettre 4,000 conscrits français, tout le reste rejoindrait le vice-roi. Ces 4,000 hommes seront suffisants à Alexandrie, tant que l'ennemi ne fera pas de siége, et, en cas d'attaque, ils auront la citadelle où ils pourront se retirer. J'ai déjà donné tous ces ordres. Réitérez-les, vous en donnerez communication au roi Joseph. »

Remarquons d'abord que ces nouveaux ordres de l'Empereur et du ministre sont *encore et toujours conditionnels*, remarquons ce que la reine Hortense dit dans sa lettre du 10 : « Ce qui prouve bien que l'Empereur ne comptait pas sur toi pour venir en France, c'est que, d'après sa lettre, il dit ne t'avoir ordonné de quitter l'Italie que quand le roi de Naples *lui déclarerait la guerre*; et cette guerre, à laquelle il devait bien s'attendre depuis longtemps, je pense qu'il s'est toujours fait illusion et ne l'a pas crue possible, etc... »

Un peu plus loin nous allons expliquer ce qui modifia une seconde fois les projets de Napoléon, et nous prouverons qu'il renonça, très-peu de jours après, à son idée d'appeler en France l'armée d'Italie.

Eugène dut prendre, et prit, en effet, ces ordres, comme des ordres *conditionnels*, puisqu'il répondit de Volta, le 16 février, au ministre :

« Monsieur le duc de Feltre, je reçois à l'instant même votre lettre du 9 de ce mois, dans laquelle vous me faites part des instructions de Sa Majesté à l'égard de l'armée sous mes ordres, *dès que le roi de Naples se sera déclaré contre la France*. Vos instructions sont entièrement conformes à celles que l'Empereur m'a adressées, il y a environ quinze jours, par une lettre chiffrée. J'agirai ponctuellement en ce sens.

« Jusqu'à présent, les Napolitains ne peuvent entrer en opérations, parce que, bien que le roi ait fait un traité avec l'ennemi, il en attend la *ratification*, et j'ai pris toutes mes mesures pour être prévenu à temps.

« Ainsi donc mon mouvement rétrograde, qui n'est d'ailleurs que conditionnel, sera le plus lent possible, *à moins que la présence de mon armée, étant jugée nécessaire en France, vous me fassiez parvenir l'ordre positif de m'y porter.*

« Je vous observerai que, dans cette hypothèse, vous devez vous attendre à une diminution à peu près de deux tiers de mes forces, puisque vous savez que mes régiments sont en grande majorité composés de Piémontais, Génois, Toscans, etc. »

Cette réponse est claire, précise, il en ressort forcément : 1° que le roi de Naples n'ayant pas encore déclaré la guerre, le cas prévu par l'ordre de l'Empereur ne s'est pas présenté ; 2° que le prince est tout prêt à se porter sur les Alpes si on juge sa présence et celle de ses troupes nécessaires en France ; 3° que dans ce cas il faut lui en donner l'ordre formel, et s'attendre à une grande diminution de forces, etc.

Le 17 février, le duc de Feltre écrit de nouveau au vice-roi :

« Monseigneur, j'ai reçu successivement les lettres dont Votre Altesse Impériale m'a honoré les 6,

9 et 10 courant, et j'en ai transmis aussitôt le contenu à l'Empereur, qui aura sans doute appris avec une grande satisfaction les avantages obtenus par l'armée d'Italie les 8 et 10 de ce mois. Lorsque Votre Altesse Impériale m'aura fait connaître, comme elle me l'annonce, les militaires qui se sont le plus distingués dans ces affaires, je serai très-empressé à mettre leurs noms sous les yeux de l'Empereur et à solliciter en leur faveur les récompenses dont Votre Altesse Impériale les aura jugés dignes.

« J'espère que ma dépêche du 9 de ce mois, expédiée par triplicata, sera parvenue à Votre Altesse Impériale, et, qu'au moment où j'écris, elle s'occupe de l'exécution des ordres de l'Empereur pour évacuer l'Italie et se porter sur les Alpes. Cette mesure commandée par les circonstances devient de jour en jour d'une nécessité plus urgente, et j'attends avec une vive impatience d'apprendre que Votre Altesse aura commencé son mouvement. Il secondera j'espère bien efficacement les opérations que M. le duc de Castigliano a eu ordre d'entreprendre avec les troupes qui se réunissent à Lyon, et dont les dernières y arriveront le 24. L'Empereur a ordonné que ce maréchal attaquât sans différer le général autrichien Bubna, qui, de Genève, a poussé des colonnes sur Bourg, sur Lyon, sur Chambéry et qui menace Grenoble, du poste des Échelles dont il s'est emparé.

« L'arrivée de Votre Altesse Impériale à Chambéry ou à Grenoble déciderait bien vite du succès des opérations du duc de Castiglione, s'il était balancé, et permettra au maréchal de se porter par la Franche-Comté sur les flancs et les derrières de la grande armée autrichienne, dont les têtes de colonne menacent à la fois Paris et Orléans. Votre Altesse Impériale saisira, par cet exposé rapide, toute l'importance des dispositions que son arrivée permettra de faire, et qu'elle sera immédiatement appelée à seconder. Je m'estimerai donc très-heureux d'avoir à transmettre à l'Empereur la nouvelle de son approche sur la frontière de France, et j'espère que cet événement sera pour l'armée d'Italie, comme pour les autres, le signal de nouveaux et de plus grands succès. »

La première lettre du duc de Feltre était arrivée le 16 au vice-roi, celles de sa mère et de sa sœur lui parvinrent le 18 février. Il répond aussitôt à l'Empereur et à l'impératrice Joséphine (de Volta) le même jour :

« Sire, une lettre que je reçois de l'impératrice Joséphine m'apprend que Votre Majesté me reproche de n'avoir pas mis assez d'empressement à exécuter l'ordre qu'elle m'a donné par sa lettre en chiffres, et qu'elle m'a fait réitérer le 9 de ce mois par le duc de Feltre.

« Votre Majesté a semblé croire aussi que j'ai besoin d'être excité à me rapprocher de la France dans les circonstances actuelles, par d'autres motifs que mon dévouement pour sa personne et mon amour pour ma patrie.

« Que Votre Majesté me le pardonne, mais je dois lui dire que je n'ai mérité ni ses reproches ni le peu de confiance qu'elle montre dans des sentiments qui seront toujours les plus puissants mobiles de toutes mes actions.

« L'ordre de Votre Majesté portait expressément que, dans le cas où le roi de Naples déclarerait la guerre à la France, je devais me retirer sur les Alpes. Cet ordre n'était que conditionnel; j'aurais été *coupable* si je l'eusse exécuté avant que la condition qui devait en motiver l'exécution eût été remplie. Mais, cependant, je me suis mis aussitôt, par mon mouvement rétrograde sur le Mincio et en m'échelonnant sur Plaisance, en mesure d'exécuter la retraite que Votre Majesté me prescrivait, aussitôt que le roi de Naples, sortant de son indécision, se serait enfin formellement déclaré contre nous. Jusqu'à présent ses troupes n'ont commis aucune hostilité contre celles de Votre Majesté; le roi s'est toujours refusé à coopérer activement au mouvement des Autrichiens, et, il y a deux jours encore, il m'a fait dire que son intention n'était point d'agir contre Votre Majesté, et il m'a donné en même temps à entendre qu'il ne faudrait qu'une circonstance heureuse pour qu'il se déclarât en faveur des drapeaux sous lesquels il a toujours combattu. Votre Majesté voit donc clairement qu'il ne m'a point été permis de croire que le moment d'exécuter son ordre *conditionnel* fût arrivé.

« Mais si Votre Majesté veut supposer un instant que j'eusse interprété ses ordres de manière à me retirer aussitôt que je les aurais reçus, qu'en serait-il résulté?

« J'ai une armée de 36,000 hommes, dont

24,000 Français et 12,000 Italiens. Mais de ces 24,000 Français, plus de la moitié sont nés dans les États de Rome et de Gênes, en Toscane et dans le Piémont, et aucun d'eux assurément n'aurait repassé les Alpes. Les hommes qui appartiennent aux départements du Léman et du mont Blanc, qui commencent déjà à déserter, auraient bientôt suivi cet exemple des Italiens, et je me serais trouvé dans les défilés du mont Cenis ou de Fenestrelle, comme je m'y trouverai aussitôt que Votre Majesté m'en aura donné l'ordre positif, avec 10,000 hommes à peine, et attirant à ma suite sur la France 70,000 Autrichiens, et l'armée napolitaine qui alors, privée de la présence de l'armée française qui lui sert encore plus d'appui que de frein, eût été forcée aussitôt d'agir offensivement contre nous. Il est d'ailleurs impossible de douter que l'évacuation entière de l'Italie aurait jeté dans les rangs des ennemis de Votre Majesté un grand nombre de soldats qui sont aujourd'hui ses sujets.

« Je suis donc convaincu que le mouvement de retraite prescrit par Votre Majesté aurait été très-funeste à ses armes, et qu'il est fort heureux que, jusqu'à présent, je n'aie pas dû l'opérer.

« Mais si l'intention de Votre Majesté était que je dusse le plus promptement possible rentrer en France avec ce que j'aurais pu conserver de son armée, *que n'a-t-elle daigné me l'ordonner?* Elle doit en être bien persuadée, ses moindres désirs seront toujours des lois suprêmes pour moi ; mais Votre Majesté m'a appris que dans le métier des armes il n'est pas permis de deviner les intentions, et qu'on doit se borner à exécuter les ordres.

« Quoi qu'il en soit, il est impossible que de pareils doutes soient nés dans le cœur de Votre Majesté. Un dévouement aussi parfait que le mien doit avoir excité la jalousie; puisse-t-elle ne point parvenir à altérer les bontés de Votre Majesté pour moi, elles seront toujours ma plus chère récompense. Le but de toute ma vie sera de la justifier, et je ne cesserai jamais de mettre mon bonheur à vous prouver mon attachement, et ma gloire à vous servir. »

L'impératrice Joséphine. — « Ma bonne mère, à mon retour d'une petite expédition que j'ai faite sur Salo, où j'ai battu l'ennemi, je trouve ta lettre du 9 février; elle m'a confondu! J'en ai écrit à l'Empereur et je t'envoie, avec celle-ci, copie de ma lettre. Je joins aussi les copies de celle que j'ai reçue avant-hier du duc de Feltre, et ma réponse.

« Je ne croyais pas être arrivé jusqu'à ce moment pour avoir besoin de donner à l'Empereur des preuves de ma fidélité et de mon dévouement! Je ne puis, dans tout cela, voir qu'une chose : c'est que j'ai des ennemis, et qu'ils sont jaloux de la manière, j'ose dire honorable, dont je me suis tiré des circonstances les plus difficiles. A cela, je répondrai par le témoignage de la vérité. La voici tout entière :

« Depuis plus de trois mois que je suis resté sans direction ni instruction de l'Empereur, je n'ai reçu de lui, vers le 1ᵉʳ février, qu'une lettre chiffrée, qui me disait que, *dans le cas où le roi de Naples déclarerait la guerre à la France, je devais me retirer sur*

les Alpes. Cet ordre était donc *conditionnel*, et semblait me dire : « *Alors* vous ne pourrez plus te-
« nir en Italie ; *alors* il faut couvrir les débouchés
« de la France, etc. »

« Mais je m'étais mis en relation directe avec le roi ; je lui envoyai chaque jour, depuis son arrivée à Bologne, un officier qui lui faisait envisager la paix comme prochaine, qui lui confiait l'indignation que l'armée éprouvait, qui lui soutenait qu'il serait à jamais perdu dans l'histoire s'il trempait ses mains dans le sang français ; enfin, qu'il était bien évident que l'ennemi se jouait de lui.

« Tout cela a produit pour moi l'effet désiré, puisque le roi a arrêté le mouvement de ses troupes, m'a promis de m'avertir avant de m'attaquer, etc. Malgré toutes ses belles promesses, je n'ai pas voulu trop m'y fier, et pour me mettre plus en mesure, j'ai quitté la ligne formidable de l'Adige pour prendre celle du Mincio, beaucoup moins bonne, mais plus en arrière. L'ennemi ayant marché sur moi avec trop de confiance, je l'ai attaqué, et j'ai eu le bonheur de le battre le 8 de ce mois.

« Pendant tout ce temps, le roi est resté à Bologne.

« Il m'était donc permis d'espérer que la paix me trouverait encore guerroyant en Italie, et faisant tête à deux ennemis, très-supérieurs en nombre, il est vrai, mais que la politique empêcherait de marcher d'accord. Et, enfin, je me réservai toujours ma retraite sur Alexandrie et les Alpes, *en exécution de mes instructions.*

« Pourquoi donc aujourd'hui Sa Majesté semble-t-elle se plaindre de moi ?

« Est-ce parce qu'elle aurait besoin de mon armée ?

« Mais alors, je demanderai tout simplement : Pourquoi l'Empereur ne m'a-t-il pas écrit deux mots positifs : « *J'ai besoin de vous ; venez sans perdre de* « *temps en France.* » Il aurait vu si mon cœur ne répétait pas, d'accord avec le sien : « La France « avant tout ! »

« *Pourquoi ne m'a-t-il pas fait l'honneur de m'envoyer un de ses officiers, s'il n'a pas voulu risquer une lettre ?*

« Non, je le répète, je n'ai reçu d'autres ordres que ceux cités plus haut, et je le demande à toute la terre, veulent-ils dire autre chose que : « Quand le « roi de Naples se sera déclaré contre nous, vous « n'aurez rien de mieux à faire que de vous retirer « sur les Alpes ? »

« Certes, je ne prétends pas me plaindre de l'Empereur, et je ne choisirais pas d'ailleurs d'aussi douloureuses circonstances. Mais, quand on se voit attaqué, il est permis de se défendre. Ce que je puis te jurer, ma bonne mère, c'est que dans la conduite de ton fils, quoi qu'on puisse dire, il n'y aura jamais le moindre louche. Si tu veux bien jeter les yeux sur ma lettre à l'Empereur, tu verras les raisons qui m'ont porté à agir comme je l'ai fait. Ces raisons sont excellentes ; j'en appelle à tous les militaires et à tout ce qui a le sens commun. *Elles doivent céder et céderont au premier ordre positif que je recevrai.*

Mais j'aurai la bonhomie de croire, jusqu'alors, que j'aurai rendu quelque service à la France et à l'Empereur, en empêchant une armée de soixante-dix mille hommes d'entrer et d'envahir encore de nouvelles provinces de notre belle et malheureuse patrie.

« Pardonne, ma bonne mère, la longueur de cette lettre. Elle était nécessaire à mon cœur; j'aime à croire qu'elle ne l'était pas pour te lever aucun doute sur ma conduite. »

Le prince vice-roi se prépare alors à quitter l'Italie, il envoie à sa femme ses papiers importants, et n'attend plus que le retour de son aide de camp, Corner, envoyé auprès du roi de Naples. Il donne tous ces détails à la princesse Auguste par la lettre suivante :

« Je t'envoie, ma chère Auguste, les papiers ci-joints que je te prie de me garder, après les avoir lus, dans l'ordre où je les ai rangés. Ils nous serviront peut-être un jour dans les leçons que nous aurons à donner à nos enfants. Toutes ces contrariétés ne m'empêcheront pas de toujours faire mon devoir, mais on éprouve bien du mal au cœur de voir qu'on est si mal récompensé.

« La dernière lettre de ma sœur est pleine de sens et la réponse qu'a faite notre mère à l'Empereur est très-bien aussi. Enfin, patience! il viendra un temps où nous n'aurons à rendre compte qu'à notre conscience

« Corner n'est pas encore revenu de chez le roi, c'est bon signe. Il reviendra pourtant cette nuit, je le présume. Je l'écrirai demain et ne perds pas encore tout espoir.

« Adieu, ma bonne Auguste; je t'embrasse tendrement ainsi que mes petits anges. »

P. S. « Corner arrive à l'instant. Le roi est à Reggio, mais il va retourner à Modène. Il n'a voulu rien promettre officiellement; mais il a paru ne vouloir point se battre avant que les affaires ne soient bien décidées en France. »

Le prince modifia encore ses projets, après avoir entendu le rapport de son aide de camp, parce que le roi de Naples, arrêté dans ses desseins perfides par la nouvelle de la bataille du Mincio et des succès de Napoléon, hésitait, et qu'il y avait quelque chance de le ramener au parti de la France, cela ressort de la lettre qu'on va lire d'Eugène au prince Camille Borghèse, lettre du 21 février, et datée de Volta.

« J'ai reçu la lettre que Votre Altesse Impériale m'a écrite le 19 de ce mois, et je m'empresse d'y répondre. Les lettres de l'Empereur et du ministre de la guerre qui me sont parvenues relativement à l'évacuation conditionnelle de l'Italie ne portent rien autre chose que ce que le ministre vous mande sur le même objet. *Je n'ai pas cru jusqu'à présent devoir faire aucun mouvement pour l'exécution de cet ordre, puisque le traité du roi de Naples avec les puissances alliées ne m'a pas été notifié officiellement, qu'il n'a pas encore été ratifié, que jusqu'à ce jour les troupes napolitaines n'ont pas commis d'hostilité contre nous, et que j'ai tout lieu de croire que le roi de Naples ne déclarera pas la guerre à la France*, surtout si les triomphes de l'Empereur continuent à rassurer tous les esprits et à diminuer le nombre des chances favorables que l'on pourrait trouver dans le parti opposé à la France.

« Je tiendrai Votre Altesse informée des nouveaux ordres que je pourrais recevoir, ainsi que des mouvements que je pourrais faire suivant ces ordres ou selon les circonstances. »

Tout à coup, les choses se modifient complétement, et tandis que Clark écrit le 17 au prince qu'il attend avec impatience de pouvoir annoncer à l'Empereur le mouvement rétrograde de l'armée d'Italie, Napoléon satisfait d'avoir appris par le colonel Tascher la bataille du Mincio, Napoléon qui a battu complétement une partie des armées coalisées à Champaubert, Montmirail, etc., non-seulement ne songe plus à l'évacuation de l'Italie, mais il envoie l'*ordre formel* à Eugène, par Tascher, de s'y maintenir.

Dès le 18 février, il écrit à son fils adoptif :

« J'ai reçu votre lettre du 9 février, j'ai vu avec plaisir les avantages que vous avez obtenus; s'ils avaient été un peu plus décisifs et que l'ennemi se fût plus compromis, nous aurions pu garder l'Italie. Tascher vous fera connaître l'état des choses ici : j'ai détruit l'armée de Silésie, composée de Russes et de Prussiens, j'ai commencé hier à battre Schwartzemberg; j'ai, dans ces quatre jours, fait 30 à 40 mille prisonniers, puis une vingtaine de généraux, 5 à 600 officiers, 150 à 200 pièces de canon et une immense quantité de bagages; je n'ai perdu presque personne. La cavalerie ennemie est à bas, leurs chevaux sont morts de fatigue, ils sont beaucoup diminués, d'ailleurs ils se sont trop étendus.

« Il est donc possible, si la fortune continue à nous sourire, que l'ennemi soit rejeté en grand désordre hors de nos frontières et que nous puissions alors conserver l'Italie. Dans cette supposition, le roi de Naples changerait probablement de parti. »

Nous reconnaissons volontiers que l'on ne retrouve pas dans ces lettres de l'Empereur, relatives à la conduite qu'Eugène doit tenir en Italie, soit pour l'*évacuation*, soit pour la *conservation*, la précision, la netteté habituelle des dépêches de Napoléon. Ces ordres conditionnels donnés au vice-roi, non-seulement ne sont pas des ordres d'*évacuation*, mais sont à notre point de vue des ordres de *non-évacuation*, puisque le prince ne doit rétrograder sur les Alpes qu'après une déclaration formelle de guerre de Murat. Si on médite la lettre du 18, que nous venons de transcrire, on remarquera avec étonnement que le commencement dit : « Si vos succès eussent été un peu plus décisifs, nous aurions pu conserver l'Italie, » c'est-à-dire : vous devez toujours exécuter les ordres conditionnels que je vous ai fait parvenir, rien n'y est changé, tandis que la dernière phrase : « Si la fortune continue à nous sourire, » semble vouloir dire : différez l'évacuation.

Le vice-roi eût été, selon toute apparence, dans une grande perplexité, en présence des contradictions des dépêches qu'il recevait, si le retour de Tascher, du quartier impérial, n'était venu le tirer complètement d'embarras. En effet, son aide de camp lui apporta l'ordre formel, de la part de l'Empereur, de ne plus songer à quitter l'Italie.

Le 19, Napoléon avait encore écrit à Eugène, du château de Surville près de Montereau :

« Mon fils, il est nécessaire que la vice-reine se rende sans délai à Paris, pour y faire ses couches ; mon intention, étant que dans aucun cas, elle ne reste dans le pays occupé par l'ennemi : faites la donc partir sur-le-champ. Je vous ai expédié Tascher, il vous fera connaître les événements qui ont eu lieu avant son départ. Depuis, j'ai battu Wittgenstein au combat de Nangis ; je lui ai fait 4,000 prisonniers russes et pris des canons et des drapeaux, et surtout, j'ai enlevé à l'ennemi les ponts de Montereau, sans qu'il ait pu les brûler[1]. »

Avant de recevoir cette lettre de l'Empereur, Eugène avait répondu le 22 février, au ministre de la guerre, pour lui accuser réception de sa lettre du 19 et lui donner des explications sur sa conduite :

« Monsieur le duc de Feltre, j'ai reçu par l'estafette du 15 le triplicata de votre lettre du 17, contenant le renouvellement des ordres que l'Empereur m'avait donnés à la fin de janvier, pour l'évacuation conditionnelle de l'Italie. Je me réfère à la réponse que je vous ai faite et à la communication que je vous ai donnée de ma lettre à Sa Majesté. J'ai de plus à ajouter aujourd'hui que non-seulement le roi de Naples ne paraît pas disposé à se mettre en état

---

[1] Nous reviendrons à l'heure sur l'ordre contenu dans cette lettre et concernant le vice-reine.

d'agression contre nous ; mais qu'après avoir paru un instant à Reggio, il vient de retourner à Modène. Un de ses régiments a même eu l'ordre de rebrousser de Reggio sur Modène : cette contre-marche n'est rien moins qu'hostile. Je me suis mis en communication avec le roi ; je lui dépêche, sous divers prétextes, le plus d'officiers que je peux ; tous me rapportent que son intention ne serait d'agir offensivement contre les troupes que je commande qu'autant qu'il pourrait, ou pour parler plus exactement, qu'il serait forcé d'entrer en communauté d'opérations avec les Autrichiens, dont les démonstrations actuelles n'offrent, depuis la bataille du Mincio et les petits succès qui l'ont suivie sur ma gauche, rien qui paraisse devoir m'inquiéter beaucoup pour le moment. L'indécision dans laquelle le roi de Naples n'a point cessé de flotter me porte à penser que les triomphes de l'Empereur achèveraient de le replacer dans notre système : d'autant qu'il est loin d'avoir à se louer de s'être ainsi jeté dans les bras des Autrichiens. « Cependant j'ai l'œil à tout, et j'ai disposé « mes troupes de manière à me trouver en mesure « contre tout événement. » J'occupe avec mes principales forces la ligne du Mincio au centre de laquelle j'ai placé mon quartier général. Le général Grenier est à Plaisance avec une division et une brigade de cavalerie légère. Il réunit sous son commandement toutes les troupes de la réserve qui s'organisaient dans cette place. Une autre division échelonnée sur Plaisance lie ces deux masses, dont l'une tient l'ennemi fortement en échec sur le

Mincio, et dont l'autre observe ses mouvements en avant de Plaisance, et pourrait même faire un détachement sur lui, au besoin. Aussi longtemps donc que toutes les opérations du roi vers le Pô se réduiront à des allées et venues, je pense que je pourrai attendre tranquillement ici le résultat des heureux événements qui se développent de vos côtés, et ménager ainsi à l'Empereur les avantages attachés pour lui à la conservation de l'Italie. »

Cette lettre était écrite depuis deux jours, lorsque le colonel Tascher annoncé par la dépêche du 19, de l'Empereur, arrivant au quartier général du prince vice-roi, lui fit connaître les nouveaux ordres de l'Empereur et lui remit le curieux rapport que nous donnons ci-dessous, textuellement :

« Monseigneur, d'après les ordres de Votre Altesse Impériale et royale, je suis parti du quartier général de la Volta, le 9 du présent mois, pour remplir auprès de Sa Majesté l'Empereur et roi la mission qu'elle a bien voulu me confier.

« Arrivé à Milan le 10, à huit heures du matin, j'ai eu l'honneur d'être reçu par Son Altesse madame la vice-reine, à laquelle j'ai donné les détails de la bataille du Mincio; j'ai quitté cette capitale à trois heures de l'après midi.

« J'ai pris la route par Turin et le mont Cenis, à Aiguebelle, j'ai dû prendre une route de traverse pour me rendre par Grenoble à Lyon. La route directe par Chambéry étant, m'assurait-on, interceptée par un parti ennemi.

« Arrivé à Lyon, j'ai eu par M. le comte de Bondy,

préfet du département, tout dévoué et attaché à l'Empereur, les renseignements nécessaires pour continuer ma route avec sécurité. La population presque entière, animée du meilleur esprit, était sous les armes pour repousser l'ennemi qu'on assurait devoir se présenter incessamment devant la ville. Le maréchal Augereau, commandant toutes les troupes, chez lequel je me suis présenté pour lui annoncer la victoire de Votre Altesse Impériale, m'a semblé abattu, démoralisé et très-découragé des nouvelles qu'il venait de recevoir d'un échec éprouvé par l'Empereur à Brienne.

« De Moulins, où j'ai laissé ma voiture pour courir à franc étrier, je me suis dirigé sur Briare, Gien et Orléans, afin d'éviter Montargis, occupé par l'ennemi.

« Le 16, je suis arrivé à Paris à une heure du matin, et j'en suis reparti à une heure de l'après-midi pour me rendre au quartier général impérial, que j'ai trouvé à Guignes. J'ai été de suite admis chez l'Empereur, et accueilli on ne peut mieux par Sa Majesté, qui d'abord m'a demandé si, « en passant à Paris, « et dans les villes et villages sur ma route, j'avais « répandu la nouvelle de la victoire du vice-roi. » Sur ma réponse affirmative, Sa Majesté m'a dit : « C'est bien fait. Quels sont, m'a-t-elle demandé, « les résultats de la bataille du Mincio? L'armée a-« t-elle beaucoup perdu? Pourquoi Eugène n'a-t-il « pas continué à poursuivre à toute outrance l'ar-« mée du maréchal Bellegarde? Quel est l'esprit de « l'armée d'Italie? Les soldats italiens se battent-ils

« bien ? La population est-elle tranquille, et animée
« de bons sentiments? » Sire, ai-je répondu, les résultats de la bataille du Mincio ont été d'un très-bon effet sur le moral des peuples du royaume. Ils eussent été immenses pour l'armée, si le prince, lorsqu'il fut engagé avec l'ennemi, avait pu recevoir des nouvelles de son aile gauche, qui défendait la position et les ouvrages de Monzambano ; mais, séparé d'elle par le Mincio, et par une attaque subite des Autrichiens sur la rive droite, à laquelle nous ne nous attendions nullement, puisque Son Altesse Impériale manœuvrait elle-même, en passant le fleuve au pont de Goito, pour les surprendre sur la rive opposée, elle n'a dû rien compromettre par un mouvement trop brusque en avant, sans connaître la situation de la gauche de son armée que le bruit du canon annonçait être vivement engagée, et avec laquelle elle n'était plus en communication directe, dès qu'elle s'est trouvée aux prises avec l'ennemi. Commencer un mouvement de retraite en présence de l'ennemi ; rappeler toutes les troupes de la lieutenance de droite qui avaient débouché de Mantoue sur Roverbella et Villafranca, et repasser le fleuve eût été dangereux, car dès ce moment l'ennemi, qui avait beaucoup moins de chemin à faire que nous, réunissait toutes ses forces et pouvait déborder notre aile gauche, et, telle célérité que l'armée eût pu mettre dans son mouvement, elle n'aurait pu arriver à temps pour la dégager. Son Altesse Impériale, dont les succès n'ont pas été douteux un seul instant, a donc continué vivement son attaque. Une charge

désespérée des hulans autrichiens a mis pour un instant quelque désordre dans nos régiments de cavalerie, mais notre infanterie a rétabli le combat. La réserve autrichienne, composée de grenadiers, a été un des premiers corps sur lequel nos troupes se sont heurtées. Dès le commencement de l'affaire leur déroute a été complète ; des pièces d'artillerie ont été enlevées, des prisonniers ont été faits, et le champ de bataille nous a été abandonné couvert de morts. L'état de nos pertes sera adressé à Votre Majesté, elles n'ont pas été considérables. Le prince aurait pu profiter de la retraite et de la confusion de l'ennemi, acculé en masse sur Valeggio et Borghetto, et continuer son mouvement d'attaque; mais, avec une cavalerie beaucoup inférieure à celle de l'ennemi, et ayant appris par des prisonniers que le maréchal Bellegarde rappelait les troupes qui avaient opéré le matin sur la rive droite et que, par conséquent, sa gauche allait être dégagée, après avoir soutenu un glorieux combat contre des forces quadruples, il a mieux aimé continuer le combat avec le même avantage sans en rendre douteux le résultat, et n'a quitté le champ de bataille que le lendemain matin, et après s'être assuré du mouvement rétrograde de l'armée autrichienne sur Vérone. Son Altesse Impériale a surtout pris cette détermination, par le peu de sécurité que lui donnait le mouvement du roi de Naples, que le général autrichien Nugent pressait d'agir, en donnant à la coalition un gage de son bon vouloir, et qui pourrait nous accabler d'un moment à l'autre. Elle a repris sa ligne offensive du Mincio, dont l'ennemi a été chassé et refoulé sur la rive gauche. Elle observe, dans cette position avantageuse, les deux armées austro-napolitaines et du maréchal Bellegarde, et se prépare à faire face, autant qu'elle le pourra, à des forces trois fois supérieures aux siennes.

« L'esprit de l'armée d'Italie est parfait; pleins de bravoure et de dévouement, les officiers et soldats rivalisent de zèle pour le service de Votre Majesté. Le prince en reçoit, dans toutes les occasions, de touchants témoignages.

« Les soldats italiens se battent bien et se montrent dévoués. La population est inquiète, agitée; elle est tourmentée par les agents autrichiens, qui trouvent, dans les nobles de Milan surtout, de puissant protecteurs. Une ou deux belles victoires gagnées par Votre Majesté remettra tout dans l'ordre. Elle me regarda en souriant, et me dit : « Ah! tu le « crois. »

« Sa Majesté m'a fait encore plusieurs questions sur l'organisation de l'armée, sur sa situation numérique, sur la défense et l'état des places fortes du royaume. J'ai pu l'assurer que, jusqu'à présent, nous n'avions pas à déplorer la perte d'aucune d'elles. Elle croyait l'armée française en Italie beaucoup plus nombreuse qu'elle ne l'est. Elle m'a demandé un rapport détaillé sur la position des troupes, avant et après la bataille du Mincio, et sur les mouvements qui se sont opérés depuis ; ce que j'ai eu l'honneur de faire. Sa Majesté m'a donné ensuite l'ordre d'aller me reposer, et de rester à son

quartier général. Elle a ajouté : « Demain ou après-
« demain, nous aurons une belle affaire, et tu verras
« que les soldats de la Grande-Armée se battent
« aussi bien que ceux de l'armée d'Italie. »

« Le 17 février de grand matin, Sa Majesté s'est
mise à la tête de ses troupes qui débouchaient de
Guignes. Elle ne tarda pas à se trouver en face de
l'ennemi, qui était en position à Mormant. Une
attaque réunie de l'infanterie, des dragons venant
d'Espagne, et d'une nombreuse artillerie, fut si
vive et si spontanée, que l'ennemi fut mis dans une
déroute complète, presque toute cette avant-garde
fut faite prisonnière, son artillerie perdue, et le
reste des fuyards poursuivi jusqu'à Nangis. C'est à
cet endroit que Sa Majesté s'arrêta et fit établir son
quartier général. Elle se porta à quelque distance du
village, et se plaça à gauche de la route de Provins,
pour voir défiler les troupes qui avaient combattu
sous ses yeux ; elles étaient ivres d'enthousiasme.
Sa Majesté adressait quelques mots flatteurs aux
généraux, aux officiers et soldats. Je crois m'être
aperçu qu'il n'en était pas de même du maréchal
Oudinot, qu'elle pressait, même avec humeur, d'accélérer son mouvement sur Provins. Sa Majesté,
m'ayant aperçu, me fit approcher de son feu de
bivac ; elle me renouvela ses questions sur toutes
les opérations de l'armée d'Italie, et me dit ensuite :
« Eh bien, Tascher, tu vois aussi que nous faisons
« ici de la belle besogne, et demain tu verras en-
« core une plus belle affaire, et tu en apporteras la
« nouvelle au vice-roi. »

« Le lendemain matin, Sa Majesté me fit appeler ; je fus introduit dans son cabinet ; elle me dit : « Tascher, tu vas partir de suite pour retourner en « Italie ; tu ne t'arrêteras à Paris que quelques heures « pour y voir ta femme, sans communiquer avec « qui que ce soit. Tu diras à Eugène que j'ai été « vainqueur, à Champaubert et à Montmirail, des « meilleures troupes de la coalition ; que Schwar- « zenberg m'a fait demander cette nuit par un de « ses aides de camp un armistice, mais que je n'en « suis pas dupe, car c'est pour me leurrer et gagner « du temps ; tu lui diras aussi que, si les ordres qui « ont été donnés dès hier au maréchal Victor, de se « porter sur Melun et Montereau, avaient été ponc- « tuellement exécutés, il en serait résulté la perte « du corps bavarois et des Wurtembergeois, pris au « dépourvu par ce mouvement, et qu'alors, n'ayant « plus devant lui que des Autrichiens, qui sont de « mauvais soldats et de la canaille, il les aurait « menés à coups de fouet de poste ; mais que, rien « de ce qui avait été ordonné n'ayant été fait, il « fallait recourir à de nouvelles chances. »

Sa Majesté ajouta : « Tu diras à Eugène que je lui « donne l'ordre de garder l'Italie le plus longtemps « qu'il pourra, de s'y défendre ; qu'il ne s'occupe « pas de l'armée napolitaine, composée de mauvais « soldats, et du roi de Naples, qui est un fou, un in- « grat. En cas qu'il soit obligé de céder du terrain, « de ne laisser dans les places fortes qu'il sera forcé « d'abandonner que juste le nombre de soldats ita- « liens nécessaires pour en faire le service ; de ne

« perdre du terrain que pied à pied en le défendant,
« et qu'enfin, s'il était serré de trop près, de réunir
« tous ses moyens, de se retirer sous les murs de
« Milan, d'y livrer bataille ; que, s'il est vaincu,
« d'opérer sa retraite sur les Alpes comme il le
« pourra ; ne céder le terrain qu'à la dernière extré-
« mité. Dis à Eugène que je suis content de lui ; qu'il
« témoigne ma satisfaction à l'armée d'Italie, et que
« sur toute la ligne il fasse tirer cent coups de
« canon en réjouissance des victoires de Champau-
« bert et Montmirail.

« A Lyon, tu verras le préfet. Tu diras au maré-
« chal Augereau qui y commande, qu'ayant près de
« 12,000 hommes de vieux soldats, y compris le
« 13ᵉ de cuirassiers et le 4ᵉ de hussards, d'y réunir
« les nouvelles levées, les gardes nationales, la gen-
« darmerie, de marcher sur-le-champ, tête baissée,
« sur Mâcon et Châlons, sans s'occuper des mou-
« vements de l'ennemi sur sa droite ; qu'il n'aura
« à combattre que le corps du prince de Hesse-
« Hombourg, composé de troupes des nouvelles
« levées des petits princes allemands, commandé
« par des officiers de la noblesse allemande, sans
« expérience de la guerre ; qu'il doit les vaincre, et
« ne pas s'effrayer du nombre.

« A Turin, tu diras au prince Borghèse de con-
« tremander l'évacuation de la Toscane, s'il en est
« encore temps, mais, dans le cas contraire, d'ar-
« rêter les troupes dans leur mouvement, de dé-
« fendre les différentes positions en avant de la ville
« de Gênes, de mettre cette ville dans un état impo-

« sant de défense, et de donner connaissance de ces
« dispositions au vice-roi. »

« Après avoir reçu les instructions si importantes
de Sa Majesté et obtenu d'elle le grade de colonel,
que Votre Altesse Impériale avait demandé pour moi,
j'ai pris la liberté de lui rappeler que la croix d'officier de la Légion d'honneur m'avait été promise depuis 1812, et si à la première occasion elle daigne-
rait se souvenir de moi. Sa Majesté m'a répondu en
souriant : « Tu es encore trop jeune ; tu peux at-
« tendre ; je me suis toujours occupé de ton sort ;
« pars et fais diligence. » Quand je suis parti, peu
de temps après avoir reçu les ordres de Sa Majesté,
le canon grondait déjà dans la direction de Montereau.

« Arrivé à Paris dans la soirée, je n'ai pu résister,
malgré l'ordre formel de l'Empereur, d'aller un
instant, et dans le plus grand secret, chez Sa Majesté
la reine Hortense pour lui donner des nouvelles
de Votre Altesse, prendre ses ordres et ceux de Sa
Majesté l'impératrice Joséphine, près de laquelle
j'étais désolé de ne pouvoir me rendre, l'Empereur
pouvant l'apprendre. Je l'ai trouvée très-préoccupée,
et triste des événements dont le théâtre se rapprochait si près de Paris ; elle fut encore bien affligée,
quand bien confidentiellement je lui donnai connaissance des ordres verbaux que j'avais reçus pour
Votre Altesse Impériale, le maréchal Augereau et le
prince Borghèse ; c'est dans ces moments si expan-
sifs de confiance et d'abandon que son excellent
cœur se faisait connaître. Je la voyais heureuse des

succès de Votre Altesse ; mais ces douces impressions si tendres et si vraies étaient comprimées par les craintes que lui inspirait la position si difficile de Votre Altesse en Italie, entourée d'ennemis si nombreux. Elle désirait beaucoup la paix, mais la voulait honorable.

« Le 19 février, à midi, j'ai repris à franc étrier la route d'Orléans ; j'y suis arrivé à onze heures du soir. Des renseignements précis sur les mouvements de plusieurs partis de Cosaques sur la rive droite de la Loire m'ayant été donnés, j'ai dû changer de route et prendre celle de la rive opposée. Je me suis dirigé sur Bourges, la Charité, et de là à Moulins, où j'ai trouvé ma voiture que j'y avais laissée.

« Le 22, avant huit heures du matin, je suis arrivé à Lyon. Je fus de suite chez le préfet, M. le comte de Bondy, auquel j'ai parlé des instructions dont j'étais porteur pour le maréchal Augereau. J'ai été on ne peut plus touché de son accueil et des sentiments dont il était animé pour le service de l'Empereur. Il me paraissait souffrir du découragement qu'il voyait s'accroître tous les jours. Je me rendis seul chez le maréchal Augereau ; je me fis connaître à un de ses aides de camp, que je trouvai couché dans un salon de son appartement, et qui me demanda si j'avais des lettres et ce que je désirais. Sur la réponse que je lui fis que je n'en avais pas, mais qu'au nom de l'Empereur je voulais parler au maréchal, il fut quelque temps absent et m'annonça que le maréchal m'attendait dans sa chambre. Introduit chez le maréchal, je lui fis part avec la plus grande précision des ordres verbaux que j'avais reçus pour lui de l'Empereur, en lui démontrant avec chaleur quelle nouvelle palme de gloire il allait ajouter à sa brillante réputation, s'il parvenait à écraser le corps autrichien qui lui était opposé et à faire le mouvement sur lequel l'Empereur comptait et auquel il attachait beaucoup d'importance. Il m'écouta avec assez de patience et de tranquillité, tout en déplorant l'erreur dans laquelle l'Empereur était sur la force numérique de son corps d'armée; qu'il « savait son métier; » qu'il n'avait pas besoin de « leçons pour se conduire; » et tout à coup, s'animant, gesticulant et jurant, il me demanda avec humeur : « As-tu des ordres par écrit pour moi? « Pour qui me prend-on? Suis-je donc un caporal « que l'on fait marcher à la baguette? Je sais ce que « je dois faire. » Blessé de cette apostrophe, je lui répondis : « Monsieur le maréchal, je n'ai pas d'ordre « écrit pour vous de l'Empereur, comme vous pa- « raissez le désirer; mais, comme cousin, cousin ger- « main de l'impératrice Joséphine, et colonel aide de « camp de Son Altesse Impériale le prince vice-roi « d'Italie son fils, et ayant, j'ose le croire, sa con- « fiance, j'ai pu recevoir aussi pour vous des ordres « verbaux, comme j'en ai reçu également pour Son « Altesse Impériale le prince vice-roi et pour le « prince Borghèse, et vous les transmettre, au nom « de Sa Majesté. Vous en ferez ce que vous voudrez, « car de ce moment je regarde ma mission comme « remplie. Je vais de ce pas informer M. le comte de « Bondy de ce qui vient de se passer, et je repars

« pour l'Italie. » Je fus de suite chez ce dernier, auquel je racontai ma conversation avec le maréchal et sa sortie inconvenante; il s'en montra fort affligé, et me dit, profondément ému : « C'est ainsi que tout « marche ici maintenant. » Après cette conversation, je quittai Lyon, en prenant la route directe par Chambéry, et passai les Échelles à six heures du soir.

« Le 24, à une heure du matin, ma chaise de poste s'arrêta au palais impérial, où logeait Son Altesse Impériale le prince Borghèse. J'ai trouvé dans son salon de service M. le colonel Gruyère, son aide de camp, qui me reçut poliment, mais qui paraissait embarrassé de m'annoncer. Sur ma demande au nom de l'Empereur, il se décida à se rendre dans la chambre à coucher du prince. J'attendis quelque temps et je fut introduit chez Son Altesse Impériale, qui me paraissait très-gênée de ma brusque visite. Elle ne me demanda pas si j'avais des ordres « par écrit » de Sa Majesté, mais se montra au contraire fort inquiète de tous les événements qui se passaient; elle me fit, avec intérêt, une foule de questions sur la situation de la France, m'exprima ses craintes et les difficultés de sa position si l'Empereur n'était pas vainqueur. Après lui avoir transmis les ordres de Sa Majesté l'Empereur, je fus congédié par le prince, qui me sembla très-empressé de se débarrasser de moi, car au désordre de l'appartement j'ai dû croire que son Altesse Impériale n'y était pas seule. Je partis de suite pour Verceil, arrivai à Milan, et, après avoir pris les ordres de madame la vice-reine, j'en suis reparti à cinq heures du soir et arrivai au quartier général de la Volta le 25.

« Pendant la mission que je viens de remplir en France, je ne cache pas à Votre Altesse Impériale que j'ai trouvé l'esprit public craintif, inquiet, et frappé des événements qui se sont succédé avec une si grande rapidité. La présence de l'ennemi, si rapproché de la capitale et dont le canon aurait déjà pu être entendu, y porte la terreur et la stupéfaction dans les classes aisées, même des plus dévouées. On ne se rencontre que pour se demander des nouvelles, s'en réjouir ou s'en montrer effrayé avec exagération. En allant et en venant du quartier général, j'ai été arrêté presqu'à chaque pas par le peuple des faubourgs pour avoir des nouvelles de l'Empereur, dont on ne parle qu'avec une touchante admiration. (Ceux-là n'ont pas peur !) Dès que Sa Majesté se montre, sa présence répand la joie et l'enthousiasme, et fait naître dans tous les cœurs le calme et l'espérance ; mais, comme elle ne peut se multiplier pour être partout, afin d'en imposer aux uns, de donner le courage du dévouement à d'autres, il s'ensuit un découragement, une désobéissance comme Votre Altesse Impériale a pu la remarquer dans mon rapport, et dont pour le service de Sa Majesté l'Empereur on ne saurait trop déplorer les tristes conséquences. J'ai laissé la France à la veille de grands événements et avec l'espoir que Votre Altesse Impériale aura bientôt des nouvelles que l'Empereur a triomphé de ses nombreux ennemis.

Heureux de me trouver près d'elle, pour en partager la joie, je suis, » etc.

Résumons-nous :

Le 17 janvier, Napoléon, en face des armées si nombreuses de l'Europe qui envahissent le cœur de la France et menacent la capitale, apprenant que Murat le trahit, songe à rappeler les troupes françaises d'Italie, dès que le roi aura levé le masque, le pays n'étant plus tenable pour Eugène, si le roi de Naples se tourne contre nous, en conséquence il envoie l'ordre *conditionnel* d'évacuation.

Le 8 février, au moment où il se porte contre les armées russes et prussiennes par une marche des plus audacieuses, Napoléon, mécontent de l'inaction d'Augereau à Lyon, revient à l'idée, *qu'il a laissée dormir trois semaines*, de rappeler sur les Alpes l'armée d'Italie.

Le 16 février, après les victoires qu'il a remportées, après avoir eu la nouvelle des avantages qu'Eugène a obtenus sur le Mincio, Napoléon commence à ne plus être aussi absolu dans son désir d'évacuation de l'Italie. La preuve, c'est qu'il écrit, ce jour même 16, au ministre : « Quant à Gênes, c'est une place qui ne peut être défendue que par une armée ; *mais l'armée couvrira longtemps ce pays*, et je verrai bientôt le parti à prendre, selon les événements qui vont avoir lieu. » Ces événements, c'est ce qui va se passer du côté de Lyon, où Augereau va être rallié par les vieilles troupes de Suchet[1], et va pouvoir agir vigoureusement sur

[1] Malheureusement Augereau, qui eut pendant huit jours entre les

le flanc de l'ennemi en se portant vers Genève.

Le 18 février, Napoléon écrit que, si la victoire continue à lui sourire, on pourra conserver l'Italie.

Le 19 février, Napoléon écrit de nouveau qu'il expédie l'aide de camp Tascher porteur d'ordres pour le vice-roi, et ces ordres sont de se défendre tant qu'on pourra en Italie.

Le vice-roi fait connaître lui-même cette nouvelle résolution de l'Empereur à Clarke, en écrivant à ce dernier, *le 27 février* 1814, *de Volta* : « Monsieur le duc de Feltre, au moment où j'ai reçu la lettre que vous m'avez écrite le 17 de ce mois, mon aide de camp, le comte Tascher, que j'avais dépêché auprès de l'Empereur, m'a rapporté de nouveaux ordres de Sa Majesté *absolument contraires à l'idée de l'évacuation de l'Italie.* » Je m'empresse de vous en prévenir pour votre règle[1]. »

Or la meilleure preuve que nous puissions donner, qu'à partir du 19 l'idée d'appeler l'armée d'Italie sur les Alpes fut abandonnée par Napoléon, c'est que, depuis le retour de Tascher, il ne fut plus une seule fois question de l'évacuation dans aucune des dépêches de l'Empereur ou du ministre.

Après cette série *de preuves*, que deviennent les assertions du général d'Anthouard, celles du duc de Raguse, et comment qualifier ces assertions ?...

En 1849, dans un ouvrage intitulé : *Précis histo-*

---

mains le sort de la France, ne comprit pas ou ne voulut pas comprendre la grandeur de sa mission.

[1] Nous croyons inutile de dire que nous avons en main les lettres que nous citons *textuellement*.

rique des opérations de l'armée de Lyon en 1814, nous avions consacré un chapitre entier à analyser ce qui avait eu lieu relativement aux renforts demandés à cette époque à l'Italie. Nous étions loin de prévoir alors que plus tard ce sujet donnerait lieu, à la suite des Mémoires du duc de Raguse, à des controverses, à des procès. Nous expliquâmes tout ce qui s'était passé, très-facilement, au moyen de la correspondance officielle du prince Eugène avec le ministre de la guerre, correspondance trouvée, par le plus grand des hasards, comme enfouie dans un coin, au bas d'une armoire du dépôt de la guerre.

Voici comment nous résumions les ordres et les contre-ordres pour la marche des troupes :

« ..... A l'époque où cette lettre était écrite, le vice-roi venait, en effet, de recevoir de France la nouvelle des succès importants de l'Empereur sur les coalisés. Napoléon avait réussi à se placer entre les armées de Blücher et de Schwarzenberg. Il comptait plus que jamais sur la coopération efficace du duc de Castiglione, les négociations étaient à peu près rompues, il crut devoir modifier ses ordres pour l'Italie. L'aide de camp Tascher fut donc renvoyé au prince Eugène avec des instructions formelles pour qu'on ne songeât plus à l'évacuation.

« Telle était la situation des choses lorsque l'Empereur, mécontent des premiers mouvements d'Augereau, et voulant augmenter le corps du Rhône, résolut de faire diriger sur Chambéry les troupes de Toscane et une division du Piémont.

« Ordre fut donc envoyé, le 19, au prince Félix, à Gênes, et le 24 au prince Borghèse, à Turin, de faire franchir les Alpes à ces troupes et de les expédier au comte Marchand.

« Les troupes de Toscane, réunies à celles de la 28° division et réorganisées par ordre du prince Félix, se trouvaient le 24 à Gênes, au moment où l'on reçut la dépêche du duc de Feltre pour leur départ. Elles se composaient de 800 hommes du 1er bataillon du 112° de ligne, 700 du 4° du même régiment, 504 hommes et 288 chevaux de la 29° légion de gendarmerie, 1,200 hommes des 5° et 8° bataillons du 35° léger.

« Cette petite division reçut l'ordre de se mettre en marche les 1er, 3, 5 et 10 mars, pour arriver à Suze les 12, 14, 17 et 22 du même mois. Elle devait être réunie dans cette ville sous le commandement du général de brigade Pouchain et dirigée sur Chambéry par le mont Cenis.

« Le mouvement commença, en effet, le 1er mars par le départ du 4° bataillon du 112°; mais le lendemain le prince Félix, à son grand étonnement, reçut du prince gouverneur général, Camille-Borghèse, l'invitation de mettre les troupes à la disposition du général Fresia, commandant supérieur de la 28° division, attendu, disait la dépêche, que l'intention de l'Empereur est que les forces de la 29° division restent dans leur position pour pouvoir se porter en avant quand les circonstances le permettront. Cette mesure étant diamétralement opposée à celle prescrite par le duc de Feltre, le prince fut fort embarrassé. Il écrivit immédiatement à Paris et au prince Camille, pour connaître la date de ce nouvel ordre; il ne rappela pas encore le bataillon parti, et se borna seulement à retarder le mouvement des 504 gendarmes. Mais, le jour suivant, il reçut une dépêche du vice-roi complétement d'accord avec celle du prince Borghèse. Elle contenait, entre autres choses, ceci : Depuis les dernières victoires de l'Empereur, l'intention de Sa Majesté est qu'on tienne fortement en Italie. Le prince Félix ne crut pas devoir hésiter plus longtemps, il rappela les troupes parties et maintint le reste de la division Pouchain à Gênes. Or voici ce qui était arrivé. Les instructions apportées par l'aide de camp Tascher au vice-roi avaient fait penser à ce dernier que toutes les troupes alors au delà des Alpes étaient destinées à grossir son armée. Il avait donc écrit dans ce sens au prince-gouverneur général d'abord, au prince Félix ensuite.

« On comprend combien toutes ces lenteurs, ces ordres, ces contre-ordres, ces fausses interprétations des volontés de l'Empereur, étaient préjudiciables aux armées françaises, surtout au moment où Marchand et Desaix étaient abandonnés avec leur faible division, devant Genève, par le duc de Castiglione. Les 5,200 hommes du général Pouchain, dont Augereau annonçait pompeusement l'arrivée à Marchand, auraient peut-être permis à ce dernier de réduire Genève et de reprendre l'offensive. Mais, partout où l'Empereur n'était pas en personne, il semblait que rien ne dût marcher. Cette remarque pénible ne saurait toutefois s'appliquer au prince Eugène, qui, en Italie comme en Russie, comme en Allemagne, en 1814 comme en 1812, fut toujours le modèle du soldat par sa bravoure, du général par sa fidélité et ses talents[1].

II

Nous croyons avoir jeté le plus grand jour sur la conduite politique du vice-roi, et avoir (preuves en main) réfuté toutes les allégations contenues dans les *Mémoires du duc de Raguse*, sur la prétendue trahison du prince Eugène, allégations qui ont été la suite des propos tenus par le général d'Anthouard et de l'article envoyé par le général Pelet au *Spectateur militaire*.

Expliquons maintenant ce qui, selon nous, avait

---

[1] Lorsque je publiai ce volume sur l'armée de Lyon, le général Pelet était directeur du dépôt de la guerre. Je le lui portai. Le général, en le feuilletant, tomba sur le chapitre relatif au prince Eugène. En lisant l'éloge que je faisais de la conduite du vice-roi, et surtout en parcourant les documents à l'appui de mon opinion, il fit un brusque mouvement et me demanda d'un air de mauvaise humeur, qu'il ne cherchait même pas à dissimuler, où j'avais puisé ces pièces, ces lettres... Je ne compris pas bien alors la pensée du général. Plus tard, lorsque je connus les assertions de d'Anthouard accueillies par le général Pelet, rédigées ensuite pour être publiées en article dans le *Spectateur militaire*, lorsque je vis toutes ces calomnies chercher à s'étendre sous le patronage du duc de Raguse, je compris combien j'avais dû contrarier le directeur du dépôt de la guerre. Du reste, à cette époque, mon nom n'était pas connu, je publiais mon premier ouvrage, et cet ouvrage, tiré à un petit nombre d'exemplaires, n'eut aucun retentissement.

motivé la lettre fort dure de Napoléon au prince Eugène, en date du 19 février, et concernant la vice-reine.

Lorsque le prince fut obligé de se replier sur le Mincio, et qu'il vit arriver le moment des couches de sa femme, il fut effrayé de l'idée que la princesse serait peut-être obligée de partir brusquement, si l'armée faisait un nouveau mouvement rétrograde. Il crut alors pouvoir demander au général en chef autrichien, le cas échéant et s'il y avait danger pour la vie de la princesse, l'autorisation pour elle de rester à Milan et la libre faculté de le rejoindre après ses couches. Le général Bellegarde s'empressa (3 février) d'assurer le prince que les choses auraient lieu comme il le désirait, qu'il en écrivait à l'empereur d'Autriche [1], et que la vice-reine devait se rendre à Monza, etc., etc.

Cette démarche fort simple, fort naturelle, fut, selon toute apparence, portée à la connaissance de l'Empereur et probablement dénaturée. Napoléon,

[1] *Lettre de l'empereur François d'Autriche à la vice-reine. Troyes, ce 18 février 1814* :

« Madame ma cousine, le maréchal Bellegarde m'ayant rendu compte de la détermination de Votre Altesse Impériale de fixer momentanément son séjour au château de Monza, je la prie d'être convaincue que ce général a parfaitement rempli mes intentions en allant au-devant de tout ce qui peut être agréable à Votre Altesse Impériale. Je viens de donner l'ordre que l'on forme une garde d'honneur pour sa suite : elle jouira de toute manière de la plus entière liberté, et je ne puis que regretter les motifs qui vous forcent, madame, à une détermination qui me flatterait sous tous les autres rapports. Je vous prie, madame, d'agréer les assurances de la considération très-distinguée avec laquelle je suis, madame ma cousine, de Votre Altesse Impériale, le bon cousin, François. »

entouré à cette époque de gens comblés de ses bienfaits et tout prêts à le trahir, prit sans doute ombrage du projet de la vice-reine, car, sans considérer qu'il y allait pour elle de la vie, dans l'état de grossesse avancée où elle se trouvait, il écrivit sa lettre du 19 à Eugène.

Cette lettre de l'Empereur devait d'autant plus choquer le vice-roi et sa femme, que déjà les espèces de reproches injustes, la sorte de méfiance que Napoléon semblait montrer à son égard étaient de nature à indisposer la princesse Auguste et son mari. Aussi, la première écrivait-elle, le 19 février, la lettre ci-dessous à la reine Hortense :

« Au milieu de tant de peines et d'angoisses, j'avais au moins la consolation de penser que l'Empereur était content d'Eugène. Mais aussi, celle-là vient de m'être ravie. Car Eugène m'a communiqué les reproches qui lui viennent de Paris. J'avoue que je ne m'attendais pas à ce dernier coup ; et je suis indignée, ma chère sœur, de voir qu'on écoute la calomnie quand les actions d'Eugène parlent si clairement pour lui. J'ose le dire, il n'y a personne qui a mieux servi l'Empereur et avec un désintéressement aussi parfait que lui ; il n'a jamais suivi d'autres chemins que ceux de la vertu et de l'honneur.

« Quelle récompense en a-t-il eue ? Vous connaissez les chagrins qu'on lui a fait éprouver, il ne s'est jamais permis une plainte et a toujours continué à se sacrifier pour les intérêts de l'Empereur. Actuellement il expose journellement sa vie, risquant de laisser sans existence sa femme et ses enfants. Il ne tenait pourtant qu'à lui de posséder un royaume, mais la couronne n'a pas de prix à nos yeux, s'il faut l'acheter avec l'infamie et la trahison. J'aime à croire que le cœur de l'Empereur n'a point de part dans les peines qu'on nous cause, et que de faux rapports faits par des ennemis l'ont induit en erreur. Il est triste de penser qu'on a des ennemis quand on n'a fait de mal à personne; pour moi, ma sœur, je suis dégoûtée de tout ceci, je perds la santé, le repos, le bonheur, et peut-il y avoir pour moi de plus grand tourment que de voir Eugène malheureux, lui que j'aime plus que la vie? Si je connaissais un coin dans ce monde qui fût tranquille, j'irais m'y ensevelir avec mes pauvres enfants. La postérité nous rendra justice et Dieu nous récompensera dans l'autre monde de tout ce que nous aurons souffert dans celui-ci. Je comptais me retirer à Monza, si Eugène était obligé de quitter l'Italie, puisque les médecins m'ont dit que je risquerais beaucoup de voyager dans ce moment. Mais, comme aussi cette démarche pourrait être interprétée contre nous, je vais en écrire à Eugène, afin qu'il me permette de le suivre; il en arrivera ce qu'il plaira à Dieu. Si je succombe à tant de chagrins, ne vous en étonnez pas... J'aurais voulu écrire à l'Empereur, mais je ne sais si Eugène l'approuverait. Adieu, ma chère sœur, nous sommes abreuvés de chagrins, mais notre conscience est sans reproche; je vous embrasse tendrement.

Avant d'expédier le 19 cette lettre à sa belle-sœur la reine Hortense, la princesse Auguste, ulcérée au dernier point, en songeant combien l'Empereur paraissait méconnaître la vertu de son mari et sa belle conduite, écrivit à Eugène la lettre ci-dessous, dans laquelle respire une exaltation qui, néanmoins, ne donne pas même un seul instant à la noble femme la tentation de dévier de la ligne du devoir et de l'honneur qu'elle et le vice-roi sont décidés à suivre quand même.

« Je suis indignée, mon cher Eugène, et je ne m'étonne plus qu'on abandonne l'Empereur. Peut-on être plus ingrat que ne l'est cet homme? Toi qui sacrifies tout pour lui, qui as fait des merveilles, recevoir des reproches pour récompense! Non, mon ami, je ne m'attendais pas à ce dernier coup qui m'accable, j'éprouve tout ce que tu dois sentir dans ce moment, je suis dégoûtée de ce monde et des hommes; c'est clair, la famille de l'Empereur, et peut-être l'Empereur lui même, est jaloux de toi[1], on voudrait te voir faire des fautes. On pardonnera au roi de Naples sa trahison, mais on ne te pardonnera jamais la réputation et l'estime dont tu jouis. Je ne sais ce que tout cela deviendra; mais cela m'est parfaitement égal, car notre sort ne sera jamais fixé tant qu'il dépendra de l'Empereur. *Cette certitude ne doit cependant pas nous empêcher de suivre le chemin de la vertu et de l'honneur jusqu'au dernier moment de notre vie.* J'ai pensé que si

---

[1] Nous avons fait observer que la vice-reine était sous l'influence d'une véritable exaltation. L'Empereur ne pouvait être jaloux d'aucun des membres de sa famille, d'aucun de ses lieutenants.

je reste à Monza, on pourrait aussi interpréter mal cette démarche; ainsi je te demande à pouvoir te suivre, il en arrivera ce qui pourra! J'espère que Dieu me donnera la force de supporter tant de chagrins. Nous enverrions nos enfants en avant, et je resterais avec toi pour partager ton sort. Si je tombais même entre les mains des ennemis, ils ne pourraient me traiter plus mal que l'Empereur, qui m'a enfoncé un poignard dans le cœur. Ne redoute plus de me dire que je dois partir, cela ne me fera rien; l'Empereur a trouvé le moyen de me faire envisager tous les chagrins comme des riens.

« Si je pouvais aller avec toi en Amérique, je le ferais volontiers, car je suis vraiment dégoûtée des grandeurs de ce monde. Je vais écrire à ta sœur; je n'ai osé écrire à l'Empereur de peur que tu n'approuves pas cette démarche.

« Adieu, mon tendre Eugène, quand serons-nous à la fin de tant de peines? Si cela continue, ma santé n'y résistera pas. Je n'en puis plus. Il faut que je me mette au lit. »

A ces paroles exaltées de la vice-reine Eugène répond le lendemain, 24 février, par la belle et simple lettre suivante :

« Je vois par ta lettre d'hier, ma chère Auguste, que je t'ai affligée; mais il était pourtant nécessaire que tu connusses tout ce qui se passe en ce genre et qui doit tant intéresser notre avenir; du reste, ne crains rien, je défie tout le pouvoir des hommes de me faire du tort dans l'esprit de ceux qui me connaîtront. J'ai vu Poni, il a des lettres pour toi de toute la famille; j'ai voulu te l'envoyer de suite, mais on a laissé sa voiture à Vérone et il a voulu retourner la chercher, ce qui ne le fera arriver à Milan que demain à sept heures du soir; donne-lui toutes les lettres que tu voudras pour le roi; mais je crois qu'il n'y a rien à lui confier verbalement. Tu pourras dire au roi que nous comptons sur ses bontés dans le cas très-possible où celui qui pourrait tout faire pour nous nous oublierait. Je suis bien loin d'être ambitieux, surtout de désirer une couronne; mais, puisque mes enfants ont dans leurs veines du sang royal, j'aurais désiré pour eux un sort quelconque... Je t'annonce que le roi de Naples est retourné à Reggio, à Modène. Pendant ce temps, j'ai envoyé le général Grenier avec des troupes à Plaisance; il a l'ordre de marcher sur Parme. Adieu, ma chère Auguste; tu fais, avec mes enfants, tout mon bonheur et ma seule consolation. »

M. Poni, aide de camp du roi de Bavière père de la vice-reine, était porteur de la lettre qu'on va lire de Maximilien à sa fille :

« Je n'en peux plus d'inquiétude, tant sur votre compte, chère Auguste, que sur celui d'Eugène. Je prends donc le parti de vous envoyer Poni. Il a l'ordre de me mettre au fait, à son retour, de votre position et de celle de votre mari, pour que je puisse faire de bonnes affaires pour vous deux et pour vos enfants; l'armée de l'Empereur est faible... Pour vous, mes enfants, je ne vous demande qu'un mot sur votre santé, vous savez comme elle m'est chère. Je crois que le moment va arriver où Eugène pourra se tirer d'affaires sans blesser sa délicatesse; mandez-lui cela de ma part. Il faut qu'il songe qu'il a femme et enfants. Adieu, votre bon père et meilleur ami. »

Lorsqu'Eugène eut pris connaissance de la lettre du roi Maximilien à sa fille, il écrivit à la princesse Auguste, le 24 février, de Volta :

« Je te renvoie la lettre de ton père et celle de ma sœur, ma bonne et chère Auguste; le roi est bien bon de s'occuper de nous; je compte beaucoup sur son amitié, et, quoi qu'il arrive, elle nous sera et bien précieuse et bien chère. *Il eût fallu des événements bien extraordinaires pour que je me fusse trouvé en liberté d'agir par moi-même, pour moi et ma famille;* ces événements ne paraissent pas pouvoir arriver. Le retour de Tascher m'apprendra sur quoi je puis compter des derniers ordres de l'Empereur... Je sais qu'il a quitté l'Empereur le 18 au matin. Adieu, ma bonne amie, je descends de cheval et vais dîner. J'ai vu ce matin Poni et Bataille, qui m'ont dit tous les deux t'avoir laissée en bonne santé, et avec tes belles couleurs; en conséquence, je t'envoie mille baisers bien tendres pour tes joues couleur de rose. »

La conduite pleine de loyauté du vice-roi aurait dû le mettre à l'abri de l'ombre d'un mauvais procédé. Quoique choqué de l'espèce de mécontentement que l'Empereur semblait lui faire témoigner par l'Impératrice Joséphine et par la reine Hortense, Eugène ne s'attendait pas à la lettre du 19, relative au départ de sa femme. Il en fut blessé, en adressa la copie à la vice-reine, avec celle-ci, le 26 février :

« Je t'envoie, ma chère Auguste, une copie de la

lettre que je viens de recevoir de l'Empereur; n'en parle à personne, et réfléchis bien à son contenu ; je n'y répondrai qu'après que tu m'auras fait connaître tes intentions, mais je t'en enverrai aussi la réponse, et tu verras de quelle manière j'exprime à l'Empereur combien je suis navré, non de la chose, mais des expressions dont il s'est servi. Patience, ma bonne Auguste! si ta santé te permet de partir, je désire que tu n'ailles pas à Paris; je suis sûr que tu penses comme moi; je préférerais donc une ville du midi de la France, comme Aix ou Valence... Si tu croyais pouvoir faire le voyage, tu t'y préparerais en silence, et tu m'enverrais de suite Triaire pour régler cela. »

Le vice-roi et la vice-reine répondirent à l'Empereur, chacun de leur côté, les lettres qu'on va lire :

« *Le prince Eugène à l'Empereur.* — *Volta, 27 février 1814, au soir.* — Sire, j'ai reçu ce matin les ordres de Votre Majesté, en date du 19, concernant le départ de la vice-reine de Milan. J'ai été profondément affligé de voir, par la *forme* de cet ordre, que Sa Majesté s'était méprise sur mes véritables intentions en pensant que j'eusse jamais eu celle de laisser la vice-reine dans des lieux qu'auraient occupés les ennemis de Votre Majesté, à moins d'un obstacle physique. Je croyais, par toute ma conduite, avoir mérité que Votre Majesté ne mît plus mes sentiments en doute.

« La santé de ma femme a été très-mauvaise depuis trois mois; les derniers événements, en redoublant ses inquiétudes, avaient encore aggravé son mal. Je vais lui communiquer les intentions de Votre Majesté, et, dès que sa santé le lui permettra, elles seront remplies. Je le répète, sire, elles ne pouvaient nous chagriner que par les motifs injustes qui vous les auraient suggérées, et qui sont étrangers, j'ose le dire, à votre cœur paternel. »

« *La princesse Auguste à l'Empereur.* — *Milan*, 27 *février* 1814. — Sire, Eugène vient de me communiquer l'ordre que Votre Majesté lui a donné : il m'a extrêmement surprise, car je ne m'attendais pas qu'après toutes les preuves d'attachement qu'Eugène ne cesse de vous donner, vous exigiez qu'il risquât aussi la santé et même la vie de sa femme et de ses enfants, seul bien et consolation qu'il a dans ce monde. S'il ne parle pas dans cette occasion, c'est à moi de le faire.

« Sans doute je connais ses devoirs et les miens envers Votre Majesté. Nous vous en avons donné assez de preuves, et nous n'y avons jamais manqué ; notre conduite est connue de tout le monde ; nous ne nous servons pas d'intrigues, et nous n'avons d'autre guide que l'honneur et la vertu. Il est triste de devoir dire que pour récompense nous n'avons été abreuvés que de chagrins et de mortifications, que nous avons pourtant supportés en silence et avec patience.

« Malgré que nous n'ayons fait de mal à personne, nous avons des ennemis, je ne puis en douter, qui cherchent à nous nuire dans l'esprit de Votre Majesté ; car, si vous écoutiez votre cœur, vous ne nous traiteriez pas comme vous le faites.

« Qu'ai-je fait pour mériter un ordre de départ

aussi sec? Quand je me suis mariée, je ne pensais pas que les choses en viendraient là.

« Le roi mon père, qui m'aime tendrement, m'avait proposé, pendant que les affaires allaient si mal, de me prendre chez lui, afin que je puisse faire tranquillement mes couches. Mais je l'ai refusé, craignant que cette démarche jetât du louche sur la conduite d'Eugène, quoique ses actions parlaient pour lui, et je comptais aller en France. J'ai été malade depuis, et les médecins m'ont dit que je risquerais beaucoup si je faisais un si grand voyage dans ce moment, étant déjà dans le huitième mois de ma grossesse, et alors je me suis décidée à me retirer à Monza, si Eugène était forcé de quitter l'Italie, croyant que Votre Majesté ne pourrait pas le trouver mauvais; mais je vois que vous ne prenez plus aucun intérêt à ce qui peut m'arriver, ce qui m'afflige profondément.

« Malgré cela j'obéirai à vos ordres, je quitterai Milan si les ennemis doivent y venir; mais mon devoir, mon cœur, me font une loi de ne pas quitter mon mari, et, puisque vous exigez que je risque ma santé, je veux au moins avoir la consolation de finir mes jours dans les bras de celui qui possède toute ma tendresse et qui fait tout mon bonheur.

« Tel que sera son sort, je le partagerai, et il sera toujours digne d'envie, puisque nous pourrons nous dire que nous en avons mérité un plus heureux, et que nous aurons une conscience sans reproche.

« Malgré les chagrins que Votre Majesté nous fait éprouver, je ne cesserai de me réjouir de son bonheur, et de faire des vœux pour celui de l'Impératrice. »

Après avoir lu cette lettre, Eugène écrivit à sa femme, de Volta, le 28 février :

« Je savais bien, ma bonne Auguste, que tu étais un ange ; mais ta lettre d'hier, si j'en avais douté, me l'aurait plus que prouvé. Il est impossible d'écrire une lettre plus convenable sous tous les rapports ; il y règne de la franchise, de la dignité, et les reproches y sont placés avec respect. Je te jure qu'il est impossible de faire mieux ; elle peint bien ta belle âme et ton beau caractère. Je suis tout fier de ma bonne Auguste, et je l'engage non-seulement à envoyer la lettre à l'Empereur, mais à en faire passer une copie à notre mère.

« Quant à moi, je ne sais réellement plus qu'écrire ; je ne pourrais que répéter ce que tu as déjà si bien dit. Je ne pense pas qu'il convienne de parler de démission, car on pourrait mal interpréter cette démarche. J'attends demain la réponse du roi de Naples, et je t'écrirai à ce sujet. »

Le 2 mars, le vice-roi reçut, pour la princesse Auguste, la lettre de l'empereur d'Autriche, lettre que nous avons citée plus haut ; il la lui envoya avec la suivante datée de Mantoue :

« Je t'envoie, ma chère Auguste, une lettre de ma sœur qui en renferme une du duc de Vicence ; cette dernière m'a fait bien plaisir. Je joins aussi deux lettres à ton adresse, elles m'ont été remises par les avant-postes ennemis ; la plus grande avait été mouillée de la pluie de ce matin et était ouverte, je l'ai lue à cause pourtant des armes du cachet, et j'ai vu qu'elle était de l'empereur d'Autriche. Tu vois comme on a fait une grande affaire d'une chose toute simple; de là, sans doute, la colère de l'Empereur. Tu jugeras sans doute convenable de répondre un mot aimable de remercîment, et dire que ta santé m'ayant fait craindre que tu ne puisses voyager, j'avais cherché à savoir du maréchal Bellegarde si tu pourrais rester tranquille à Monza pour y faire tes couches; que la lettre de Sa Majesté l'empereur d'Autriche nous rassure entièrement et que, tout en étant reconnaissante de son obligeance, tu espères que ta santé te permettra de ne pas t'éloigner de moi. Adieu, ma bonne amie, espérons que tout cela finira bientôt et que nous serons heureux.

« Je suis venu ici à Mantoue pour me rapprocher des opérations de Grenier, je retournerai très-probablement demain à Volta. »

Vers la fin du mois de mars, les opérations du vice-roi contre les Autrichiens et contre les Napolitains continuant toujours, la vice-reine résolut de venir s'enfermer avec son mari dans Mantoue pour y faire ses couches. Elle écrivit dans ce sens à Eugène, qui lui répondit le 23.

« Ma bonne Auguste, tu es certainement la plus admirable des femmes; plus j'ai pensé à ton idée de rester à Mantoue, et plus je trouve cela convenable, et il me tarde tant de t'embrasser, que je t'envoie demain soir Triaire. Tu pourrais partir dimanche, de grand matin; en supposant que tu viennes passer quelques jours avec moi, arrange-toi avec Darnay pour qu'il y ait assez de chevaux afin que les enfants puissent venir avec toi. Les femmes et la maison viendront le lendemain. Samedi soir tu pourrais même déjà mettre en route un premier service. Il faut emmener la duchesse de Litta ou la comtesse Trienc, madame Sandezelle bien entendu, madame de Wurmbs avec les enfants; en hommes, ton chevalier d'honneur, un chambellan. L'écuyer viendrait plus tard. Peut-être ferais-tu bien d'avoir le grand écuyer, surtout si tu n'as pas la duchesse de Litta, afin qu'il y ait un grand officier; mais dans aucun cas n'amène le grand maître. Triaire t'accompagnera; tes effets, ainsi que des voitures de ville et des calèches, viendront ensuite. Je t'expliquerai pourquoi je préfère Mantoue à Alexandrie; mais, je te le répète, ton idée est admirable, jamais pourtant je n'aurais osé te proposer cela.

« Adieu, bien chère et excellente Auguste, je te presse contre mon cœur et t'attends avec une bien vive impatience pour te donner mille tendres baisers. »

Maintenant que nous avons expliqué, à l'aide de documents authentiques, ce qui, selon nous, avait donné lieu à la lettre du 19 février de l'Empereur relativement à la vice-reine, nous allons reprendre le récit des opérations militaires jusqu'à la fin de la campagne, après avoir mis toutefois, sous les yeux du lecteur, les trois lettres suivantes, qui complètent les pièces ayant trait à l'affaire précédente :

Eugène à la vice-reine. — *Mantoue,* 19 *mars* 1814. — «Ma bonne Auguste, je te renvoie la lettre de l'Empereur, et j'y joins celle qu'il m'a adressée sur le même sujet; elles prouvent bien qu'il se repent de ce qu'il nous avait écrit primitivement pour ton départ. L'Empereur m'envoie en chiffres l'autorisation de m'arranger avec le roi de Naples : cela est trop tard, je crois; il y a trois mois que je le demande, mais enfin j'essayerai; ne parle de cela à personne, car le traité doit être secret. »

Napoléon à la princesse Auguste. — Soissons, 12 mars 1814. — « Ma fille, j'ai reçu votre lettre; comme je connais la sensibilité de votre cœur et la vivacité de votre esprit, je ne suis pas étonné de la manière dont vous avez été frappée. J'ai pensé qu'avec votre caractère vous feriez de mauvaises couches dans un pays qui est le théâtre de la guerre et au milieu d'ennemis, et que le meilleur parti à prendre pour votre sécurité était de venir à Paris. Je ne vous l'ai pas mandé plus tôt, parce que Paris était alors en danger, et je ne voyais rien à gagner à vous placer au milieu des alarmes de Paris au lieu de celles de Milan. Mais, aussitôt que le danger de Paris a été passé, j'ai cru que ce voyage avait toutes sortes d'avantages pour votre état. Reconnaissez votre injustice, et c'est votre cœur que je charge de vous punir. »

Napoléon à Eugène. — Soissons, 12 mars 1814. — « Mon fils, je reçois une lettre de vous et une de la vice-reine, qui sont de l'extravagance! Il faut que vous ayez perdu la tête. C'est par dignité d'homme que j'ai désiré que la vice-reine vînt faire ses couches à Paris, et je la connais trop susceptible pour penser qu'elle puisse se résoudre à se trouver dans cet état au milieu des Autrichiens. Sur la demande de la reine Hortense, j'aurais pu vous en écrire plus tôt, mais alors Paris était menacé. Du moment que cette ville ne l'est plus, il n'y aurait rien de plus simple aujourd'hui que de venir faire ses couches au milieu de sa famille et dans le lieu où il y a le moins de sujets d'inquiétudes. Il faut que vous soyez fou pour supposer que cela se rapporte à de la politique. Je ne change jamais ni de style ni de ton, et je vous ai écrit, comme je vous ai toujours écrit. Il est fâcheux pour le siècle où nous vivons que votre réponse au roi de Bavière vous ait valu l'estime de toute l'Europe; quant à moi, je ne vous ai pas fait compliment parce que vous n'avez fait que votre devoir et que c'est une chose simple. Toutefois, vous en avez déjà la récompense, même dans l'opinion de l'ennemi, de qui le mépris pour votre voisin est au dernier degré. Je vous écris une lettre en chiffres pour vous faire connaître mes intentions. »

III

Le 9 février, lendemain du jour où avait eu lieu la singulière bataille du Mincio ou de Roverbella, le prince Eugène, voulant rentrer en communication avec le général Verdier, fit repasser la rivière aux troupes qu'il avait portées sur la rive gauche. Le général Bonnemains couvrit le mouvement sur Goïto, où les 1re, 4e et 2e divisions franchirent les ponts. La 6^e

rentra dans Mantoue. La division Quesnel (1re) occupa Goïto, ayant ses postes le long du Mincio jusqu'en face de Pozzolo ; la division Marcognet (4e) s'établit à Volta, sur la gauche de la première ; la division Rouyer (2e) prit position à Guidizzolo et la division Fressinet (3e) resta à Monzambano, pour être prête à s'opposer aux tentatives de l'ennemi qui, ayant conservé son pont de Borghetto, semblait vouloir menacer le général Verdier d'un nouveau passage.

En effet, dans la nuit du 9 au 10, les Autrichiens jetèrent 10,000 fantassins et 2,000 chevaux par Borghetto sur la rive droite de la rivière. Dès que le mouvement offensif de Bellegarde fut dessiné, le vice-roi, à la tête de la division Marcognet, débouchant de Volta, le général Verdier avec la division Fressinet, débouchant de Monzambano, attaquèrent l'ennemi, le culbutèrent et le contraignirent à repasser précipitamment le Mincio, après lui avoir mis 400 hommes hors de combat et avoir fait 200 prisonniers.

Après cette seconde tentative aussi inutile que la première, de la part des Autrichiens, la division Marcognet vint s'établir de façon à appuyer sa gauche à Borghetto et sa droite en face de Pozzolo. La division Rouyer détacha une brigade à Volta.

Depuis quelque temps déjà, un corps autrichien opérant par le Tyrol sur les vallées du Brescian, cherchait à faire une trouée par le val Trompia et le val Subbia afin d'inquiéter Brescia d'abord, Milan ensuite. Le 14 février, ce corps fit une démonstration sur la première de ces deux villes. Le général Bonfanti, qui y commandait, réunit tout ce qu'il put des détachements épars dans les vallées et marcha à l'ennemi. Le 15, il l'attaqua avec 1 bataillon du 35° léger, 1 du 6° de ligne italien, et 150 gendarmes, le battit complétement et le rejeta dans la montagne. A la même époque, un autre corps autrichien d'environ 2,000 hommes s'était porté sur Salo, sur le lac de Guarde au nord de Dezenzano. Ces 2,000 hommes s'étaient établis à Salo, tandis que 2,000 autres bloquaient la Rocca-d'Anfo, sur le val Subbia. La persistance de ces tentatives de l'ennemi à son extrême gauche finit par inquiéter le vice-roi ; profitant de ce que la bataille du 8 et l'affaire du 10 semblaient avoir considérablement diminué l'ardeur de l'armée de Bellegarde, le prince résolut de se porter de sa personne avec la garde sur les points menacés. Le 16, d'après les ordres d'Eugène, le général Lecchi se jeta de Dezenzano sur Salo, replia tous les postes autrichiens et les repoussa jusqu'à Maderno. L'ennemi perdit 600 hommes mis hors de combat ou prisonniers.

Après cette petite expédition qu'il avait voulu diriger lui-même, le vice-roi revint à son quartier général et donna une nouvelle organisation à son armée. La désertion parmi les troupes italiennes devenait si considérable, qu'afin de ne pas risquer de voir sous peu réduites à rien les divisions Zucchi et Palombini (6° et 5°) composées de régiments italiens en grande partie, il se décida à former avec ces deux divisions les garnisons de Peschiera et de Mantoue.

De cette manière, les seules troupes qui restaient en ligne étaient presque toutes françaises ou de la garde royale. L'état-major général établi à Volta n'eut pas de changement, la première lieutenance (général Grenier) fut composée des divisions Rouyer (2e) et Marcognet (4e), brigades Schmitz, Darnaud, Jeanin, Deconchy; la 2e lieutenance (général Verdier) fut formée des divisions Quesnel (1re) et Fressinet (3e); brigades Campi, Forestier, Montfalcon et Pegot. Chacune de ces divisions avait alors en ligne 6,500 combattants en moyenne et 12 bouches à feu; cela donnait donc un total de 22,000 baïonnettes et de 48 canons. Restait la division de la garde sous le général Lecchi, 3,000 hommes et 12 canons; la division de cavalerie Mermet, brigades Rambourg, Bonnemains et Gentil Saint-Alphonse, 3,500 chevaux et 8 canons. On voit donc que l'armée du prince, du moins ce qu'il avait en ligne et sous la main, ne montait pas à plus de 25,000 fantassins, 3,500 cavaliers et 50 bouches à feu. Il y avait encore, à cette époque, sur la gauche les troupes peu nombreuses chargées de défendre les approches, vers le Tyrol, plus la division Gratien, l'une des trois destinée à l'armée de réserve, laquelle n'avait pas 4,000 hommes sous les armes. Le prince plaça la division Rouyer (2e) à Crémone et à Piadèna, entre le Pô et l'Oglio, pour observer les Napolitains, la division Marcognet à Montalto près Volta, la division Quesnel (1re) de Goïto à Pozzolo, la division Fressinet à Monzambano, la cavalerie en seconde ligne vers Guidizzolo. Enfin, nous devons dire aussi qu'à cette époque, la division Severoli, revenant d'Espagne, très-faible mais composée de vieux soldats, avait passé les Alpes et marchait pour rejoindre vers Plaisance la division Gratien.

Pendant toute cette campagne, d'autant plus glorieuse pour le vice-roi, qu'elle était plus pénible et qu'il avait moins de moyens en personnel et en matériel, Eugène ne pouvait conjurer l'orage d'un côté, sans qu'aussitôt il ne grondât d'un autre. Il venait de donner une leçon à Roverbella aux Autrichiens du comte de Bellegarde, à Salo à ceux de Fenner; il lui fallait songer à tenir tête aux Napolitains qui, au nombre de 25,000, menaçaient déjà Plaisance. Murat n'avait pas déclaré la guerre, mais ses troupes étaient de fait en état d'hostilité complète avec nous et en état de parfaite intelligence avec le général autrichien Nugent resté sur la rive droite du Pô. Le prince Eugène, voulant donner une vigoureuse impulsion à la défense de ce côté, avait envoyé à Plaisance, avec mission de prendre le commandement supérieur, son aide de camp le général d'Anthouard au talent et à l'énergie duquel il se fiait avec raison. De plus, et pour appuyer au besoin les faibles divisions Gratien et Severoli chargées d'opérer dans la plaine du Pô, il avait échelonné, ainsi que nous l'avons dit, la division Rouyer, par Crémone et Piadèna, entre les troupes de Plaisance et ce qui lui restait à lui-même pour faire tête aux Autrichiens sur le Mincio.

Nous emprunterons à l'ouvrage du brave général Vignolle, chef d'état-major général du vice-roi, le récit de la conduite bizarre du roi de Naples[1].

« Le 15, la déclaration formelle de guerre, de la part du roi de Naples, fut signifiée officiellement, par son chef d'état-major, au général Vignolle, chef d'état-major de l'armée d'Italie. Le prétexte en était une sortie de la garnison de la citadelle d'Ancône sur les troupes napolitaines qui en formaient le blocus. Alors le corps du général Nugent dépassa Reggio et prit la tête de l'armée napolitaine. Le rôle que cette armée joua, depuis ce moment, fut des plus singuliers. La déclaration de guerre du roi devait la faire regarder comme ennemie ; et cependant des lettres de quelques Français, qui étaient près de lui, contenaient l'assurance qu'il n'attaquerait pas le premier. Cette contradiction dans la conduite du roi de Naples, qu'on peut attribuer à la fluctuation de ses idées et à un sentiment intérieur de ce qu'il y avait de perfide dans le rôle de dupe qu'il allait jouer, paraîtrait inexplicable si l'on ne jetait un coup d'œil sur sa conduite depuis la fin de 1813.

« Lorsque l'armée napolitaine se mit en marche vers la haute Italie, le roi écrivit au prince vice-roi, pour lui annoncer que ce mouvement n'avait d'autre but que d'agir de concert contre les Autrichiens. Il demandait aussi que les vivres et les munitions fus-

[1] Lorsque la déclaration de guerre de Murat fut officiellement connue dans l'armée, lorsqu'on vit arriver les officiers qui quittaient les troupes napolitaines, ne voulant pas servir, comme le roi, contre la France, l'indignation fut à son comble parmi les soldats du prince Eugène. Un grenadier composa un chant dont le refrain était celui-ci : *O prince, plein de loyauté, tous nous adoptons ta devise* : Honneur et fidélité.

sent fournis à ses troupes jusqu'au Pô ; cette demande était conforme aux ordres du ministre de la guerre de France. Mais en même temps le roi de Naples entrait, avec l'Autriche, dans des négociations qui aboutirent au traité du 11 janvier 1814. Par ce traité, il s'engageait à unir ses forces à celles des Autrichiens contre l'armée française en Italie. Cependant, non-seulement durant ces négociations, mais même un mois après le traité, il continua à tenir le même langage au prince vice-roi. Il ne cessait de protester de sa fidélité envers la France, et demandait que ses troupes eussent, à l'instar des françaises, la libre entrée dans les places, et la disposition des vivres et des munitions. Les ordres en furent donnés et exécutés. Il tint le même langage au général Gifflenga, aide de camp du prince vice-roi, que Son Altesse Impériale avait envoyé à Naples, afin de tâcher de s'assurer des dispositions de ce souverain.

« Les Napolitains prirent posssession d'Ancône et ne manquèrent la citadelle que parce que le général Barbou, ayant conçu une juste méfiance, refusa de les y laisser entrer. Ils entrèrent dans la Romagne, et, là seulement, le refus qu'ils firent d'aider à chasser le général Nugent de Ravenne, et le prétexte d'un armistice avec l'Autriche, que leurs généraux mirent en avant, purent faire naître des soupçons. Cependant l'attaque de la citadelle d'Ancône et l'occupation forcée des États romains, dont ils prirent le gouvernement, ne laissèrent plus, moralement, aucun doute sur leurs intentions hostiles. Il fallut donc se tenir sur ses gardes, ce qui nécessita l'abandon de la ligne de l'Adige et le reploiement de l'armée sur le Mincio. Mais le roi de Naples ne s'était pas encore déclaré ouvertement, et on ne pouvait se porter contre lui à aucun acte hostile. Cet état de choses dura jusqu'à ce qu'il ne fût plus permis de douter de l'existence du traité du 11 janvier. Mais alors l'armée napolitaine occupait Ferrare, Bologne, Modène et Reggio. Peu après, le roi jeta le masque qu'il ne pouvait plus garder, et fit déclarer la guerre sous prétexte de la défense du général Barbou.

« Alors plusieurs officiers généraux et supérieurs, et un grand nombre de militaires français, qui étaient à son service, l'abandonnèrent, et se rendirent au quartier général du prince vice-roi, malgré les instances du roi pour les retenir; il se fâcha même de l'observation qu'ils lui firent, qu'ayant déclaré la guerre à la France aucun Français, ami de son pays, ne pouvait plus rester avec lui. « Croyez-vous
« donc, leur dit-il, que j'aie moins que vous le cœur
« français ? Croyez, au contraire, que je suis très à
« plaindre; je ne sais de ce qui se passe à la Grande
« Armée que les choses désastreuses. J'ai été contraint
« à faire un traité avec les Autrichiens et un arrange-
« ment avec les Anglais, et, par suite, à me déclarer
« en état de guerre, afin de sauver mon royaume
« menacé d'un débarquement par les Anglais et les
« Siciliens, ce qui aurait immanquablement excité un
« soulèvement intérieur. Peut-être les événements
« deviendront-ils plus favorables : restez donc avec
« moi. J'ai fait votre avancement, d'autres avantages
« vous attendent encore; c'est me payer d'ingratitude

« que d'abandonner mon service, lorsque mes bon-
« nes dispositions vous sont si bien connues. »

« Les officiers français qui quittèrent le roi de Naples, et demandèrent à servir à l'armée d'Italie, y
obtinrent de l'emploi. Peu après, le prince vice-roi
reçut du ministre de la guerre de France l'avis officiel de l'état de guerre avec le royaume de Naples,
et un décret impérial qui rappelait les Français qui
se trouvaient à son service, sous peine, à ceux d'entre eux qui seraient pris les armes à la main d'être
traduits à un conseil de guerre, pour être jugés
comme traîtres à leur patrie. »

Le 17 février, les Autrichiens de Nugent, formant
l'avant-garde de l'armée napolitaine, attaquèrent
les avant-postes de la division Severoli près de
Fontana-Fredda. Menacé par des forces très-supérieures, le général se replia, en combattant, sur
Plaisance, et aussitôt la brigade de Darnaud, de la
division Rouyer, se porta à son secours en entrant
dans la place (20 février). La brigade Jeanin, de la
division Marcognet, vint la remplacer, le 21, à Crémone. Alors le prince Eugène prescrivit au général
Grenier d'aller prendre le commandement de toutes
les troupes à la droite du Pô. Ces troupes, au nombre
desquelles on comptait toute la division Rouyer, for-
mèrent le corps détaché de droite. Les opérations
cessèrent sur le Mincio et commencèrent immédiatement sur les rives du Pô. Le général Nugent était
déjà arrivé aux montagnes qui forment les contre-
forts des vallées de la Nura et de la Trebbia. Le
général Grenier fit reconnaître l'ennemi les 22, 23,

et 24 février vers San Giovanni. Le but des Autrichiens paraissait être d'intercepter les communications entre Plaisance et Alexandrie, en s'établissant vers Stradella, sur la route de ces deux places. La reconnaissance du 24 les força à abandonner leur projet. L'ennemi prit alors les positions suivantes : en première ligne, 1,500 hommes concentrés en arrière de la Nura, soutenus par la brigade Stharemberg; en seconde ligne, sur le Taro, la brigade Gober avec 1,200 à 1,500 hommes à Sacca; à Parme, le général Nugent avec deux bataillons anglais, quelques détachements napolitains aux ordres du général Campaña, formant une troisième ligne; enfin, la 1re division napolitaine en échelons de l'Enza à Reggio.

Le rapport fait le 4 mars 1814 au prince Eugène par le général Grenier fera connaître les opérations sur cette partie du théâtre de la guerre :

« Votre Altesse Impériale, en m'envoyant sur la rive droite du Pô avec une partie des troupes qui composaient ma lieutenance, me prescrivit de repousser l'ennemi, qui déjà débordait Plaisance, au delà du Taro, de m'emparer de Parme s'il était possible, et dans ce cas de forcer la ligne de l'Enza et de m'y établir. J'ai rempli les intentions de Votre Altesse Impériale, comme Elle le verra par les détails ci-après :

« Les dernières troupes de la division Rouyer et la brigade de cavalerie aux ordres du général Rambourg arrivèrent à Plaisance du 25 au 24 février; l'ennemi avait alors un corps de 1,500 hommes, infanterie et cavalerie, entre la Nura et la Trebbia, appuyé aux montagnes; il envoyait des partis jusqu'à Castel-San-Giovanni et Stradella pour intercepter la communication de Plaisance avec Alexandrie, en même temps qu'il cherchait à soulever les populations.

« La brigade du général Stahremberg était établie sur la Nura en soutien des troupes appuyées aux montagnes; la brigade du général Gober était en seconde ligne sur le Taro, ayant un corps de 1,200 à 1,500 hommes autrichiens sur Sacca soutenu par un bataillon napolitain et environ 200 hommes de cavalerie de cette nation, ce petit corps avait passé le Pô la nuit du 24 au 25 février; le général Nugent avait son quartier général à Parme, où il tenait une troisième ligne composée de deux bataillons anglais et de quelques troupes napolitaines commandées par le général Campana; enfin la 1re division napolitaine était placée en échelons sur l'Enza et jusqu'à Reggio.

« Bien informé de la position de l'ennemi, j'employai les journées des 23 et 24 à le forcer dans les montagnes et à le rejeter derrière la Nura; je chargeai de cette opération le chef de bataillon d'Esbeck, commandant le bataillon de guerre du 1er étranger; ses troupes se composaient des compagnies d'élite de son bataillon, de quatre autres compagnies de la division du général Gratien, et de 200 chevaux pris sur les 1ers de chasseurs italien et dragons Napoléon; il était soutenu par d'autres troupes de la brigade Darnaud. L'ennemi fut repoussé de tous les points, ses partis rentrèrent, et je jugeai que le 25 il serait rejeté en arrière de la Nura; le chef de bataillon d'Esbeck manœuvra en officier consommé et arriva entre Ponte-d'Oglio et San Giorgio poussant toujours l'ennemi jusqu'au 25 à midi, époque que j'avais fixée pour attaquer le général Stahremberg à Ponte-Nura. En effet les colonnes furent mises en mouvement à l'heure dite; la première, commandée par le général Severoli, composée de trois petits bataillons italiens et de quatre bataillons de la division Gratien, formant 1,600 à 1,700 hommes et ayant 200 chevaux, fut dirigée par San Polo sur San Giorgio; la seconde colonne, composée de la 2ᵉ division et de la majeure partie de la brigade Rambourg, se dirigea sur Ponte-Nura en même temps que la 3ᵉ colonne, commandée par le général Jeanin, se dirigeait avec 200 chevaux sur Roncaglia, route de Plaisance à Crémone, par la rive droite du Pô; l'ennemi se replia de toutes parts, quelques charges de cavalerie eurent lieu sur la grande route; la première colonne prit position en avant de San Giorgio occupant Carpenetto; celle du centre en avant de Cadeo, sur la Chiavenna, ayant ses avant-postes à Fontana-Fredda, et la troisième à Chiavenna même poussant des partis vers le Pô. On ne fit ce jour-là qu'une cinquantaine de prisonniers.

« Le 26, la première colonne eut ordre de marcher sur San Protaso, à droite de la grande route, jetant des partis sur Lugnano et Fornovo; la seconde sur Borgo-San-Donnino, et la troisième sur Corte-Maggiore. L'ennemi fit quelque résistance à la position de Seno, je fis tourner sa gauche par Castelnuovo-di-

Terzo, et de suite il continua son mouvement de retraite et fut poursuivi l'épée dans les reins jusqu'au Taro, où une seconde ligne était établie pour le recevoir.

« L'avant-garde prit position en avant de Castelguelfo ; la 2ᵉ division en échelons en arrière d'elle ; les troupes du général Severoli qui avaient fait une marche très-fatigante, en réserve à Borgo-San-Donnino ; et la brigade Jeanin à Bussetto. Je fus informé le 27, à trois heures du matin, que mon mouvement sur le Taro avait forcé l'ennemi de repasser le Pô, qu'il réunissait ses forces et se pelotonnait à Parme ; je rectifiai dans la journée la position du corps d'armée ; le 28 je serrai les différentes colonnes sur le Taro, et, voyant par les dispositions de l'ennemi qu'il avait l'intention de défendre le passage de ce torrent, j'ordonnai l'établissement de plusieurs batteries pour protéger mon passage ; le 27 au soir le roi de Naples vint visiter la ligne des avant-postes : le général Rambourg, qui ne voyait qu'un fort groupe de cavaliers, fit tirer trois coups de canon qui les dispersa. Le 28, après avoir jeté des partis sur Fornovo, forcé les détachements ennemis qui étaient à Pontremoli de rentrer, je portai les différents corps de troupes en ligne et fis mes dispositions pour passer le Taro le 2 mars à la pointe du jour.

« Le passage de la brigade Schmitz s'effectua entre Noceto et Castelguelfo, celui de la brigade Jeanin au gué d'Élia à hauteur de Bianconeso ; leur objet était de tourner la position de l'ennemi et de déboucher sur San Pancrazio, en même temps que la brigade Darnaud et la cavalerie du général Rambourg déboucheraient sur Ponte-Taro et attaqueraient sur son centre; les troupes du général Severoli formant la réserve.

« En débouchant, je m'aperçus que l'ennemi avait retiré son artillerie des batteries et qu'il ne restait que des postes d'observation sur le Taro, ils furent lestement culbutés et les colonnes firent une centaine de prisonniers sur le canal qui vient de Caluchio et qui offrait des moyens de résistance; le 19e de chasseurs à cheval fournit une brillante charge sur la grande route près San Pancrazio et ramena une douzaine de hussards bien sabrés. J'avais été prévenu que l'ennemi voulait défendre Parme, et mes dispositions étaient faites en conséquence. Je dirigeai la brigade Schmitz de manière à arriver par la route de Fornovo avec ordre de s'emparer de la porte Neuve. Je fis suivre à la brigade Jeanin et à la majeure partie de la brigade Rambourg la route de San Secondo, avec ordre de passer la Parma et de forcer la porte San Barnaba, en même temps que la brigade Darnaud devait attaquer de front la porte de Plaisance; pendant que ces mouvements s'exécutaient à droite et à gauche, une canonnade assez vive et une fusillade de remparts très-soutenue me forcèrent à déployer la brigade Darnaud et le régiment de dragons Napoléon qui marchait en réserve de cette brigade. Je fis mettre en batterie toute l'artillerie de la 2e division, et cherchai ainsi à attirer l'attention de l'ennemi sur mon front pour donner plus de facilité aux colonnes de droite et de gauche de forcer le passage et d'escalader les murs de la ville.

« Le colonel Broussier, du 9ᵉ régiment de ligne, reçut ordre du général Schmitz de longer les remparts avec son premier bataillon et un piquet du 1ᵉʳ de chasseurs italiens commandé par le capitaine Serapica. Toutes les portes étaient fermées et gardées; arrivé à celle de Saint-François, un nombre de braves ayant à leur tête le sous-lieutenant Hutinet et le caporal Richon des voltigeurs, parvinrent à escalader le mur et à en chasser l'ennemi, s'emparèrent de suite de la porte et facilitèrent ainsi l'entrée au bataillon du 9ᵉ et au détachement de chasseurs ; l'ennemi commençait en ce moment son mouvement rétrograde ; le colonel Broussier se porta sur la porte Neuve ; passant la Parma sur le pont Capra-Zuccha, il arriva par le cours sur la porte Saint-Michel ; le général Jeanin manœuvrait pendant ce temps sur la Parma et dirigeait les compagnies d'élite du 102ᵉ vers les murs du Jardin-Impérial. Déjà le lieutenant Dussert, qui les commandait, avait, avec le cornet Lafitteau et quelques voltigeurs, escaladé les remparts dans cette partie, lorsqu'un jeune homme de Parme, dont le nom n'est pas connu, vint ouvrir la porte du jardin dont il avait secrètement conservé une clef, et facilita ainsi à ces compagnies l'entrée de la ville dans cette partie. A leur droite trois compagnies de grenadiers de la division de réserve, 92ᵉ, 106ᵉ et 7ᵉ italien, dirigées par le capitaine Boniotti, aide-de-camp du général Severoli, que je voulus faire concourir à la prise de Parme, étaient parvenues à escalader le rempart; toutes ces colonnes débouchant sur différents points dans la ville, et celle de droite étant parvenue à la porte Saint-Michel au moment où la réserve de l'ennemi faisait les plus grands efforts pour y rentrer, afin de protéger la retraite des troupes du général Gober qui n'avaient pas eu le temps d'en sortir, ce qui y était encore fut fait prisonnier et mit bas les armes; le colonel Broussier, qui dans ce moment sommait une colonne de se rendre, fut jeté à terre par un coup de baïonnette et était au pouvoir de l'ennemi; il fut bientôt dégagé par sa tête de colonne et par le détachement de chasseurs commandé par le capitaine Serapica; 1,200 hommes environ restèrent en notre pouvoir dans la ville, avec le lieutenant-colonel et le major de Frantz-Carl, 10 capitaines et 25 officiers subalternes. Le 52e occupait la porte Neuve, le 67e marcha sur la citadelle, en enfonça la porte, mais n'y trouva plus qu'un officier et 36 hommes qui se rendirent. Pendant que ces événements avaient lieu, le général Jeanin et la brigade de cavalerie Rambourg passaient la Parma et se trouvèrent en présence d'une colonne, infanterie, artillerie et cavalerie, qui venait au secours de Parme; le général Jeanin l'attaqua de suite et la mit en désordre; aussitôt le général Rambourg en profita et la chargea avec vigueur avec les 1er et 3e chasseurs, la dispersa entièrement, prit environ 400 hommes, 2 pièces de canon avec leurs caissons, plusieurs voitures d'outils du génie toutes attelées. Cette prise appartient aux 1er et 3e chasseurs qui se sont conduits avec la plus grande valeur; l'ennemi fut dans cette direction chassé au delà de Colorno et ensuite sur l'Enza dans le plus grand désordre; la brigade Schmitz, soutenue par les dragons Napoléon, continua de poursuivre l'ennemi sur la grande route de Reggio et le força avec le général Rambourg de repasser l'Enza dans la plus grande confusion. L'ennemi avait une petite tête de pont sur la rive droite qu'il voulut défendre sous le feu de six bouches à feu établies sur la rive gauche ; mais, aussitôt qu'il s'aperçut que des colonnes se disposaient à traverser l'Enza au-dessus du pont, il se retira en toute hâte sur Reggio après avoir barricadé le pont ; nous fûmes donc maîtres des deux rives de l'Enza, et nos avant-postes furent établis près San Hilario. Les troupes napolitaines commandées par le général Campana, à l'exception de quelques compagnies d'infanterie et d'un détachement de cavalerie qui se trouvaient avec la colonne rencontrée par le général Jeanin, ainsi que les deux bataillons anglais qui étaient à Parme, évacuèrent cette ville à six heures du matin. La brigade napolitaine sous les ordres du général Pepe, qui était en réserve sur l'Enza, se replia sur Reggio aux premiers coups de canon qu'elle entendit tirer à Parme.

« Le 3, l'avant-garde se porta sur Reggio, y rencontra une soixantaine de hussards qui furent sabrés et en partie pris par le 1er de chasseurs : la 2e division prit position sur l'Enza ; les troupes du général Severoli ont été portées aujourd'hui sur Reggio pour soutenir l'avant-garde ; le 5 et le 6 la brigade Jeanin et la 2e division repasseront le Pô, je les remplacerai par échelons depuis l'Enza jusqu'à Parme par des troupes de la division de réserve aux ordres du général Gratien.

« Tels sont, Monseigneur, les résultats des opérations que Votre Altesse Impériale a ordonnées sur la rive droite du Pô, et qui ne coûtent pas au corps d'armée sous mes ordres plus de 200 hommes, tandis que l'ennemi a eu au moins 600 hommes hors de combat et que nous lui avons fait plus de 2,200 prisonniers.

« La brigade Schmitz n'a eu dans cette journée que 5 officiers, 66 sous-officiers ou soldats blessés et 9 tués.

« La brigade Darnaud, qui était en bataille sous le feu le plus vif, particulièrement le premier bataillon du 35ᵉ, a eu 5 officiers blessés, parmi lesquels se trouve le chef de bataillon Fouguerol, 79 sous-officiers ou soldats également blessés, et 11 hommes tués.

« La brigade Jeanin n'a eu que 3 tués et 30 blessés.

« Les compagnies d'élite de la division de réserve ont eu 3 tués et 9 blessés, les compagnies des 92ᵉ et 106ᵉ étaient au feu pour la première fois, ces compagnies ne sont formées que depuis vingt jours.

« La brigade de cavalerie a eu plusieurs officiers blessés, parmi lesquels le chef d'escadron Spini, 10 hommes blessés, dont 5 dragons, et 4 tués.

« Je dois dans cette circonstance faire connaître à Votre Altesse Impériale la valeur de nos troupes. Infanterie, cavalerie, artillerie, toutes les armes ont rivalisé d'ardeur et de bravoure. La ville de Parme retentissait des cris de *Vive l'Empereur!* et cette ville, qui a été enlevée de vive force, n'a pas eu à se plaindre d'un soldat français ou italien. »

Tandis que des combats glorieux étaient livrés sur les rives du Mincio et du Pô, la citadelle d'Ancône était forcée de capituler le 15 février, et Livourne se rendait le 19. Les troupes françaises qui se trouvaient en Toscane arrivaient à Gênes le 22, par suite d'une convention faite avec le roi de Naples. Le prince Félix Baciocchi avait évacué les forts de Florence sous la condition que leurs garnisons ne pourraient servir pendant la campagne. Le 17, un détachement autrichien était entré à Pontremoli, et en avait été chassé le 18 par le général Rouyer Saint-Victor. Le général Fresia était à la veille de se voir attaqué à Gênes par les Austro-Anglais, qui avaient pris Livourne. Il n'avait que bien peu de monde à opposer aux 10,000 combattants qui se disposaient à marcher sur la place où il commandait. Enfin, à l'aile gauche, le général Bonfanti, une fois encore, avait été obligé d'attaquer et de rejeter, le 21, dans les montagnes, les débris du corps repoussé déjà à Salo le 16. A Venise, le blocus devenait de jour en jour plus rigoureux. Des placards répandus par l'ennemi, dans les lagunes, excitaient à la révolte, promettant aux Italiens le rétablissement de l'ancien ordre de choses, et leur annonçant de prétendus désastres de l'armée française. La désertion augmentait, la garnison diminuait encore par les maladies, la populace commençait à faire mine de vouloir se soulever, et il ne fallut rien moins que la fermeté du général Seras, ainsi que quelques exemples sévères, pour la contenir.

On était au 1ᵉʳ mars 1814. Ce jour-là le général de brigade Vilatta, commandant les avant-postes à la rive gauche du Pô, sortit de Borgo-Forte avec un bataillon, quelques cavaliers et de l'artillerie. Il marcha sur Guastalla, où se trouvait un petit corps austro-napolitain, le battit, lui fit une centaine de prisonniers et le rejeta sur Reggio.

Le 3 mars, après la prise de Parme par Grenier, la brigade de cavalerie légère Rambourg fut dirigée sur Reggio et occupa cette ville, où l'ennemi n'avait laissé qu'une faible arrière-garde. Le jour suivant le général Severoli, et le 5 le général Gratien, prirent position entre Reggio et Rubiera.

Les succès brillants du général Grenier contre Nugent firent espérer au vice-roi que Murat abandonnerait l'alliance autrichienne. Du moins, pour le sonder, il lui écrivit dans ce sens, mais le roi était trop engagé avec les alliés. Le prince Eugène pensa que les opérations sur la rive droite du Pô devaient lui assurer pendant quelque temps la tranquillité de ce côté. Il rappela donc à lui les troupes de Grenier, division Rouyer et brigade Jeanin. Ces troupes passèrent le fleuve le 6 à Borgo-Forte, et l'armée prit les positions suivantes, le 7 : de Monzambano à Borghetto, la division Fressinet ; de Montalto à Pozzolo, la division Quesnel ; de Goito à Cerlongo, la division Marcognet ; à Mantoue, la division Rouyer, qui, le 9, fut envoyée à Marcaria et à Bozzolo ; la garde à Mantoue, la cavalerie en seconde ligne.

Cependant, le 6 mars, le corps austro-napolitain refoulé de Parme, voyant qu'on ne le poussait plus, fit une reconnaissance offensive contre la division Severoli. Deux bataillons ennemis, deux escadrons et de l'artillerie, se jetèrent sur l'avant-garde italienne, qui, trop faible, fut culbutée. Le lendemain 7, Murat se mit en personne à la tête de son armée, forte sur ce point de 18,000 combattants, et marcha sur Reggio [1]. Le général Severoli, laissant le général Soulier dans la ville avec quatre bataillons français pour la défendre, plaça en première ligne et à quelque distance en avant les trois bataillons italiens et le peu de cavalerie qui lui restaient.

Dès que l'attaque fut dessinée, le général se porta en avant de la première ligne pour leur donner l'exemple de la fermeté. Un boulet lui emporta la jambe. Il fit aussitôt appeler le général Rambourg, et, avec un courage héroïque, il lui dit que ce n'était rien, qu'il fallait tenir ferme.

Le général Rambourg, investi du commandement, se replia sur Reggio en combattant. Une fois dans cette ville, sa résistance fut tellement vive, que Murat, bien qu'il eût six fois plus de monde que ses adversaires, fit proposer de cesser le feu et d'évacuer la place. Le général Rambourg y consentit. Il repassa le Crostolo et se concentra le 8 derrière l'Enza, où il se réunit au général Gratien.

Cette affaire, dans laquelle quelques bataillons de

---

[1] Il paraît que le roi de Naples s'était déterminé à cet acte hostile, devant lequel il hésitait depuis si longtemps, à la suite des reproches que lui adressaient les alliés de ne pas exécuter son traité avec eux, et aussi parce qu'il avait eu de France des nouvelles défavorables à la cause de l'Empereur.

l'armée d'Italie avaient lutté contre Murat et Nugent, fit le plus grand honneur aux troupes du vice-roi. Un instant l'ennemi avait redoublé d'efforts, sur la route de Scandiano, pour forcer la porte du château de Reggio; le général Rambourg l'avait fait charger à la baïonnette par un bataillon italien et un escadron du 19e chasseurs. Cette charge très-brillante avait coûté plus de 60 grenadiers hongrois au général Nugent.

Le général Gratien se replia le 8 derrière le Taro et prit position sur les bords de cette rivière, ayant son avant-garde au delà de Castel-Guelfo. La brigade Soulier se plaça en arrière de ce poste, la brigade Vandeben à Sanguinara.

Depuis la bataille du Mincio et l'affaire de Borghetto, le comte de Bellegarde n'avait pas osé attaquer sur le Mincio. De ce côté, et quoiqu'il se fût, à plusieurs reprises, beaucoup dégarni, le vice-roi n'avait pas eu de lutte à soutenir. Le 10 mars, le prince résolut de pousser une forte reconnaissance dans la direction de Roverbella, de Villafranca et d'Ostiglia, jusqu'à Castellaro, Castiglione, Mantouana, pour forcer l'ennemi à se concentrer autour de Vérone. Un engagement assez vif eut lieu à la forte position de Salionze. Les Autrichiens eurent plus de 400 hommes hors de combat et une centaine de prisonniers. Le but du prince Eugène fut atteint, l'ennemi fit passer ses bagages derrière l'Adige, réunit ses principales forces autour de Vérone et s'abstint de toute démonstration offensive pendant le reste de la campagne.

On a vu que le duc d'Otrante avait eu de l'Empereur la mission de traiter avec le roi de Naples pour la remise des forteresses des États du saint-siége et de la Toscane, et pour la rentrée des garnisons en France. Une convention fut en effet consentie le 24 février à Livourne, avec le général napolitain Lecchi. Le commissaire général de Napoléon porta cette convention à la connaissance du général Miollis, encore au château Saint-Ange. Cette forteresse, Civitta-Vecchia et les autres places ayant été occupées par les troupes napolitaines, le 10 mars, les troupes françaises se réunirent sur le rivage pour être embarquées. Elles devaient être transportées à Gênes, aux frais du roi de Naples. Malheureusement on n'avait pas de bâtiments à mettre à leur disposition, en sorte qu'elles furent dirigées par Viterbe sur Florence et Bologne et rejoignirent l'armée d'Italie, dont elles précédèrent la rentrée en France, en franchissant les Alpes, à l'époque de l'évacuation après la convention du 17 avril.

Nous avons dit que Livourne s'était rendu aux Anglais. Ces derniers avaient encore des forces en Sicile, ils les firent débarquer sur les côtes de la Toscane à Lérici et les acheminèrent le 23 mars le long du rivage. Ils s'emparèrent alors de Sarzane. Les canonniers gardes-côtes abandonnèrent les batteries, l'ennemi fit sauter le magasin à poudre de Sainte-Thérèse. Quelques engagements de peu d'importance eurent lieu sur la Magra. Le général Rouyer Saint-Victor, voyant les renforts de Sicile s'approcher de Vara, craignit d'être coupé et se replia sur Chiavari, laissant au fort Sainte-Marie une garnison suffisante. Il vint ensuite prendre position le 28 mars sur les hauteurs de Chiavari, dans le double but de couvrir Gênes menacé et de tendre la main aux détachements qu'il avait envoyés vers Pontremoli et Borgo-di-Val-Taro.

En apprenant ce qui se passait à son extrême droite, le vice-roi, revenu à Mantoue, envoya le général Maucune prendre le commandement de la ligne du Taro. Les forces de ce corps détaché de droite se composaient alors de 11 bataillons, de 9 escadrons et de 12 bouches à feu, fractionnés en 2 brigades d'infanterie (Vandeben et Soulier) et 1 de cavalerie (Rambourg).

Le général Rouyer, en retraite, s'établit dans les premiers jours d'avril à Sestri, à l'ouest de la place de Gênes, dont l'état de siége avait été déclaré le 1er du même mois. Le général Fresia, qui commandait dans cette ville, eut fort à faire pour réprimer les séditions toujours prêtes à éclater à l'intérieur, grâce aux intelligences que s'étaient ménagées les Anglais, qui étaient parvenus également à s'emparer du fort Sainte-Marie.

Le 7, le général Rouyer Saint-Victor fut attaqué, dans sa position de Sestri, par des forces bien supérieures aux siennes. Toute la journée il soutint le combat, et, la nuit venue, il se replia, suivant ses instructions, sur Rapallo. Il prit position près la montagne de Porto-Fino, observant Fontana-Buona et cherchant à contenir les mouvements populaires que lord Bentinck excitait par tous les moyens en son pouvoir.

Le 9, les troupes françaises se replièrent devant un ennemi trop nombreux soutenu par des habitants insurgés et par un corps autrichien détaché de celui de Nugent. Elles occupèrent Monte-Fiasco, tandis que les Anglais bloquaient Gênes par mer avec 9 vaisseaux et 4 frégates[1]. Attaqué le 12 à Monte-Fiasco, le général Pégot, qui, depuis le 9 avril, avait remplacé le général Rouyer Saint-Victor, se battit avec acharnement pendant toute la journée. A la nuit, il se retira sur les hauteurs d'Albaro.

Cependant le corps détaché de droite de l'armée du vice-roi, mis sous les ordres du général Maucune, tenait toujours sur la ligne du Taro. Le 13, après une vigoureuse attaque de l'ennemi, se voyant prêt à être débordé, Maucune gagna la ligne de la Nura par la grande route de Parme à Plaisance. Le 14 au soir, le passage du torrent fut forcé et le général se porta sous les murs de Plaisance. Le vice-roi s'empressa de renforcer sa droite en envoyant la garde royale à Bozzolo et à Casal-Maggiore, et en plaçant en seconde ligne, à Guidizzolo, la division Rouyer.

Les soins que devaient lui donner les événements politiques et militaires n'étaient pas les seuls qui occupassent alors l'esprit du prince Eugène. La vice-reine avançait dans sa grossesse, vers le milieu de mars le terme de la délivrance de cette courageuse femme approchait. On a vu que Napoléon avait désiré qu'elle fît ses couches en France;

---

[1] Gênes se rendit le 19 avril, Venise le 20, après avoir fait l'une et l'autre une belle défense.

un voyage aussi long, entrepris dans des conditions pareilles, était dangereux; la vice-reine, qui, d'ailleurs, ne voulait pas s'éloigner de son mari, s'était décidée à se renfermer dans Mantoue. Ce projet hardi sourit d'autant plus au vice-roi, qu'il faisait tomber les sottes calomnies, les ridicules propos que la société milanaise, alors travaillée par les partisans de l'Autriche, se plaisait à répandre dans les masses populaires. La princesse, disait-on, allait se rendre en Allemagne, le prince était prisonnier de Bellegarde. Lorsqu'on sut que le 29 mars la vice-reine était entrée à Mantoue avec sa famille, toutes ces sourdes rumeurs cessèrent forcément, il n'y eut plus qu'une voix pour admirer cette noble fermeté. Quant aux troupes au milieu desquelles la vice-reine venait se placer, elles montrèrent un juste orgueil et firent éclater un enthousiasme véritable[1].

Le grand drame qui se jouait alors bien plus sur les bords de la Seine qu'en Italie et dans le reste du monde touchait à sa fin. L'ennemi, vers le 11 avril, commença à faire connaître jusque dans les camps

---

[1] Nous trouvons à propos de cette détermination, dans les notes écrites de la main de la vice-reine, ce qui suit :

« Je n'avais plus que trois semaines pour mes couches, je ne pouvais donc point entreprendre ce pénible voyage (celui de Paris); mais même, si je l'avais pu, je ne serais pas partie. Voulant tenir la promesse que j'avais faite à l'Empereur de ne pas accoucher à Milan si les affaires n'avaient pas pris une tournure plus rassurante, j'écrivis au vice-roi que, n'ayant plus que trois semaines jusqu'au moment de mes couches, et ne pouvant plus le suivre s'il était obligé de se retirer en France, j'étais décidée d'aller me renfermer à Alexandrie ou à Mantoue; que je préférais cette dernière forteresse, puisque je serais

du vice-roi les événements de Paris. On était depuis plusieurs jours sans nouvelles, à Mantoue. On ne pouvait cependant encore se faire à l'idée que Napoléon vaincu, avait perdu sa capitale. Le prince Eugène cependant était inquiet en voyant les courriers manquer depuis trois jours[1]. C'est en ce moment, le 13 avril 1814, que la vice-reine mit au jour un cinquième enfant, une jeune princesse dont les premiers gémissements furent étouffés par la grande voix du canon autrichien annonçant la capitulation de Paris. Le 16 avril, les généraux Wartenberg et de Niepper vinrent en parlementaires auprès du prince Eugène et lui annoncèrent officiellement ce qui se passait en France. Le premier de ces généraux était un aide de camp du roi de Bavière, connu du vice-roi et incapable de le tromper.

Dans des circonstances semblables, le prince Eugène crut de son devoir d'accéder aux propositions du comte de Bellegarde, en faisant avec lui une convention honorable qui rendait à la France, les Français de son armée. Lui-même se décida à attendre, en Italie, le résultat des événements, *car il ne connaissait pas encore le traité de Fontainebleau et ne se considérait pas comme délié de son mandat de vice-roi.*

En conséquence, le 17 avril, eut lieu la convention ci-dessous :

au moins quelque temps avec lui. Cela prouve que ce n'est point le vice-roi (comme beaucoup de personnes le prétendent), mais bien moi qui eus l'idée de me renfermer dans la forteresse de Mantoue. »

[1] Néanmoins le prince, toujours fidèle au devoir, dictait encore, *le*

« Les soussignés, après avoir échangé les pouvoirs qui leur ont été délivrés par leurs généraux en chef respectifs, sont convenus des articles suivants, sous la ratification des mêmes généraux en chef.

« Art. 1er. Du jour de la présente convention, il y aura suspension d'armes entre les troupes italiennes et françaises, sous les ordres de Son Altesse Impériale le prince vice-roi, d'un côté ; l'armée autrichienne, sous les ordres du feld-maréchal comte de Bellegarde, les troupes de Sa Majesté le roi de Naples, et celles sous les ordres de lord Bentink, de l'autre.

« Art. 2. Cette suspension d'armes ne doit expirer que huit jours après que les troupes françaises, rentrant par les routes qui seront indiquées, auront traversé les contrées de la France occupées par les armées alliées.

« Art. 3. Les troupes françaises qui font partie de l'armée du prince vice-roi rentreront dans les limites de l'ancienne France, au delà des Alpes.

« Art. 4. Si, dans deux jours après l'échange des ratifications de la présente convention, les troupes françaises n'ont reçu aucun ordre de leur gouvernement, elles se mettront de suite en mouvement, pour rentrer en France, par étapes, avec les séjours ordinaires, et par divisions ou par brigades, selon que les localités le permettront.

« Art. 5. Les colonnes de l'armée française marcheront d'abord sur la route d'étapes prescrite, par la gauche du Pô, ce qui aura lieu également pour

12 *avril*, à ses généraux, des instructions très-détaillées pour la défense du Mincio. On les trouvera à la correspondance.

les troupes qui sont à Plaisance. Des commissaires et des officiers d'état-major, français et autrichiens, vérifieront d'abord si les routes du mont Genèvre et du col de Tende sont, dans cette saison, praticables pour les troupes et pour l'artillerie, et, dans ce cas, l'armée française prendra cette route. Dans le cas contraire, cette armée passera par le mont Cenis et par la Savoie, en suivant les dispositions de l'art. 2, et les susdits commissaires régleront tout ce qui est relatif à la marche, à l'entretien, aux moyens de transport et au logement, selon les règlements militaires.

« Art. 6. Les troupes italiennes commandées par le prince vice-roi continueront à tenir la partie du royaume d'Italie non occupée par les troupes alliées, et les places fortes qui s'y trouvent.

« Art. 7. Les troupes autrichiennes pourront traverser le royaume d'Italie, par les routes d'étapes de Crémone et de Brescia, sans cependant passer par la capitale.

« Ce mouvement ne commencera que dix jours après que les troupes françaises se seront mises en marche pour retourner en France. Des commissaires italiens accompagneront les troupes autrichiennes, dans les districts du royaume d'Italie, pour leur faire fournir les vivres, fourrages, logements et moyens de transport ; elles ne pourront rien exiger au delà.

« Art. 8. Une députation du royaume d'Italie pourra se rendre au quartier général des alliés, et, dans le cas où elle ne recevrait pas une réponse satisfaisante pour toutes les parties, les hostilités ne recommenceront, entre les troupes autrichiennes, les alliées et celles du royaume d'Italie, que quinze jours après avoir reçu la décision des puissances alliées.

« Art. 9. Les forteresses d'Osopo, Venise, Legnago, et les forts qui en dépendent, seront remis, après la ratification de la présente convention, à l'armée autrichienne, dans l'état où elles se trouvent maintenant. La remise aura lieu dans les formes ordinaires, le 20 du courant.

« Art. 10. Les garnisons de ces places sortiront avec les honneurs de la guerre, armes et bagages, caisses militaires, magasins d'habillement, artillerie de campagne, voitures d'artillerie, papiers relatifs à l'administration militaire. Les officiers du génie et d'artillerie de ces places remettront aux officiers autrichiens, nommés à cet effet, les papiers, plans et inventaires, relatifs au génie et à l'artillerie.

« Art. 11. Il sera permis à toutes les autorités civiles, administratives et judiciaires, qui voudront suivre les garnisons, d'emporter leurs effets et les papiers relatifs à leur service. A leur départ, elles remettront aux autorités autrichiennes les papiers, documents et archives, relatifs à la branche d'administration qui leur était confiée.

« Art. 12. Les troupes françaises qui sont dans ces forteresses suivront le sort de l'armée française, et les troupes italiennes celui de l'armée italienne.

« Art. 13. Dans le cas où quelqu'une de ces forteresses aurait capitulé avant l'échange des ratifications de la présente convention, la capitulation aura son plein et entier effet. Cependant les garnisons, soit françaises, soit italiennes, retourneront, sans autre condition, à leur armée.

« ART. 14. Les troupes de ces quatre forteresses traverseront, par journées ordinaires d'étape, les pays occupés par l'armée autrichienne, et il leur sera fourni les vivres, fourrages, logements et transports nécessaires.

« ART. 15. Il sera conclu entre les commandants de ces forteresses et ceux des troupes autrichiennes du blocus, des conventions relatives à l'évacuation, ainsi que pour les malades et blessés à laisser aux hôpitaux, et aux moyens de transport à leur accorder.

« ART. 16. Les officiers d'état-major qui auront l'ordre d'accompagner ces colonnes veilleront à ce que les moyens de transport, que le pays doit fournir, soient remplacés à chaque étape. Les commandants des colonnes seront responsables de l'exécution de cet article, et devront fournir main-forte aux commissaires autrichiens, toutes les fois qu'ils le demanderont.

« ART. 17. Des officiers d'état-major, français et italiens, seront de suite envoyés dans les places ci-dessus dénommées, pour faire connaître à leurs commandants la suspension d'armes et leur porter l'ordre d'exécuter la présente convention.

« ART. 18. Si la présente convention est ratifiée, les ratifications seront échangées dans le plus bref délai possible.

« En foi de quoi les soussignés y ont apposé leur signature et leur cachet.

« La présente convention a été ratifiée, le 17 avril,

par Son Altesse Impériale le prince vice-roi, et par le maréchal de Bellegarde. »

Le même jour, le prince remit le commandement au général Grenier et fit ses adieux aux Français de son armée par la proclamation suivante :

« Soldats français! de longs malheurs ont pesé sur notre patrie. La France, cherchant un remède à ses maux sous son antique égide, le sentiment de toutes ces souffrances s'efface déjà pour elle, dans l'espoir du repos, si nécessaire après tant d'agitations.

« En apprenant la nouvelle de ces grands changements, votre premier regard s'est porté vers cette mère chérie, qui vous rappelle dans son sein. Soldats français! vous allez reprendre le chemin de vos foyers.

« Il m'eût été bien doux de pouvoir vous y ramener. Dans d'autres circonstances, je n'aurais cédé à personne le soin de conduire au terme du repos les braves qui ont suivi, avec un dévouement si noble et si constant, les sentiers de la gloire et de l'honneur. Mais il est d'autres devoirs qui m'ordonnent de me séparer de vous.

« Un peuple bon, généreux, fidèle, a des droits sur le restant de mon existence, que je lui ai consacrée depuis dix ans. Aussi longtemps qu'il me sera permis de m'occuper de son bonheur, qui fut toujours l'occupation la plus chère de ma vie, je ne demande pour moi aucune autre destination.

« Soldats français, en restant encore auprès de ce peuple, soyez certains que je n'oublierai jamais la confiance que vous m'avez témoignée, au milieu des dangers, ainsi que dans les circonstances politiques les plus épineuses, et que mon attachement et ma reconnaissance vous suivront partout, ainsi que l'amour et l'estime du peuple italien.

« Donné en notre quartier général de Mantoue, le 17 avril 1814. »

Quelques esprits dénigrants ont cherché à tirer de cette proclamation la conclusion : que le prince Eugène était un ambitieux qui songeait à régner en Italie; qu'il était d'accord avec les alliés; que, par conséquent, il avait trahi l'Empereur et la France. Il est très-facile d'expliquer encore ici la conduite, toujours droite, loyale et franche du vice-roi.

Le 17 avril 1814, lorsque le prince fit ses adieux à la partie française de son armée, partie qu'il rendait à la France en vertu de la convention du même jour, il lui restait à veiller et sur la partie italienne de cette armée, et sur les peuples confiés à son gouvernement depuis l'établissement du royaume. Il ne connaissait encore que la capitulation de Paris, il ignorait le traité de Fontainebleau. Était-il libre vis-à-vis du peuple italien? Avait-il le droit d'abandonner son mandat? Il ne le pensa pas. Son poste était en Italie. Sentinelle fidèle et vigilante, il crut devoir rester à ce poste tant qu'il ne serait pas relevé par l'Empereur de qui seul il tenait sa vice-royauté. Eugène n'était pas seulement lieutenant de Napoléon comme *général*, il l'était encore comme *délégué du roi d'Italie.* Telle convention entre les puissances et Napoléon, tel incident politique, pouvaient : ou le

confirmer dans sa vice-royauté, ou mettre sur sa tête
la couronne des rois lombards. Une fois le traité de
Fontainebleau conclu, le mandat qu'il tenait de Napoléon n'existait plus, il redevenait libre; certes, alors
il eût pu accepter la couronne d'Italie sans manquer
à ses devoirs envers la France et envers son père
adoptif, et nous ne doutons pas qu'il ne l'eût placée
sur sa tête, si les souverains la lui eussent offerte.
Il avait refusé un trône dont la trahison était le prix,
il fût monté avec joie sur ce trône devenu libre,
pour consacrer le reste de sa vie au bonheur de ceux
qui, depuis près de dix ans, admiraient ses belles
qualités. Nul doute que la partie saine de la population du royaume d'Italie n'eût applaudi au
choix d'Eugène comme souverain, car, outre que
cela eût fait cesser l'état provisoire d'un gouvernement géré, pour ainsi dire, *par procuration*, tout
le monde considérait le jeune prince comme un
administrateur loyal, comme un homme d'État
habile, comme un général prudent et brave. A tous
ces sentiments se joignaient pour la princesse Auguste la plus respectueuse affection. La grâce, la
beauté, les vertus, la bienfaisance de la vice-reine,
avaient gagné tous les cœurs à cette princesse.

Voir Eugène sur le trône d'Italie était un vœu
dont personne ne se cachait; aussi l'armée, après
la convention du 16 avril, l'exprima-t-elle hautement, et les généraux Fontanelli et Bertoletti
furent-ils chargés par elle de présenter ce vœu aux
puissances, près desquelles elle les nomma députés.

Est-il donc si étonnant que le prince Eugène ait

voulu voir venir les événements et qu'il ait formulé la proclamation qu'on a lue?

Sa candidature à la couronne d'Italie fut écartée parce que les agents de l'Autriche, et Melzi, qui était le principal ennemi d'un gouvernement, dont il était un des dignitaires, se préparaient déjà à tourner au profit de cette puissance la chute du royaume. Dès le commencement de 1813, ils s'appliquèrent à organiser une faction hostile au gouvernement du prince. Ils trouvèrent des instruments dans la noblesse milanaise, accusée en Italie de manque d'éducation et d'absence des qualités sociales. Cette classe disposée, par caractère, à haïr tout ce qui lui était étranger, et elle regardait comme tel tout ce qui n'était pas né à Milan, était dès longtemps mécontente de ne pas posséder exclusivement tous les emplois du royaume. Cependant, si l'on jetait les yeux sur l'Almanach de la cour, on verrait que non-seulement les nobles milanais remplissaient, presque seuls, les antichambres royales, et les bureaux de toutes les administrations; mais qu'ils occupaient les emplois du royaume, plus que ne l'aurait permis une juste proportion avec les provinces, et beaucoup au delà de ce que pouvait admettre leur capacité. Quoi qu'il en soit, il fut facile aux agents de l'Autriche d'agiter des esprits faibles, et qu'égarait déjà une folle ambition. Le général Pino, oubliant qu'il devait au gouvernement contre lequel il se déclarait, non-seulement sa fortune, son rang et ses honneurs, mais encore une réputation, que ne justifiaient ni ses hauts faits, ni ses talents, se joignit aux nobles milanais[1]. Dans la campagne de 1813, son incapacité absolue avait obligé le prince Eugène à le renvoyer de l'armée, pour éviter des désastres. Rentré dans l'intérieur, il s'associa un général italien, un étranger au service d'Italie et un jésuite français, agent d'intrigues à Milan, et tous trois réunis cherchèrent à nuire au gouvernement et à exciter le peuple à la révolte. Leurs efforts ne réussirent pas dans l'armée, ni même dans la classe moyenne. Il ne leur resta que la noblesse milanaise et la populace; ainsi limités aux salons, aux cafés et aux cabarets, ils attendirent, en clabaudant, une occasion favorable.

Elle leur fut fournie par la convocation du sénat, suite de la convention du 16 avril. Melzi avait eu l'art, par des insinuations perfides, et en compromettant sous main le nom du prince Eugène, de faire manquer l'objet de la séance du 17. Il donna le signal aux nobles milanais, à qui les agents de l'Autriche n'avaient pas eu de peine à faire croire,

---

[1] On n'avancerait pas une accusation pareille contre le général Pino, comblé des bienfaits de l'empereur Napoléon et du prince Eugène, si lui-même n'avait pas hautement avoué la part qu'il prit aux désordres du 20 avril. La veille de cette honteuse journée, il fit demander une entrevue à M. le baron Darnay, directeur général des postes. Ce dernier, par égard pour le rang du premier capitaine des gardes, grand officier du royaume, se rendit chez lui. Le but de l'entrevue demandée par Pino était de prévenir M. Darnay du mouvement qui allait avoir lieu, et à la tête duquel lui, Pino, voulait se mettre, et de donner à M. Darnay des assurances pour sa sûreté personnelle. Ce dernier, voyant que le général Pino était décidé à se faire le chef d'un mouvement révolutionnaire, se contenta de répondre que, dès l'instant où le gouvernement existant serait méconnu, sa mission était terminée, et qu'il se retirerait.

qu'en renversant le gouvernement du prince Eugène, ils pourraient se mettre à sa place. Nous n'entrerons pas dans le détail des scènes affligeantes du 20. Nous nous contenterons de dire que, ce jour-là, la noblesse de Milan et les sicaires qu'elle avait armés dispersèrent le sénat, dont ils pillèrent le palais, assassinèrent le ministre des finances Prina[1], détruisirent son hôtel, et mirent la capitale même en danger. L'assassinat du malheureux Prina dont les talents étaient généralement reconnus, et dont la probité fut démontrée par la médiocrité de sa fortune, après dix ans de ministère ; cet assassinat, dont on prétendit que le général Pino était en partie cause, attira sur ce dernier un soupçon flétrissant[2] qu'accrédita l'opinion publique. La suite de ces scènes déplorables fut l'anarchie et une série d'extravagances inouïes, de la part d'une poignée d'intrigants, qui, sous le nom de colléges électoraux, voulut s'arroger la souveraineté ; la farce finit par leur expulsion et la réunion du royaume d'Italie aux domaines de l'Autriche, qui avait guidé la contre-révolution.

Le prince Eugène n'ignorait rien de ce qui se passait à Milan, si ce n'est la part que prenaient Pino et Melzi dans ces intrigues. Les personnes qui l'en-

---

[1] Les recherches les plus exactes ont prouvé que le ministre Prina ne fut frappé par aucune arme tranchante, ni par aucun homme du peuple. Il fut assassiné à coups de pointes de parapluie *de soie*, par des gens bien mis et la plupart décorés. Nous empruntons ces détails aux principaux ouvrages publiés sur cette époque.

[2] On a prétendu que le général Pino, grand joueur, devait au ministre Prina une forte somme d'argent, qui se trouva payée de cette manière.

touraient et qui jouissaient de sa confiance, afin d'éviter les désordres que pouvaient produire ces menées, lui conseillaient de prendre des mesures pour maintenir la tranquillité publique dans la capitale; il lui fut même proposé d'y envoyer un régiment d'infanterie de Mantoue et la brigade de cavalerie de Rambourg, qui était à Plaisance. Le prince s'y refusa, et ne voulut avoir aucune influence directe sur les actes du sénat. Personne n'aurait imaginé, *dit Vaudoncourt*, que de prétendus libéraux seraient assez stupides, pour renverser le seul corps *légalement constitué* qui existât dans l'État. Quelle que fût la délibération du sénat, si la députation était nommée, et si elle obtenait la reconnaissance de l'indépendance du royaume, le but principal du prince Eugène était atteint. Le reste ne devait dépendre que du *vœu libre de la nation* et du consentement des coalisés.

Presque en même temps que le prince Eugène reçut la nouvelle de ce qui s'était passé à Milan, il eut officiellement connaissance du traité de Fontainebleau, par lequel Napoléon renonçait, pour lui et ses successeurs, à la couronne d'Italie. Il lui fut en même temps notifié que le royaume d'Italie devait être occupé, au nom des coalisés, par l'armée autrichienne. Cette double communication changeait la face des affaires. D'un côté, la mission que le prince Eugène avait reçue de l'empereur Napoléon était terminée; de l'autre, le sort de l'Italie paraissait déjà fixé par les puissances. Le prince avait rempli tous ses devoirs jusqu'au dernier instant, au milieu des circonstances les plus critiques; il ne pouvait aller plus loin, sans sortir de la ligne de conduite qu'il s'était lui-même tracée. Avec un cœur moins noble, il ne se serait pas imposé le nouveau devoir, qu'il remplit avec tant de générosité, et que la justice n'exigeait pas de lui. En abandonnant à leur propre sort les factieux qui avaient renversé le gouvernement, il pouvait d'autant mieux se dispenser de songer à leurs intérêts, que l'Autriche ne traita et ne voulut traiter qu'avec lui seul. Le prince Eugène avait conclu la convention du 16, pour sauver le royaume de l'anarchie, et essayer de lui conserver son indépendance. Écartant tout ressentiment et n'écoutant que son affection pour un peuple innocent des excès qui avaient été commis, il voulut encore lui assurer les garanties qu'il était en son pouvoir de stipuler : il fit donc proposer au maréchal de Bellegarde une seconde convention, qui fut conclue le 23, et ratifiée le 24.

Voici cette convention :

« Les soussignés, après avoir échangé les pleins pouvoirs reçus de leurs généraux en chef respectifs, considérant l'art. 1er du traité conclu le 11 avril, entre l'empereur Napoléon et les puissances alliées, par lequel il a renoncé pour lui, ses héritiers et successeurs et tous les membres de sa famille, à tout droit de souveraineté et de propriété sur le royaume d'Italie; sont convenus, sauf la ratification des susdits généraux en chef, des articles suivants :

« Art. 1er. Toutes les places de guerre, forteresses et forts du royaume d'Italie, qui ne sont pas encore occupées par les troupes alliées, seront remises aux troupes autrichiennes, le jour fixé par les plénipotentiaires, et sous les formes fixées par la convention du 16 avril.

« Art. 2. S. E. le maréchal de Bellegarde enverra un plénipotentiaire à Milan, pour prendre possession au nom des hautes puissances alliées, du territoire non occupé du royaume d'Italie. Toutes les autorités resteront en place et continueront leurs fonctions.

« Art. 3. Les troupes autrichiennes passeront le Mincio, au moment où le maréchal de Bellegarde l'ordonnera; elles continueront leur marche sur Milan, en laissant un intervalle d'une journée de marche entre elles et les colonnes de l'armée française rentrant en France.

« Art. 4. Les troupes italiennes resteront dans leur organisation actuelle, jusqu'au moment où les hautes puissances alliées auront décidé de leur sort futur. En attendant, elles seront sous les ordres du feld-maréchal comte de Bellegarde, qui prend possession, au nom des hautes puissances alliées, de la partie non envahie du royaume d'Italie.

« Art. 5. Jusqu'à ce que le sort des pays, dont l'armée autrichienne prend possession, soit décidé, les traitements, pensions et solde des troupes italiennes, des autorités et des employés civils et militaires, seront payés sur le même pied et par les mêmes caisses, qu'elles l'ont été jusqu'au jour de la présente convention.

« Art. 6. Il est permis à chaque officier de quitter le service, mais il devra s'adresser aux autorités compétentes, pour obtenir un congé définitif.

« Art. 7. Un officier général, de l'armée royale italienne, sera envoyé au quartier général du maréchal de Bellegarde, pour conférer de tout ce qui est relatif au détail de ces troupes.

« Art. 8. En cas que la présente convention soit ratifiée, les ratifications seront échangées dans le plus bref délai possible.

« En foi de quoi les soussignés l'ont revêtue de leur signature.

« Ratifié le 24 avril, par le prince vice-roi et par le maréchal de Bellegarde. »

Le prince Eugène fit connaître cette convention du 24 avril, par la proclamation suivante du 26 [1] :

« Peuples du royaume d'Italie ! pendant neuf ans, ma vie vous a été consacrée; depuis neuf ans, il n'est pas un instant de cette vie qui n'ait été employé, au dedans à votre bonheur, au dehors à votre défense. J'ai trouvé la récompense de mes soins et de mes peines dans vos cœurs et aussi dans le mien. J'ai reçu de vous d'honorables suffrages, l'histoire les a recueillis, afin qu'après les avoir goûtés moi-

---

[1] Eugène, dans cette proclamation, ne cache pas qu'il eût été heureux d'être roi d'Italie; et qui donc plus que lui avait des droits à cette couronne? Mais il ne voulut jamais dévier de la ligne droite, il ne voulut jamais prêter la main à une intrigue pour monter sur le trône. Si, à cette époque, cette partie de l'Italie eût exprimé le désir de voir Eugène devenir son souverain, peut-être l'Europe eût-elle réfléchi avant de rendre ces belles contrées à l'Autriche. Les Italiens ne sont pas toujours bien inspirés.

même avec délices, ils fussent légués en héritage à mes enfants. Oui! j'ai senti tout ce qu'offraient de doux au cœur de l'homme, l'affection et la reconnaissance d'un peuple, réuni au témoignage d'une conscience sans reproche.

« Après ces longues preuves de mon dévouement et de mon amour, je vous ai donné la marque la plus signalée d'une confiance portée jusqu'à l'abandon. Je me suis séparé de mes amis naturels pour rester parmi les amis de mon choix... Mais de nouveaux arrangements politiques m'obligent à m'éloigner de vous, et rendent incertain l'accomplissement d'un vœu, qu'il me fut bien possible de laisser échapper une fois, quand vous l'aviez vous-même manifesté mille.

« Peuples du royaume! en quelque lieu que la Providence me place, le cours de mes affections ne peut plus changer. Depuis longtemps, le premier objet de mes vœux ne pouvait plus être que votre félicité. Italiens! soyez donc heureux! vous pouvez me devenir étrangers; mais indifférents, jamais... Partout il faudra que, pour jouir sans mélange du souvenir du temps que j'aurai vécu parmi vous, j'écarte de moi le souvenir des circonstances où je vous aurai quittés.

« Et vous! brave armée italienne! soldats, dont j'emporte à jamais gravés dans mon cœur tous les traits, toutes les blessures, tous les services!... ces blessures reçues sous mes yeux!... ces services dont je vous ai procuré les justes récompenses!... Peut-être ne me verrez-vous plus à votre tête et dans vos rangs, peut-être n'entendrai-je plus vos acclamations! Mais si jamais la patrie vous rappelle aux armes, j'en suis sûr, braves soldats, vous aimerez encore, au fort du danger, à vous rappeler le nom d'Eugène. »

En recevant le commandement de l'armée qu'il était chargé de ramener en France, le général comte Grenier adressa une proclamation à ses troupes, et le même jour, 18 avril 1814, tous les chefs de cette armée, Grenier, Verdier, Mermet, Marcognet, Fressinet, d'Anthouard, Rouyer, Quesnel, Saint-Laurent, Dode, Vignolle signèrent l'adresse ci-dessous au prince Eugène, comme étant l'expression du sentiment unanime des troupes, pour leur jeune général en chef.

« Monseigneur, avant de se mettre en marche pour rentrer au sein de sa patrie, l'armée française se fait un devoir de déposer aux pieds de Votre Altesse Impériale les sentiments de reconnaissance et de vénération dont elle est pénétrée envers son auguste personne.

« L'armée d'Italie se glorifiera toujours de son chef : avoir servi sous Votre Altesse Impériale est devenu un titre d'honneur.

« Puisse-t-elle jouir du bonheur et de la gloire qu'elle mérite par ses belles et nobles qualités ; c'est le vœu de l'armée entière, qui a su les apprécier dans tant d'occasions et qui en conservera à jamais le souvenir. »

Rien de plus naturel que cette adresse; personne jamais ne la mérita mieux que le vice-roi. Mais, n'est-il pas singulier de la voir signée par l'officier général qui, depuis, a cherché à ternir, par ses calomnies, la réputation du prince auquel il devait tout, par le général si longtemps le premier aide de camp d'Eugène qui avait placé sa confiance en lui ? Si quelque chose est plus monstrueux encore, c'est ce qui se passa à cette même époque entre le prince et ce même général d'Anthouard. Nous allons le raconter brièvement.

Lorsque la nouvelle du retour des Bourbons à Paris arriva en Italie, le général d'Anthouard s'empressa de demander à rentrer en France, sans attendre, comme ses camarades, que le sort du vice-roi fût décidé. En prenant congé du prince Eugène, il s'exprima avec peu de mesure, se plaignant d'injustices commises à son égard, des mauvais procédés de ses camarades, etc. Le prince en fut blessé, mais ne s'opposa point à son départ ; ils se quittèrent froidement.

Cependant, rentré chez lui, le général d'Anthouard réfléchit, et trouvant qu'il avait intérêt à ne pas se brouiller avec le vice-roi il lui écrivit la lettre suivante *dont l'original est conservé dans les Archives ducales*. Cette lettre fut remise au prince, après le départ de d'Anthouard :

Mantoue, 18 avril 1814. — « Monseigneur, depuis neuf ans, j'ai l'honneur d'être employé près de Votre Altesse Impériale ; je ne puis que lui renouveler mes témoignages de reconnaissance pour ses bontés. Ayant peu d'ambition, je me trouvais parfaitement heureux ; et si par moments j'ai cru m'apercevoir de quelques nuages, j'ai dû l'attribuer à mon caractère, car j'ai la satisfaction intérieure d'avoir toujours servi Votre Altesse Impériale avec zèle, probité et attachement particulier désintéressé.

« Les circonstances dans lesquelles se trouve la France obligent les militaires français qui sont en Italie de rentrer dans leur patrie ; d'autres circonstances impérieuses obligent Votre Altesse Impériale à renoncer à son commandement en chef des troupes françaises, probablement à sa qualité de prince français, grand dignitaire, et à se fixer dans un pays qu'elle a rendu heureux depuis qu'elle le gouverne, et dont elle continuera à faire le bonheur, *si le ciel daigne jeter sur ce même pays un regard favorable.* Dès lors, Votre Altesse Impériale devenant étrangère à la France, je me trouve dans la dure nécessité de la prier de me permettre de rejoindre mes foyers et ma famille qui n'existe que par moi. Je ne puis me faire illusion ; il sera procédé envers les individus qui ne rentreront pas et envers leurs familles, comme il y a vingt-deux ans envers les émigrés. Presque toute ma famille a été ruinée par ces dispositions ; je les ai aidés autant que j'ai pu jusqu'à ce moment, mais j'achèverais de les réduire à la misère, si je n'avais égard à ces considérations. J'ajouterai de plus, que nous avons l'exemple de ce qu'a été l'existence des Français en pays étranger, soit les émigrés, soit ceux qui ont pris service en Hollande, en Westphalie, en Espagne, à Naples, en Italie. Il ne faut pas se dissimuler que, dans ce dernier pays, l'opinion est très-prononcée au sujet des Français, et le chef du gouvernement ne peut résister à cette opinion ; son intérêt particulier le lui défend. J'ai éprouvé moi-même les effets de cette opinion ; et, ce qui m'a souvent navré et que j'ai renfermé en moi, c'est qu'au lieu de trouver parmi mes compatriotes, dans l'intérieur de la maison royale, la réciprocité d'amitié qu'offraient mes paroles et mes actions, c'est là que j'ai été le plus cruellement blessé.

« Monseigneur, c'est les yeux baignés de larmes que j'écris à Votre Altesse Impériale ; il est déchirant pour moi d'être réduit à demander à la quitter, après avoir depuis longtemps rêvé continuellement le bonheur de vivre près d'elle. Quelle terrible catastrophe change tous nos projets! *malheureuse France! quel sort t'est réservé!* Au moins je crois que celui de Votre Altesse Impériale sera assuré tel qu'elle le mérite, et qu'elle jouira en paix DE L'ESTIME QU'ELLE A COMMANDÉE, ET DE LA CONDUITE SUPERBE QU'ELLE N'A CESSÉ DE TENIR ET QUI SERA DANS TOUS LES TEMPS UN MODÈLE AUX SOUVERAINS, AUX GRANDS ET AUX PARTICULIERS.

« Votre Altesse Impériale trouvera naturel que je me glorifie dans tous les temps d'avoir été son aide de camp, je la prie d'oublier les mécontentements que je puis parfois lui avoir donnés, et de ne se rappeler que le désir que j'avais de la bien servir.

« Il me reste, Monseigneur, une dernière grâce à demander à Votre Altesse Impériale. J'ai pour aide de camp mon neveu, le capitaine Stanislas Saint-Vincent. Il est au service d'Italie. Je désire le remettre à sa famille; son frère est mort au service de l'Empereur. Serait-il possible que Votre Altesse Impériale daignât signer un ordre pour le placer au service de France, afin qu'il puisse quitter honorablement le service italien, et rentrer en France avec l'armée? Le général Vignolle pourrait remplir la formalité nécessaire.

« Daignez agréer, Monseigneur, que je renouvelle à Votre Altesse Impériale les vœux que je n'ai cessé de former pour son bonheur, et l'assurance des sentiments éternels de profond respect et d'attachement avec lesquels je ne cesserai d'être, etc. »

Le prince répondit le jour même :

« Monsieur le général comte d'Anthouard, j'ai reçu votre lettre de ce jour. Je suis touché de vos sentiments et je partage vivement les regrets causés par notre séparation, sans toutefois partager l'opinion que vous me manifestez sur ses motifs. Mais je respecte votre opinion. Je me plais, dans cette circonstance, à vous assurer que vos services m'ont toujours été agréables, et je suis certain de m'apercevoir souvent qu'ils me manqueront. Je vous fais remettre mon portrait comme marque de mon souvenir et je désire que vous veuilliez bien accepter comme pension le traitement que vous receviez comme mon aide de camp [1]. »

---

[1] Le général d'Anthouard a écrit qu'il n'avait pas touché cette pension, c'est vrai. Lorsque le prince Eugène vit son ancien aide de camp devenu l'un des favoris de la Restauration, il jugea inutile de lui conserver un traitement qu'il pouvait mieux employer en soulageant de nobles infortunes. M. d'Anthouard n'était-il pas président de commission militaire et inspecteur de l'artillerie?

Certes, dans sa lettre, d'Anthouard fait un bel éloge des vertus et de la conduite du prince Eugène, il est difficile d'en dire plus. Comment donc le général a-t-il pu consentir à se donner à lui-même, quelques années plus tard, un si cruel démenti?

En effet, de deux choses l'une : lorsqu'il traçait ces lignes, M. d'Anthouard, ou était *sincère* ou *ne l'était pas*; s'il était sincère le 18 avril 1814, il ne l'a pas été le 5 mai 1840, quand il a remis la fameuse note accueillie avec si peu de discernement par le général Pelet; mais, s'il a été sincère le 5 mai 1840, il ne l'était pas le 18 avril 1814. Il nous paraît difficile de conclure autrement de ces deux faits rapprochés l'un de l'autre. On ne saurait objecter que le général ne connaissait pas, le 18 avril 1814, ce qu'il connut ensuite le 5 mai 1840, puisque toutes ses accusations contre le vice-roi portent sur la conduite tenue par le prince *antérieurement* à cette époque, et que les éloges contenus dans la lettre du 18 avril 1814 portent sur cette même époque de la vie du prince.

Si M. le général comte d'Anthouard vivait encore, nous lui dirions, sa lettre à la main : *C'est à vous que nous en appelons de vous-même.* Aujourd'hui que M. d'Anthouard a terminé sa carrière, c'est à l'histoire, c'est au bon sens que nous remettrons le soin de prononcer le jugement [1].

---

[1] Nous reviendrons une dernière fois à la fin de cet ouvrage sur toute la trame ourdie par les deux ou trois ennemis du prince Eugène, afin de faire connaître les motifs qui les ont poussés dans cette affaire.

CORRESPONDANCE.

RELATIVE AU LIVRE XXVIII.

DU 10 FÉVRIER 1814 A LA FIN D'AVRIL

« Monsieur le duc de Feltre, ainsi que je vous l'avais annoncé hier matin, j'avais repassé le Mincio, rétabli ma communication avec le général Verdier et repris la ligne de cette rivière. J'avais porté mon quartier général à la Volta, point duquel j'étais le plus à portée d'observer les mouvements que l'ennemi pourrait faire à la faveur du pont qu'il avait établi à Borghetto, sous la protection des hauteurs de Valeggio. En effet, dans la pensée que peut-être nous aurions négligé de nous opposer à son passage sur ce pont, et qu'il pourrait, par ce moyen, nous faire abandonner la ligne du Mincio, l'ennemi avait fait repasser cette nuit sur la rive droite environ 10,000 hommes, tant infanterie que cavalerie, sur ce pont que sa position rend pour ainsi dire impos-

<small>Eugène à Clarke. Volta, 10 février 1814.</small>

sible de songer à détruire : j'ai donc dirigé mes colonnes de ce côté; je l'ai attaqué, et, malgré la protection de la nombreuse artillerie qu'il avait sur les hauteurs de Valeggio, je l'ai repoussé jusque sur la rivière et forcé de la repasser. Cette journée, où les troupes se sont encore distinguées par leur ardeur, nous a coûté très-peu de monde. Nous avons fait du mal à l'ennemi, nous l'avons forcé de renoncer à ses projets de passage sur ce point le plus favorable de tous pour lui, et nous lui avons enlevé près de 200 prisonniers. »

<small>Eugène à la vice-reine. Volta, 10 février 1814.</small>

« Deux mots seulement : Nous avons eu encore aujourd'hui une petite affaire à notre avantage. L'ennemi, qui avait pu conserver son pont de Valeggio, en débouchait le matin avec 10 ou 12,000 hommes. Je m'y postai aussi moi-même avec quelques bataillons. J'ai fait aussitôt appuyer deux divisions, et nous avons obligé l'ennemi à repasser encore une fois le Mincio. Voici donc deux passages manqués par lui. Malgré tous ces avantages, je serai forcé sous peu à me porter vers Plaisance, surtout si le roi de Naples en approche de trop près.

« Soigne ta santé, reste beaucoup couchée pour éviter une fausse couche. »

<small>Eugène au général d'Anthouard, 11 février 1814.</small>

« Monsieur le général comte d'Anthouard, je vous envoie mon officier d'ordonnance la Baume, qui vous donnera les détails des événements avantageux pour nous qui se sont passés depuis le 8 sur le Mincio. Je le charge en outre de reconnaître les différentes routes qui conduisent jusqu'à vous, vous ne me le renverrez que lorsque vous aurez quelque chose d'important à m'apprendre. Le maréchal Bellegarde ayant échoué deux fois dans ses tentatives du passage du Mincio et devant avoir à cœur de réparer cet échec, il est probable qu'il va presser la marche du contingent que son armée fournit aux Napolitains continuant à garder leur ligne, ce ne serait toujours qu'un corps de 8 à 10,000 hommes que vous auriez à occuper et à tenir en échec. Pendant ce temps-là, je contiendrais ici les principales forces de l'ennemi, et, au premier avis que vous me donneriez, par mon officier, des mouvements qu'une force supérieure ferait sur vous, je me porterais sur Plaisance et nous leur donnerions une nouvelle leçon. »

« *Je t'annonce que le roi de Naples, aussitôt qu'il a su que j'avais gagné la bataille du Mincio, m'a envoyé un officier pour me faire quelques ouvertures.* J'y envoie de suite Bataille pour s'entendre ; ce serait un beau résultat pour moi, si je pouvais obtenir qu'il se déclarât en notre faveur. » Eugène à la vice-reine. Goïto, 14 février 1814.

« L'ennemi paraît vouloir me tracasser par les montagnes de Brescia. J'y envoie cette nuit la garde royale ; j'attends avec impatience Bataille, *pour savoir ce que fera le roi de Naples.* Adieu, tranquillise-toi, je t'en conjure. Reposons-nous sur la justice de notre cause et soigne ta santé, je t'en conjure, si tu ne veux pas me faire mourir de chagrin. As-tu fait tout préparer à Monza? » Eugène à la vice-reine. Goïto, 14 février 1814.

Eugène à la vice-reine. Volta, 17 février 1814.

« Je suis très-fatigué, je rentre de Salo, où j'ai fait attaquer l'ennemi. Depuis hier matin à quatre heures j'ai fait, à cheval, plus de soixante-dix milles. L'affaire a été très-bien, l'ennemi est rejeté dans les montagnes ; me voilà tranquille sur ma gauche pour quelques jours. Il m'arrive à l'instant de bonnes nouvelles de Paris, je fais tirer le canon ici, et donne l'ordre à Fontanelli d'en faire autant à Milan. On m'annonce aussi que le roi (de Naples) va se mettre en mouvement contre nous. Il prend bien mal son temps ! »

Porson à Vignolle, Turin, 17 février 1814.

« Mon général, ayant présumé que 1,200 hommes de plus ne pourraient pas être indifférents au général de division comte d'Anthouard, le prince Camille vient d'ordonner au 6° bataillon du 1ᵉʳ d'infanterie légère et au 4° du 42° de partir demain d'Alexandrie, pour se rendre à Plaisance, où ils arriveront le 21 du courant pour renforcer la division Gratien.

« Au moment où je vous écris cette lettre, le canon annonce à Turin les deux grandes victoires que notre auguste Empereur a remportées les 10 et 11 à Champaubert et Montmirail, où les armées russes et prussienne ont été défaites complétement, le général en chef Ousouwieff pris avec tous ses généraux, tous ses colonels, officiers, canons, caissons et bagages. La Grande-Armée a parfaitement acquitté la lettre de change que notre brave et bon prince Eugène avait tirée sur elle. Ces grands événements donneront à penser à nos ennemis, et feront le désespoir de ceux qui ont été assez ingrats pour se ranger sous leurs bannières. »

Eugène à Clarke. Volta, 18 février 1814.

« Monsieur le duc de Feltre, l'ennemi depuis quelques jours avait fait par les montagnes quelques démonstrations assez fortes sur ma gauche; je l'ai fait attaquer au-dessus de Brescia, qu'il menaçait, par un bataillon du 35° léger et un bataillon du 6° de ligne italien, et à Salo, dont il s'était emparé, par la garde royale. Ces diverses attaques ont parfaitement réussi; l'ennemi a été battu complétement et rejeté dans les montagnes. Il a perdu 700 à 800 hommes, dont 300 prisonniers, parmi lesquels se trouvent deux majors et plusieurs officiers. Ces opérations assurent la tranquillité de ce côté pour six à sept jours au moins.

« Dans les circonstances actuelles, j'ai cru devoir faire partir la division Rouyer pour se rapprocher de Plaisance, afin de renforcer au besoin la division Gratien qui s'y organisait, et je compte y envoyer sous peu le général Grenier pour prendre le commandement supérieur dans cette partie. »

Eugène à la vice-reine. Volta, 21 février 1814, à 3 h. après-midi.

« J'ai répondu ce matin au comte Poni que, dès qu'il se présentera aux avant-postes, il sera reçu; je compte le voir ce soir, et puis je te l'enverrai demain. L'officier autrichien qui a parlé ce matin à notre grand'garde a assuré que l'armistice devait être signé depuis quatre jours avec l'Autriche. J'ai envoyé Grenier avec des troupes sur le Pô, et moi je reste ici avec deux divisions pour y tenir le plus longtemps possible. Adieu, ma bonne amie. « Attends encore un peu avant d'aller à Monza. »

<small>Eugène à la vice-reine. Volta, 23 février 1814.</small>

« Une lettre de Lavalette, du 17 au soir, me donne de très-bonnes nouvelles du commencement d'une bataille avec Schwarzenberg. Demain j'en connaîtrai probablement les résultats. Ici, sur le Mincio, nous sommes tranquilles ; si Grenier bat, comme il le peut bien, le corps autrichien qui est de l'autre côté du Pô, nous pouvons tenir encore quelque temps. Tout ceci ne peut tarder à être terminé, ainsi il ne faut plus qu'un peu de patience. Je te prie de bien soigner ta santé ; ne t'inquiète pas trop de tout ce que je t'ai confié ; nous devons être et nous sommes au-dessus de tout cela, et le jour n'est pas loin où chacun devra nous rendre toute la justice que nous méritons. »

<small>Porson à Vignolle, Turin, 24 février 1814.</small>

« Je me suis empressé de mettre sous les yeux du Prince gouverneur la lettre que vous m'avez fait l'honneur de m'écrire le 21 de ce mois, par laquelle vous me chargez de rendre compte à Son Altesse Impériale qu'en suite des ordres de Son Altesse Impériale le prince vice-roi, monsieur le lieutenant général comte Grenier, suivi par trois brigades de la première lieutenance de l'armée, se rend à Plaisance pour agir sur la rive droite du Pô, contre les ennemis. Son Altesse Impériale, reconnaissante de cette communication, se flatte que de nouveaux et brillants succès couronneront des mouvements aussi sagement combinés que ceux que Son Altesse Impériale le prince vice-roi a conçus et qu'il fait exécuter.

« Les Autrichiens ayant poussé un détachement de 300 hommes sur Pontremoli, le général Rouyer se met en mesure de les en chasser, tandis qu'il observe la route de la Toscane sur la Magra.

« On nous annonce que le maréchal Augereau, après avoir emporté les retranchements de l'ennemi à Montluel, où il a fait 1,000 prisonniers et pris 8 pièces de canon, marche sur Genève; d'après ce mouvement, Chambéry serait évacué; mais, comme cette nouvelle n'est pas officielle, quoique répandue de toutes parts, je ne puis vous la donner pour certaine; mais tout le monde y croit.

« La confirmation des succès obtenus par le maréchal Augereau venant d'arriver au moment que je finissais cette lettre, je continue pour vous annoncer, mon général, que je transmets les ordres du prince Camille pour que les détachements ci-après, appartenant aux bataillons de guerre de l'armée d'Italie, rejoignent leurs corps en passant par Plaisance, où ils pourront être retenus, si Son Altesse Impériale le prince vice-roi veut les laisser au général Gratien pour renforcer sa division.

« Au mont Cenis et dans la Maurienne : 9e de ligne, 339 hommes; 53e, 202. — A Fenestrelle, 84e, 180; 106e, 158; 35e, 146.

« Le 4e bataillon du 7e de ligne fort de 800 hommes, après avoir réuni ses détachements dans la vallée d'Oulx, partira de Turin le 1er mars; le 4e bataillon du 137e se mettra également en route d'Alexandrie le 26 février pour Plaisance, où il arrivera le 1er mars, composé de 700 hommes.

« Ce qui fera pour l'armée d'Italie un renfort de 2,525 hommes.

« Bientôt le 156ᵉ pourra également envoyer à la même destination un bon bataillon de 800 hommes. Si on n'avait rien à craindre de l'expédition ennemie, dont les côtes de la 28ᵉ division militaire paraissent menacées, on y trouverait aussi trois forts bataillons, mais les esprits y sont tellement agités, qu'il y aurait de l'imprudence de les en retirer à présent.

« Ces deux bataillons, partant l'un de Turin et l'autre d'Alexandrie pour Plaisance, ainsi que le 4ᵉ bataillon du 42ᵉ et le 6ᵉ du 1ᵉʳ léger qui sont déjà dans cette place, doivent faire partie de la 2ᵉ division de l'armée de réserve d'Italie, si tant y a que cette prétendue armée dût s'organiser, ce dont je doute, puisque nous ne recevrons pas assez de conscrits pour compléter les cadres; qu'il n'y a point de cavalerie, autre que le 14ᵉ de hussards, qui s'organise, et auquel il faudra au moins deux mois pour présenter 500 chevaux; il a en ce moment un détachement de 50 hussards montés à Alexandrie, que l'on avait envoyé dans cette place pour les découvertes; si Son Altesse Impériale désire l'avoir à son armée, le prince Camille est prêt à le lui envoyer. Vous voyez que notre armée de réserve servira à peine à alimenter celle du prince vice-roi. »

Eugèn à la vice-reine. Volta, 27 février 1814.

« Je te renvoie chèrc Auguste, la lettre de l'impératrice, j'espère encore que tu n'auras pas besoin de partir; je saurai dans deux jours si le roi de Naples veut réellement être pour nous..... On parle toujours beaucoup d'un armistice très-prochain avec les Autrichiens. Adieu, ma chère Auguste, je te serre contre mon cœur ainsi que mes petits anges. »

« Je t'envoie ci-joint une petite note des propositions que le roi de Naples a eu le front de me faire faire, en me proposant, *à ces conditions*, de se déclarer contre les Autrichiens. Il est décidément fou !

Eugène à la vice-reine. Volta, 1er mars 1814.

« Il m'a pourtant *verbalement* fait promettre de ne point laisser engager ses troupes.

« J'en profite sans trop m'y fier [1]. »

« Sire, j'avais toujours espéré que le bruit des victoires remportées par Votre Majesté suffirait pour arracher le roi de Naples à ses illusions. J'avais mis une attention particulière à faire passer jusqu'à lui les nouvelles de tous vos triomphes. J'ai su qu'elles lui étaient parvenues, et même que les communications fréquentes auxquelles leur transmission donnait lieu, quoique ce ne fussent que de simples lettres transmises aux avant-postes, avaient du moins produit cet avantage de jeter des soupçons et de la méfiance entre lui et les Autrichiens.

Eug. à Nap. Volta, 1er mars 1814.

« Le secrétaire de la légation italienne à Naples, ayant dû quitter son poste par suite des circonstances, et m'ayant, à son retour, fait quelques ouvertures vagues de la part du roi, j'en ai profité pour lui faire remettre vivement sous les yeux toutes les raisons

---

[1] Le 17 février ses troupes avaient attaqué la division Sévéroli.

d'honneur, de reconnaissance et d'intérêt qui devaient le déterminer à abjurer enfin ses erreurs.

« Le roi n'a voulu donner aucune promesse écrite et positive au secrétaire de légation ; il s'est contenté de lui remettre une note écrite sous sa dictée, en le chargeant en outre de m'assurer de sa part que « jus-
« qu'à ce que Votre Majesté eût daigné s'expliquer
« sur le contenu de cette note, il n'agirait point hosti-
« lement contre les troupes de Votre Majesté qui sont
« sous mes ordres. »

« J'ai sur-le-champ fait répondre au roi que je ne pouvais me charger d'envoyer un tel écrit à Votre Majesté, à qui je ne communique en effet cette pièce ridicule que pour lui donner une juste idée du délire qui s'est emparé de la tête du roi. Cependant je vais tâcher de tirer parti de ses dispositions tout en sachant le cas que j'en dois faire.

« De même que le mouvement des troupes napolitaines vers le Pô et le Taro a pu nous donner des inquiétudes, étant exécuté de concert avec les Autrichiens, de même aussi l'irrésolution dans laquelle le roi ne cesse de flotter donne aujourd'hui aux Autrichiens des craintes qui contrarient leurs opérations sur la droite du Pô. J'ai détaché le général Grenier contre le corps du général Nugent, avec ordre de pousser fermement et de tâcher au moins de l'entamer. J'espère que le général Grenier aura pu s'emparer de Parme aujourd'hui même.

« J'évite du reste soigneusement tout engagement avec les troupes napolitaines, d'abord parce que ces ménagements ne peuvent que les rendre plus suspectes à leurs prétendus alliés, et ensuite parce qu'il y a des circonstances où il est permis de ménager son ennemi. Si j'avais seulement pu obtenir du roi qu'il restât tranquille sur la rive droite du Pô, je me serais cru bien en mesure contre l'armée de Bellegarde, et peut-être même aurais-je pu reprendre l'offensive depuis les derniers avantages obtenus ici par votre armée. Mais il sera toujours bien à regretter, sire, que ces Napolitains aient franchi les Apennins pour venir par leur seule présence seconder les entreprises de vos ennemis et corrompre les esprits par des systèmes chimériques. »

« Je reçois la lettre de Votre Altesse Impériale du 26 février. J'ai lu avec attention les détails dans lesquels elle veut bien entrer sur la position des troupes dans son gouvernement. Je n'ai rien à ajouter à ses observations, si ce n'est qu'elle pensera, comme moi, que les troupes qu'elle avait au mont Cenis par l'effet des circonstances pourraient peut-être être rendues disponibles, vu le changement qu'aura dû apporter dans ces circonstances l'entrée des troupes du maréchal Augereau à Genève. Je prie Votre Altesse de n'être pas inquiète si dans tous les cas les places du Piémont ne se trouvaient pas entièrement complétées, l'Armée d'Italie les couvrant ; il suffit d'y avoir une demi-garnison qui serait complétée au moindre mouvement que ferait l'armée sur les Alpes. »

<small>Eugène au prince Borghèse, Volta, 1er mars 1814.</small>

Le prince Félix à Clarke. Gênes, 2 mars 1814.

« Monsieur le duc de Feltre, une dépêche de Son Altesse Impériale le prince vice-roi, en date du 25 du mois dernier et dont je m'empresse de transmettre une copie à Votre Excellence, étant conforme aux dispositions que le prince Camille m'avait annoncées de la part de Sa Majesté, j'ai suspendu la marche des troupes sous mes ordres, et j'ai fait rétrograder sur cette place le 4ᵉ bataillon du 112ᵉ, qui n'était hier qu'à une marche de Gênes[1]. »

Eugène à Clarke. Volta, 2 mars 1814.

« J'ai reçu, monsieur le duc de Feltre, vos quatre lettres en date des 15, 22 et 23 février dernier par lesquelles vous m'informez, etc. (*Vingt lignes sans intérêt.*)

« 4° Que le ministre des relations extérieures vous ayant annoncé de la part de l'Empereur que le roi de Naples a déclaré la guerre à la France, vous me donnez connaissance de cet événement afin de me mettre à portée de donner des ordres que je jugerais nécessaires, pour empêcher toute communication

---

[1] Voici cette dépêche du vice-roi au prince Félix.

« Prince, je reçois la lettre de Votre Altesse Impériale datée de Gênes du 22 février, dans laquelle elle me fait part de son arrivée en cette ville. J'espère qu'avant qu'elle ait mis ses troupes en mouvement pour rétrograder en France, elle aura reçu assez à temps des lettres du prince Camille. Depuis les dernières victoires de l'Empereur, l'intention de Sa Majesté *est qu'on tienne fortement en Italie*. J'engage donc Votre Altesse à s'occuper sans délai de l'organisation des bataillons du 112ᵉ et du 35ᵉ léger, et d'accélérer autant que possible leur instruction, habillement, équipement et armement, en voulant bien me dire sur quoi je puis compter de ces troupes. Votre Altesse pourra facilement compléter tout ce qui manquerait dans les cadres du 35ᵉ léger et du 112ᵉ, en choisissant quelques bons sous-officiers parmi les gendarmes français qui étaient en Toscane. »

avec les troupes et les bâtiments napolitains, qui devront être traités désormais comme ennemis.

« Avant d'avoir reçu votre lettre à ce sujet, plusieurs actes hostiles avaient été commis par les troupes du roi de Naples, notamment le blocus et le bombardement de la citadelle d'Ancône dont il s'en est suivi la capitulation; l'envoi de cette capitulation vous a été fait directement par le général Barbou, qui l'a consentie. »

Eugène à la vice-reine.
Mantoue, 2 mars 1814, au matin.

« J'avais envoyé le général Grenier vers Parme, il avait 18,000 hommes, mais il a marché si lentement, que l'ennemi se retira sans avoir été entamé. Pendant ce temps, je suis resté ici avec un peu de monde devant toute l'armée de Bellegarde, et, ne pouvant pas être partout, il valait mieux rester au poste le plus difficile. »

Porson à Vignolle, Turin, 2 mars 1814.

« Mon général, ensuite des instructions qui avaient été données au général Rouyer, *Pontrémoli*, où les Autrichiens s'étaient établis, au nombre de 300, a été enlevé le 25 février à la pointe du jour, sans que nous eussions eu ni mort ni blessé; nos jeunes conscrits, bien dirigés, sont tombés sur l'ennemi à coups de baïonnettes, lui ont tué des hommes et des chevaux, lui ont pris 41 hussards avec un lieutenant et 20 chevaux, ainsi que 18 soldats du *régiment Peterswaradin*, en tout, 60 prisonniers.

« Son Altesse Impériale le prince Camille a recommandé que l'on achetât, au compte du gouvernement, ces chevaux de hussards pour les donner au dépôt du 19ᵉ de chasseurs qui aurait besoin d'une bonne remonte.

« On nous annonce que le maréchal Augereau, dont le corps d'armée commence à se grossir, se porte vivement en avant; le 13ᵉ de cuirassiers a eu occasion d'exécuter une belle charge auprès de *Mâcon*, le 24 février, qui a d'autant mieux réussi, qu'elle a produit 15,000 prisonniers autrichiens et dix pièces de canon. On ajoute que l'enthousiasme est général en France, et que chacun prend les armes pour coopérer à la destruction de nos implacables ennemis. »

P. S. du 3 mars au matin. — « D'après une dépêche qui arrive à l'instant, par l'estaffette, les troupes venant de Rome et de la Toscane doivent, d'après des ordres de l'Empereur, se rendre à Chambéry; le prince Camille reçoit également l'ordre d'y envoyer une division de 6,000 hommes, avec 12 pièces de canon sur le même point. Ce qui embarrasse Son Altesse Impériale, c'est de savoir où prendre ces 6,000 hommes : le 4ᵉ bataillon du 7ᵉ de ligne qui était en route pour se rendre à Alexandrie, reçoit l'ordre de rétrograder; le prince va également faire partir le 1ᵉʳ bataillon du 62ᵉ qui est à Alexandrie ainsi que le 7ᵉ bataillon du 20ᵉ qui est dans la vallée d'Aoste, que l'on remplacera par des détachements de compagnies départementales. Quant aux 12 pièces de canon qu'il faudrait envoyer à Chambéry, le prince Camille n'ayant pas un cheval d'artillerie, il lui est impossible de faire cet envoi, à moins que Son Altesse Impériale le prince vice-roi voulût bien les détacher de son armée, avec les canonniers nécessaires pour les servir. Veuillez, mon général, soumettre cette demande à Son Altesse Impériale, je vous prie, attendu que le ministre de la guerre en fait vivement pressentir le besoin. »

Clarke à Eugène, Paris, 3 mars 1814.

« J'ai reçu les lettres dont Votre Altesse Impériale m'a honoré sous les dates des 16, 18, 20 et 22 février et j'ai eu soin d'en transmettre le contenu à l'Empereur. Sa Majesté y aura vu plusieurs choses satisfaisantes, mais elle n'a encore rien fait connaître à cet égard. Je dois croire que l'Empereur est disposé à laisser, en ce moment, l'armée d'Italie, dans la position où elle se trouve, et que Sa Majesté se bornera à faire revenir les garnisons de la Toscane et des États romains, comme l'ordre en a été donné. Déjà la garnison de Livourne est repliée sur Gênes d'après les dispositions arrêtées par madame la grande-duchesse, qui devait négocier aussi pour le retour des garnisons de Sienne, et des forts de Florence.

« Quant à l'armée d'Italie, il paraît que les succès remportés par Votre Altesse Impériale, joints à ceux que l'Empereur a obtenus de son côté, lui procureront les moyens de se maintenir dans sa position et d'attendre les événements. »

Eug. à Murat, Borgoforte, 3 mars 1814.

« Sire, Votre Majesté est informée des échecs que vient d'éprouver le corps du général Nugent ; ils sont considérables.

« C'est le moment pour moi de désirer plus vivement que jamais de connaître les intentions définitives de Votre Majesté. Je dois régler mes mouvements en conséquence. Je la supplie donc de me dire ce que j'ai à espérer ou à craindre de son armée.

« Je ne me permettrai point de lui mettre sous les yeux les motifs qu'elle a de se déclarer franchement pour la cause de l'Empereur, je me borne à la prier de vouloir bien, du moins, faire prendre à son armée des positions qui ne gênent point ce que j'ai à entreprendre pour les intérêts qui me sont confiés.

« On a trouvé à Parme un certain nombre de troupes appartenant à Votre Majesté. J'ai ordonné qu'on les traitât bien et qu'on les remît en liberté ; elles ont dû vous être renvoyées le soir même.

« Les trois divisions qui opèrent sur la rive droite du Pô, ont l'ordre de se mettre en communication avec moi par Borgoforte. Je me flatte que Votre Majesté voudra bien n'y mettre aucun empêchement.

« *J'espère* d'elle une réponse favorable. J'ose la *demander précise.* L'éloignement des Autrichiens doit enfin permettre à Votre Majesté d'écouter son intérêt et son cœur et de se montrer ce que, je n'en doute pas, elle n'a point cessé d'être. »

Eugène à Clarke.
Mantoue, 3 mars 1814.

« Monsieur le duc de Feltre, ainsi que je vous en ai informé, j'avais dirigé le lieutenant général Grenier, avec trois brigades d'infanterie et une de cavalerie, pour renforcer la division du général Gratien, qui s'organisait à Plaisance. Cette place se trouvait fortement menacée par le corps du général Nugent, qui avait été porté à 10,000 hommes, et qui avait derrière lui 18 à 20,000 Napolitains qui, d'un moment à l'autre, pouvaient entrer en opération. Je n'avais rien négligé cependant, pour chercher à ramener le roi de Naples en notre faveur. Mais le roi, sans s'engager à rien de positif, m'avait pourtant fait promettre que ses troupes n'agiraient point offensivement contre celles de l'Empereur, jusqu'à ce que Sa Majesté eût répondu à des ouvertures qu'il lui avait faites. Je profitai de ce moment pour utiliser les troupes que j'avais envoyées sur la rive droite du Pô, et j'ordonnai au lieutenant général Grenier, de marcher de suite à l'ennemi et d'attaquer Parme, si celui-ci voulait le défendre ; et je me portai moi-même à Mantoue, en dirigeant quelques bataillons par Borgoforte sur Guastalla, tant pour inquiéter les derrières de l'ennemi que pour contenir les Napolitains qui étaient à Modène et Reggio. Ces opérations ont parfaitement réussi. L'attaque de Parme a eu lieu hier matin ; et cette ville, quoique revêtue de bonnes murailles et bien fermée, a été enlevée aux cris de vive l'Empereur ! Les résultats de cette heureuse journée ont été de 5 à 600 hommes tués ou blessés, à l'ennemi, et près de 2,000 prisonniers, dont 37 officiers, parmi lesquels se trouvent : un colonel, un major et dix capitaines. Nous avons pris en outre 2 pièces de canon attelées avec leurs caissons, et 5 voitures d'outils du génie. Le général Gobert, qui commandait l'arrière-garde ennemie, n'a dû son salut qu'à la vitesse de son cheval.

L'ennemi a laissé plus de 3,000 fusils sur les remparts ou dans les rues de Parme. Nos soldats se sont conduits avec tant d'ardeur et d'impétuosité, que nous n'avons eu que 30 hommes tués et 200 blessés. Cette journée fait beaucoup d'honneur au lieutenant général Grenier, aux généraux de brigades français, Jeanin, Schmitz, le général de brigade italien Rambourg, le colonel Broussier du 9° de ligne. Je les recommande aux bontés de Sa Majesté. Je vous prie, monsieur le duc, de mettre sous les yeux de l'Empereur cette nouvelle preuve des efforts que son armée d'Italie fait et fera toujours pour se rendre digne de ses bontés.

« *P. S.* Une soixantaine de soldats napolitains s'étant trouvés parmi les prisonniers faits dans la ville de Parme, j'ai ordonné qu'ils fussent envoyés au roi; étant bien aise de lui faire sentir la différence de nos procédés avec ceux dont il a usé envers la garnison d'Ancône, qu'il a obligée à capituler en la renvoyant sans armes, prisonnière sur parole. »

Porson à Vignolle, Turin, 3 mars 1814.

« Mon général, le prince gouverneur ayant reçu une nouvelle demande du ministre de la guerre, pour qu'une division de 8,000 hommes soit envoyée de suite à Chambéry, pour être aux ordres du général comte Marchand, Son Altesse Impériale, ainsi que j'ai eu l'honneur de vous en informer par ma lettre de ce matin, 3 mars, vient d'ordonner au général de division Vedel, de partir pour cette destination, avec le 7° bataillon du 20° de ligne, le 1er bataillon du 62°, 4° du 7° de ligne et le 3° du 156°; auxquels on joindra une compagnie d'artillerie du 4ᵉ régiment à pied et une compagnie de sapeurs formant un total d'environ 3,200 hommes, en y comprenant, toutefois, la valeur d'un bataillon de la garnison du mont Cenis qui, étant dans la Savoie, a été emmené par le général Dessaix. Pour compléter cette division, ainsi que le ministre de la guerre le désirerait, il aurait fallu tirer tout ce qui peut être disponible à Gênes et rappeler les 3 bataillons qui ont été envoyés à Plaisance, pour renforcer la division Gratien; mais Son Altesse Impériale, qui apprécie trop la nécessité de ces troupes où elles se trouvent maintenant, n'a pas cru devoir prendre sur elle d'en disposer, à moins d'un ordre formel de Son Altesse Impérial le prince vice-roi, ou de l'Empereur.

« D'ailleurs, pour retirer les troupes de la 28ᵉ division militaire, il faudrait être assuré du bon esprit des habitants et ne rien avoir à craindre des mouvements de l'ennemi; il y a une telle agitation dans ce pays, que des partis de brigands de 10, 15 et 20 individus bien armés, arrêtent tout le monde jusque près des portes de Gênes : tels sont les rapports que le prince reçoit journellement du général Frésia ou des agents de police.

« Après le départ de ces quatre bataillons, le prince Camille ne pourra pas disposer d'un seul homme, les garnisons ne se composent plus que des dépôts, dans lesquels il n'y a guère que les cadres en état de faire le coup de fusil.

« Le prince Camille, présumant avec raison que Son Altesse Impériale le prince vice-roi ne serait pas en position de se désister de 12 bouches à feu pour Chambéry, va faire prendre tous les chevaux et mulets, ainsi que les hommes, pour les conduire dans le 9ᵉ bataillon du train d'artillerie et organiser ainsi une batterie proportionnée à nos moyens; le prince est obligé d'attacher à cette artillerie la 28ᵉ compagnie du 4ᵉ à pied, ainsi qu'une compagnie de sapeurs du 1ᵉʳ bataillon qui devaient se rendre à l'armée du prince vice-roi, en sorte que ce sera une réduction dans ce que je vous avais annoncé, et que Son Altesse Impériale ne peut plus compter que sur deux compagnies d'artillerie, deux de sapeurs, avec un détachement de 60 hommes, pour compléter la 8ᵉ compagnie du 3ᵉ bataillon.

« L'adjudant commandant M....., étant arrivé à Gênes, par suite des ordres du ministre de la guerre du royaume d'Italie, sans que vous l'eussiez annoncé, on ignore absolument l'objet de sa mission. D'après le dire du général de division Fresia, le temps n'est plus le même que celui où il eut quelque influence sur l'esprit des habitants; il paraîtrait même, d'après ce que m'en a écrit le général Montchoisy, que cet officier supérieur ne serait pas l'homme qu'il faudrait aujourd'hui, quoique la lettre qu'il m'a écrite à son sujet me paraisse pleine de préventions. J'ai cru devoir vous l'adresser pour que vous voulussiez bien la communiquer à Son Altesse Impériale le prince vice-roi, si vous croyez que cela mérite son attention. »

Eugène à Clarke.

« Monsieur le duc de Feltre, ne sachant point

quel parti pourraient prendre les troupes autrichiennes qui s'étaient retirées sur Reggio, et dont les Napolitains avaient suivi le mouvement, je me suis porté ce matin à Guastalla avec huit bataillons, de l'artillerie et de la cavalerie, afin de pouvoir prendre l'ennemi en flanc, dans le cas où il aurait voulu résister au général Grenier. Mais, en arrivant ici, j'ai appris que l'avant-garde du général Grenier était entrée hier, dans l'après-midi, à Reggio, que l'ennemi avait évacué pendant la nuit et dans la matinée. On n'a trouvé dans cette ville qu'un peloton d'une soixantaine de hussards du régiment de Radeski, lesquels ont été sabrés ou pris par les chasseurs du 1ᵉʳ italien. Ainsi ma communication se trouve établie avec Reggio. Je vais faire repasser sur la rive gauche du Pô une partie des troupes qui se trouvaient détachées sur la droite, afin de me trouver en mesure sur le Mincio.

Guastalla, 4 mars 1814.

« Je vous informe avec plaisir qu'on a encore ramené hier à Parme, 4 à 500 prisonniers en sus du nombre que je vous ai annoncé. »

« Monseigneur, en conformité des ordres de l'Empereur, j'ai l'honneur de prévenir Votre Altesse Impériale, que Sa Majesté a résolu de faire venir sur Chambéry toutes les troupes qu'il sera possible de retirer des 27ᵉ et 28ᵉ divisions militaires, en ne conservant que 7 à 8,000 hommes pour les citadelles de Turin et d'Alexandrie. Cet ordre a déjà été adressé et réitéré plusieurs fois à Son Altesse le prince Borghèse, qui doit être, en ce moment, occupé de son

Clarke à Eugène, Paris, 4 mars 1814.

exécution ; mais l'Empereur, en le renouvelant encore, vient d'y ajouter que je devais également écrire à Votre Altesse Impériale pour lui recommander de faire venir aussi sur Chambéry tout ce qu'il sera possible de retirer de troupes; je pense que la position actuelle de l'armée d'Italie, telle qu'elle est présentée par la dépêche de Votre Altesse, du 22 février, a engagé l'Empereur à croire qu'on pourrait, sans inconvénient, en retirer quelques troupes pour les faire marcher sur Chambéry. Comme Sa Majesté ne prescrit rien de plus à cet égard, je puis croire qu'elle laisse à Votre Altesse toute la latitude nécessaire pour l'exécution de cette mesure. C'est à elle, en effet, de juger s'il lui serait possible, sans risquer de trop graves inconvénients, d'envoyer quelques troupes soit de la division de réserve, soit de l'armée même sur Turin et Chambéry. Ce dernier point est devenu d'une importance extrême, comme réunion d'une partie des forces que M. le duc de Castiglione a l'ordre de porter sur la gauche et sur les derrières de l'ennemi. Déjà le maréchal est en opération, et a dirigé ses troupes sur Genève contre le général autrichien Bubna ; la division partie de Chambéry sous les généraux Marchand et Dessaix, avait, le 28 février, ses avant-postes à 4 lieues de Genève; mais, les Autrichiens s'étant réunis de ce côté-là, le général Marchand n'est pas assez fort pour leur tenir tête, et il attend l'arrivée des troupes que le duc de Castiglione a dirigées sur le pays de Vaux, pour agir de concert. Il est à présumer que le général Bubna, s'il est forcé de se retirer, se dirigera sur le Valais, en longeant la partie méridionale du lac de Genève, et il est à regretter, aujourd'hui, que les forces demandées depuis quelques jours au prince Borghèse ne puissent arriver assez promptement pour renforcer le général Marchand, pendant qu'il est encore en présence des Autrichiens. Quoi qu'il en soit, Votre Altesse Impériale jugera facilement de l'importance que l'Empereur attache à la diversion qu'il a prescrite au maréchal duc de Castiglione. Sa Majesté en attend les plus grands résultats, par l'influence qu'elle doit avoir sur ses propres opérations, et désire vivement rendre cette diversion toujours plus active et plus puissante, ce qui nécessite une augmentation de forces. J'engage donc Votre Altesse Impériale à faire, en cette circonstance, tout ce qui sera en son pouvoir pour répondre aux intentions de l'Empereur, et à concourir ainsi à l'importante opération que Sa Majesté a ordonnée; son succès peut avoir les plus grands résultats, et contribuer efficacement au salut de la France, qu'on ne peut plus attendre que du concours de toutes les volontés, de tous les moyens et de tous les efforts[1]. »

« Ma bonne Auguste, il est 9 heures du soir, et je

Eugène à la vice-reine. Mantoue, 4 mars 1814.

[1] Il était trop tard; le prince Eugène n'était nullement en mesure de faire le moindre détachement, ayant à combattre les Napolitains à sa droite, à contenir les Autrichiens sur son front et à défendre les débouchés du Tyrol sur sa gauche. D'ailleurs la désertion faisait de nouveaux progrès parmi les soldats italiens de son armée. Cette armée diminuait de jour en jour, sans qu'il fût permis au prince de compter sur aucun renfort.

rentre ici bien fatigué d'une course que j'ai faite aujourd'hui à Guastalla par un temps épouvantable. Je craignais que les Napolitains n'attaquassent Grenier à Parme, et je me portais avec 6,000 hommes sur leurs derrières; mais ils ont évacué Reggio et nous y sommes entrés hier soir. .Cette nuit même je retournerai à Volta, pour me trouver en mesure s'il prenait la fantaisie à Bellegarde d'attaquer notre ligne du Mincio, surtout me croyant absent. J'ai trouvé ici ta lettre d'hier....... je vais me coucher, car je suis trempé, pourtant encore deux mots : Lavalette m'écrit du 26, ces propres paroles : « Il « est probable que je vous annoncerai demain un « armistice et après demain la paix. » N'en parle pourtant pas encore, mais donne cette nouvelle de ma part au duc de Lodi.

Eugène à la vice-reine. Volta, 6 mars 1814.

« Deux mots seulement, ma bonne Auguste, car Bataille revient des avant-postes ou je l'avais envoyé porter la lettre à l'empereur d'Autriche pour qu'elle fût remise sûrement, et j'ai beaucoup à causer avec lui. Je suis monté à cheval aujourd'hui comme à mon ordinaire, et croirais-tu que j'ai trouvé des violettes, je te les envoie ; elles me rappellent l'heureux temps où nous les cueillions ensemble. Patience, il reviendra bientôt. »

Eugène à la vice-reine. Volta, 7 mars 1814, au soir.

« J'ai reçu, ma bonne Auguste ta lettre d'hier et je m'empresse d'y répondre. Il n'y a aucun doute que tu peux écrire à ton père sur ce que tu ne pourras rester en Italie, mais rassure-le pourtant, et dis-lui que nous espérons toujours ne pas en être réduits-là, surtout si la guerre finit promptement. Tu peux aussi lui parler de la lettre de l'empereur d'Autriche, cela le tranquillisera; le général autrichien Neüperg a très-bien reçu Bataille, il paraît qu'ils espèrent aussi que cela finira bientôt, et qu'ils ne pensent pas devoir avancer davantage. Il n'y a que ce maudit roi de Naples qui me donnera toujours des inquiétudes, aussi je vais me fixer pour quelques jours à Mantoue pour être plus au centre. Adieu, ma chère Auguste, espérons toujours que cela finira bientôt ; je ne crois pas que cela puisse jamais mal finir pour nous puisque nous nous aimons.

« Ne va pas croire que, quand l'armistice arrivera, je pourrai de suite quitter l'armée. Il faudra que Bellegarde en soit informé de son côté officiellement, et cela ne sera guère que 3 à 4 jours après moi, adieu, adieu. »

Eugène au roi de Naples. Volta, 7 mars 1814.

« J'ai reçu la lettre de Votre Majesté, en date du 5 mars; Votre Majesté paraît se référer toujours à son chef d'état-major.

« Ce serait donc au moment où toutes les puissannces vont poser les armes, où la paix se signe entre l'Empereur et tous les alliés, que Votre Majesté voudrait elle-même se déclarer et commencer *effectivement* les hostilités. Votre Majesté me rappelle que les hostilités ont été déclarées parce que le général Barbou a tiré le canon à Ancône contre ses troupes. Il m'eût été douloureux, à cause d'elle, de rappeler ce fait, car qui occupait la place d'Ancône ?

qui obligeait les troupes françaises et italiennes qui se trouvaient dans la citadelle, à capituler? Ne sont-ce donc pas les troupes de Votre Majesté qui ont contraint les nôtres à se porter à l'extrémité de devoir se défendre, puisqu'elles étaient par le fait même attaquées? J'oserai espérer que Votre Majesté rendra justice à nos sentiments en voyant tout le regret que j'éprouverais en engageant nos troupes, et consentira à accorder une ligne que nos postes prendraient, et que l'on ne pourrait point passer sans s'en prévenir 4 ou 5 jours d'avance. Cette condescendance de sa part est d'autant plus facile, qu'elle ne change en rien l'état de guerre dans lequel Votre Majesté veut absolument se mettre avec nous. Elle me sortirait moi-même d'une position bien pénible, celle d'être toujours au moment de tirer le canon contre les troupes d'un souverain que j'ai toujours regardé et que je veux encore regarder comme l'ami de l'Empereur. »

Eugène au prince Borghèse. Mantoue, 8 mars 1814.

« J'ai reçu la lettre que Votre Altesse Impériale m'a écrite le 4 de ce mois, et par laquelle elle demande que je dirige de suite sur Chambéry les 3 bataillons de la division Vedel qui avaient été envoyés à Plaisance. Je m'empresse de l'informer que, dans la dernière opération qui a eu lieu sur la droite du Pô, contre le corps du général Nugent, ces bataillons avaient suivi le mouvement des divisions sur Parme et Reggio. Après le succès de cette opération, la nécessité où j'étais de renforcer ma ligne du Mincio, qui n'avait pu être que momentanément dégarnie, m'avait fait rappeler le général Grenier et j'avais laissé le général Sévéroli à Reggio, et le général Gratien, à Parme. Mais hier matin, le général Sévéroli a été fortement attaqué à Reggio par deux divisions napolitaines et une brigade autrichienne, et, quoique nous occupassions encore Parme aujourd'hui à midi, l'ennemi pourrait avoir des projets plus sérieux.

« Il est donc de toute impossibilité que je déplace pour le moment les 3 bataillons dont il s'agit, puisqu'ils se trouvent en ligne. Je promets toutefois à Votre Altesse de les diriger sur Alexandrie, dès que les troupes au delà du Pô se seraient repliées sur Plaisance. Mais, dans ce cas-là même, Votre Altesse jugerait sans doute convenable de les arrêter quelque temps à Alexandrie, c'est-à-dire jusqu'à ce que les intentions du roi de Naples soient connues, car Votre Altesse sentira, comme moi, qu'il est bien important de ne pas laisser cette place entièrement dégarnie et exposée à un coup de main. »

« Monsieur le duc de Feltre, il était permis d'espérer, d'après les victoires remportées par Sa Majesté, et la bonne situation où l'armée se trouvait, d'après les avantages qu'elle avait obtenus sur l'armée autrichienne, que le roi de Naples, qui m'avait fait verbalement promettre de ne rien entreprendre contre les troupes de l'Empereur, ne se déciderait à aucune attaque. Cependant, entraîné par les promesses que l'ennemi lui a faites d'une augmentation de puissance et de territoire, il se mit le 6 à la tête de son

Eugène à Clarke. Mantoue, 9 mars 1814.

armée, et le 7, à 9 heures du matin, il attaqua le corps d'observation que j'avais échelonné sur la rive droite du Pô, depuis Reggio jusqu'à Taro. Le premier échelon ne voulut point se retirer sans avoir fait quelque résistance, et, quoiqu'à peine fort de 2,500 hommes, il soutint pendant toute la journée, le feu de l'armée napolitaine qui était formée sur plusieurs lignes devant Reggio, mais qui n'osait pas aborder nos troupes. Nous n'avons eu pendant cette affaire que 250 hommes hors de combat, mais nous avons à regretter le général Sévéroli qui les commandait, et qui a eu une jambe emportée par un boulet. A la nuit, nos troupes se sont retirées d'abord sur l'Enza, et, hier au soir 8, elles ont pris la position qui leur avait été ordonnée sur le Taro. Avant de faire faire aucun nouveau mouvement à l'armée, je veux voir quelles peuvent être les intentions du roi. S'il passe le Taro avec son armée, je me porterai promptement à Plaisance, avec assez de monde pour pouvoir le repousser.

« Il n'y a d'ailleurs rien de nouveau sur la ligne du Mincio. »

Eugène à la vice-reine.
Mantoue, 9 mars 1814.

« Ma bonne Auguste, *le roi de Naples a enfin levé le masque*[1]. Il nous a attaqués hier matin à Reggio avec 18 à 20,000 hommes; je n'y avais pas 3,000 hommes, et on a tenu toute la journée; le général Sévéroli y a eu la jambe emportée et nous y avons perdu 250 à 300 hommes. Nos troupes se sont

---

[1] Il venait enfin de recevoir la ratification de son traité et fut probablement obligé de la payer par une démarche décisive.

repliées sur Parme et ont pris en arrière la position du Taro ; cela me fera faire un second mouvement sur Plaisance, surtout si le roi de Naples continue à s'avancer. Le général ***, que j'ai laissé sur le Mincio, a une peur de tous les diables depuis que je n'y suis plus.

« Je t'engage, ma bonne amie, à continuer tes préparatifs, et demain ou après-demain je t'enverrai Triaire ; tout cela dépendra, du reste, des nouvelles et des événements ! »

« Monsieur le duc de Feltre, je reçois votre lettre du 4 mars, dans laquelle vous m'informez que l'intention de l'Empereur est que toutes les troupes disponibles dans les 27ᵉ et 28ᵉ divisions se rendent à Chambéry. Le prince Camille m'avait déjà informé de ces dispositions, de l'exécution desquelles il s'occupait. Il m'avait même redemandé plusieurs bataillons qui étaient déjà en ligne vers Parme et Reggio, mais que je n'ai pas pu lui envoyer sur-le-champ, à cause des derniers événements du roi de Naples. Vous aurez vu, par ma dernière, que le roi avait attaqué nos postes à Reggio. Toutes nos troupes, suivant l'ordre qu'elles en avaient reçu, après avoir soutenu avec avantage les premières attaques de l'armée napolitaine, ont pris la position du Taro. Le roi, jusqu'à présent, paraît toujours n'occuper que Reggio et Parme, ayant ses principales forces dans la première ville. Les premiers coups de canon ayant été tirés, il n'y a plus aujourd'hui de doute sur la conduite que veut tenir le roi. Mais ses troupes sont

Eugène à Clarke.
Mantoue, 10 mars 1814.

bien peu aguerries; et, s'il faisait la faute de s'engager trop sur Plaisance, je m'y porterais avec rapidité en trois marches pour le combattre, tandis que 6 ou 8 bataillons de la garnison de Mantoue déboucheraient par Borgoforte sur ses derrières. Mais tout me porte à croire qu'il ne s'engagera point au delà du Taro.

« J'avais depuis plusieurs jours fait courir le bruit que j'allais attaquer le maréchal Bellegarde. Je m'étais porté à Mantoue pour assurer davantage ce bruit en lui faisant croire que nous allions déboucher de cette ville sur sa gauche. Dès avant-hier, nous aperçûmes de grands mouvements dans l'armée ennemie. Les reconnaissances que j'avais ordonnées sur toute la ligne sortirent hier à la pointe du jour. On repoussa le premier rideau de postes, et nos troupes s'avancèrent assez pour occuper Roverbella et Castellano, sur les routes de Venise et de Legnago. Devant Monzambano, on trouva l'ennemi un peu plus en force, ainsi que devant Peschiera. Il paraît donc positif que le maréchal Bellegarde avait fait faire à son armée un changement de front en arrière sur sa droite, espérant me livrer bataille, dans la position la plus avantageuse pour lui, et s'appuyant aux montagnes. Il en sera quitte pour avoir fait pendant 5 jours manœuvrer son armée par le mauvais temps qu'il fait, car nos troupes sont restées dans leurs mêmes positions, sauf les reconnaissances des divers points qui ont suivi l'ennemi. Nous avons fait une centaine de prisonniers dont 8 officiers, on a tué ou blessé à l'ennemi un égal nombre d'hommes, nous n'avons eu qu'une soixantaine d'hommes hors de combat. Le chef de bataillon Vassali, du 3ᵉ léger italien, a été tué. Je continuerai à vous tenir informé de la suite des événements. »

« Sois tranquille, ma bonne Auguste, je t'annonce en toute hâte que Bellegarde se retire de devant moi. J'ai déjà des troupes entrées à Castellano. Je pense pourtant qu'il a seulement craint que je ne l'attaque ce matin ; j'en avais fait courir le bruit. Le roi de Naples était encore hier à Reggio; ainsi je suis aussi tranquille sur ce point, j'espère pouvoir faire agir des troupes sur lui, surtout s'il s'avance davantage. »

<small>Eugène à la vice-reine. Mantoue, 10 mars 1814.</small>

« Mon fils, je vous envoie copie d'une lettre fort extraordinaire que je reçois du roi de Naples. — Lorsqu'on m'assassine, moi et la France, de pareils sentiments sont vraiment inconcevables. Je reçois également la lettre que vous m'écrivez avec le projet de traité que le roi vous a envoyé. Vous sentez que cette idée est une folie. Cependant envoyez un agent auprès de ce traître extraordinaire, et faites avec lui un traité en mon nom. Ne touchez au Piémont ni à Gênes, et partagez le reste de l'Italie en deux royaumes. Que ce traité reste secret, jusqu'à ce qu'on ait chassé les Autrichiens du pays, et que 24 heures après sa signature le roi se déclare et tombe sur les Autrichiens. Vous pouvez tout faire dans ce sens, rien ne doit être épargné dans la situation actuelle, pour ajouter à nos efforts les efforts des Napolitains. On fera ensuite ce qu'on *voudra ;* car, après une pareille ingratitude et dans de telles circonstances,

<small>Nap. à Eug. Soissons, 12 mars 1814.</small>

rien ne lie. Voulant l'embarrasser, j'ai donné ordre que le pape fût envoyé, par Plaisance et Parme, aux avant-postes. J'ai fait savoir au pape, qu'ayant demandé comme évêque de Rome à retourner dans son diocèse, je le lui ai permis. Ayez donc soin de ne vous engager à rien, relativement au pape, soit à le reconnaître, comme à ne pas le reconnaître. »

<small>J. Murat à Napoléon. (Sans date.)</small>
« Sire, Votre Majesté court des dangers ; la France est menacée jusque dans *sa capitale ;* et je ne puis défendre ni l'un ni l'autre, je ne puis mourir pour vous ! et l'ami le plus affectionné de Votre Majesté est en apparence son ennemi ! Sire, dites un mot, et je sacrifie ma famille, mes sujets ; je me perdrai, mais je vous aurai servi, je vous aurai prouvé que toujours je fus votre meilleur ami. Je ne demande dans ce moment autre chose, pourvu que le vice-roi vous fasse connaître ma conduite... Les larmes qui remplissent mes yeux m'empêchent de continuer ma lettre. Je suis ici seul au milieu d'étrangers ; je dois cacher jusqu'à mes larmes ; cette lettre vous rend entièrement, sire, le maître de mon sort. Ma vie est à vous. Aussi bien avais-je fait le serment de *mourir* pour Votre Majesté ; si vous me voyiez et si vous pouviez vous faire une idée de ce que je souffre depuis deux mois, vous auriez pitié de moi. Aimez-moi toujours. Jamais je ne fus plus digne de votre tendresse ; jusqu'à la mort, votre ami. »

<small>Eugène à la vice-reine. Mantoue, 12 mars 1814.</small>
« Les nouvelles, sans être très-satisfaisantes, nous permettent pourtant d'espérer bientôt la fin de tout ceci. L'Empereur se rendra, j'espère, à l'évidence

qu'il est impossible de soutenir davantage une lutte aussi disproportionnée. D'ici rien de nouveau ; le roi de Naples n'a plus avancé, et Bellegarde s'est au contraire rapproché de Vérone où il est lui-même établi. Si le temps n'était pas si mauvais et les petites routes impraticables, j'aurais déjà marché sur le roi. Mais cela est impossible dans ce moment. Espérons qu'il n'aura rien gagné à attendre. Adieu, ma bonne Auguste... il me tarde bien de vous serrer tous contre mon cœur. »

« J'ai l'honneur d'adresser à Votre Majesté copie de la dernière lettre que j'ai reçue du roi de Naples après l'attaque qu'il a si opinément dirigée contre nos troupes à Reggio. Il serait facile de répondre à chaque phrase de cette lettre, et d'en réfuter victorieusement toutes les assertions. Mais ce n'est pas une guerre de plume que nous aurons désormais à faire avec lui. J'ai donc laissé sa lettre sans réponse ; et j'ai rompu jusqu'à de nouvelles circonstances les communications que j'avais continuées d'avoir avec lui, dans l'espoir qu'elles seraient utiles aux intérêts de Votre Majesté. »

Eug. à Nap. Mantoue, 13 mars 1814.

« Mon cher général, d'après des avis que j'ai reçus et qui paraissent fondés, une attaque à la Spezia et dans les environs de Gênes pourrait être faite simultanément par les Anglais.

« Il n'existe dans le département des Apennins que 1,800 hommes pour la défense du littoral et de divers passages des montagnes ; tandis que pour le

Porson à Vignolle. Gênes, 13 mars 1814.

point du golfe de la Spezia seul, il faudrait au moins ce nombre de troupes.

« Si un débarquement était effectué entre Gênes et la Spezia, par exemple au golfe de Rapallo, assez étendu, et dont les extrémités seules sont défendues par des batteries, la retraite des troupes de la Spezia se trouverait compromise, et l'inconvénient majeur qui en résulterait serait d'en être privé pour la place de Gênes, dont la garnison est actuellement insuffisante à soutenir même un premier choc de l'ennemi, et pour s'opposer au débarquement qu'il pourrait vouloir faire auprès de la place, soit entre Gênes et Savone, soit entre Gênes et Portofino.

« Dans cet état de choses, faut-il toujours s'occuper de la défense du golfe de la Spezia, ou, en concentrant les forces du côté de Gênes, qui est le point le plus important de la Ligurie, borner la défense des côtes de l'est au golfe de Rapallo en occupant la ligne de Sestri, qui a en arrière d'elle et à l'autre extrémité du golfe la position du contre-fort de Portofino ?

« Si on veut se soutenir à la Spezia, il faut nécessairement une augmentation de forces dans le département des Apennins qu'on ne peut évaluer à moins de 1,200 hommes.

« Il m'est indispensable d'avoir sur cette question importante une décision de Son Altesse Impériale, dont la solution négative relativement à la Spezia nécessiterait préalablement l'évacuation des objets les plus précieux, tels que les bouches à feu en bronze, poudres et munitions confectionnées, et si le temps le permettait, l'évacuation entière et successive de tout ce qui s'y trouve.

« Dans le cas où après y avoir été autorisé secrètement, les opérations simultanées de l'ennemi, que l'on suppose et qu'on a un motif de craindre, décideraient à abandonner la ligne de défense de la Spezia pour la porter en arrière, ainsi qu'il a été dit cidessus, devrait-on toujours occuper le fort de Sainte-Marie qui dans son état actuel n'est considéré que comme une forte redoute fermée, dont l'occupation seule et prolongée ne pourrait être avantageuse que dans le cas où l'on pourrait bientôt reprendre la position abandonnée ?

« Je dois faire observer que l'évacuation préalable des objets les plus précieux n'aurait aucun inconvénient dans l'esprit public et ne serait point dans le cas de faire rien préjuger sur l'évacuation définitive des troupes, parce que depuis quelque temps on est occupé à retirer de la Spezia plusieurs effets d'artillerie, entre autres 35 bouches à feu, d'après les autorisations que le prince a données.

« Mais, quel que soit le parti qui sera pris à l'égard de la défense de la Spezia, il est un objet qui ne peut souffrir le moindre délai, c'est de faire retirer les forçats qui se trouvent au lazaret et qui y sont d'une charge inutile au gouvernement, outre que leur présence emploie pour leur garde des troupes dont on se trouverait privé pour la défense dans le cas que l'ennemi viendrait à forcer ce point. La liberté, que les ennemis ne manqueraient pas de leur donner, aurait pour nous des suites affreuses et incalculables.

632 forçats déterminés, joints à tous les brigands qui nous environnent, ne pourraient, en augmentant le nombre de ces scélérats d'une manière effrayante, qu'assurer leur impunité et nous causer des maux incalculables.

« La certitude d'un débarquement de 10,000 hommes fait par les Anglais à Livourne et la probabilité de l'arrivée prochaine sur ce point, ou sur le littoral ligurien, d'un nombre d'hommes plus considérable qu'ils attendent de Palerme, de Mahon et de la Catalogne, doit actuellement faire porter toute l'attention du gouvernement sur la place de Gênes, dont la conservation est non-seulement importante par elle-même et par rapport à la Ligurie, mais comme absolument nécessaire à la sûreté du Piémont et par suite à celle de l'armée. Il n'y a actuellement à Gênes que 2,000 hommes de troupes.

« Les circonstances actuelles, que les rapports successifs confirment, exigent impérieusement que cette garnison soit augmentée le plus tôt possible de 6,000 hommes pour le service journalier de la place et s'opposer aux premières tentatives de l'ennemi, en attendant l'arrivée des troupes nécessaires pour soutenir un siége ou un blocus.

« Veuillez, je vous prie, mettre cette lettre sous les yeux de Son Altesse Impériale le prince gouverneur, et je pense qu'il serait à propos de se concerter avec le prince vice-roi, qui a le commandement suprême de l'armée, dont l'extrême droite doit s'appuyer sur la place de Gênes.

« Quant aux forçats, il me paraît qu'on pourrait en

placer une partie sur la gabarre ou sur quelque vieux bâtiment qui pourrait se trouver dans le port. Enfin il me paraît de toute nécessité de les ôter du lazaret de la Spezia.

« Je ne dois pas omettre de vous dire qu'on ne peut nullement compter sur les canonniers gardes-côtes et que par conséquent nous ne serons pas bien protégés par les feux des batteries où ils sont placés. »

Clarke à Eugène. Paris, 15 mars 1814.

« Monseigneur, j'ai reçu la lettre que Votre Altesse Impériale m'a fait l'honneur de m'écrire en m'envoyant copie de celle qu'elle a adressée à l'Empereur le 18 février dernier [1].

« J'aurais déjà remercié Votre Altesse de la communication confidentielle qu'elle a daigné me faire, si au milieu de l'extrême multiplicité de mes occupations, je n'avais été assez fortement indisposé, pour ne pouvoir même encore aujourd'hui écrire de ma main à Votre Altesse Impériale, et lui exprimer ma reconnaissance de cette marque de sa confiance. J'ai lu avec le plus grand intérêt la lettre de Votre Altesse Impériale à l'Empereur, et j'ai été frappé à la fois et de la justesse de son raisonnement et de la noble loyauté des sentiments dont Votre Altesse Impériale n'a cessé de donner des preuves dans toutes les circonstances.

« Je vous supplie, monseigneur, d'agréer mes re-

---

[1] La lettre dans laquelle Eugène donne à l'Empereur une longue explication motivée de la conduite qu'il a tenue.

mercîments et l'hommage de mon respectueux attachement. »

Eugène à la vice-reine. Mantoue, 16 mars 1814.

« Les dernières lettres de Paris nous donnent quelque espoir de paix, ma bonne Auguste, et on m'assure que tout devait être terminé le 18. Espérons qu'avant le 1ᵉʳ avril notre sort sera entièrement décidé, car tu ne pourrais attendre plus longtemps à te fixer au lieu définitif de tes couches, et si alors tu peux réellement voyager, nous choisirons une petite ville du midi de la France; mais cela dans le cas où rien ne finirait, ce qui n'est pas possible. Ici nous sommes tranquilles; je compte pourtant après-demain faire ma tournée générale sur la ligne; je passais mes soirées assez tristement à jouer au piquet avec Grenier; je viens d'imaginer d'aller au théâtre et d'y faire ma partie pendant l'opéra; de sorte que cela distrait un peu plus, et comme le théâtre touche au palais, c'est fort commode. Nous avons eu hier matin une petite affaire sur le lac de Garda; notre flottille a eu l'avantage. »

Eugène à la vice-reine. Mantoue, 17 mars 1814.

« Comme il est possible, ma bonne Auguste, que je ne puisse t'écrire demain, je prends l'avance dès aujourd'hui, car je compte faire une bonne tournée, qui, vraisemblablement, durera toute la journée. Quelques rapports arrivés ici ce matin veulent me faire croire que l'ennemi se reporterait de nouveau sur le Mincio. Je n'en suis pas encore bien persuadé. »

« Mon général, j'ai l'honneur de vous adresser copie d'une lettre que je viens de recevoir du général Fresia, pour que, selon le désir du prince Camille, vous voulussiez bien la mettre sous les yeux de Son Altesse Impériale le prince vice-roi. Le général, craignant que l'ennemi ne vînt à s'emparer du golfe de Rapallo, désirerait que l'on évacuât celui de la Spezia, afin que les troupes qui l'occupent et qui gardent la route de Pise à Sarzane, ne fussent pas compromises. Mais le prince Camille lui a fait observer que ces détachements, avec celui qui se trouve à Pontremoli, couvrant la droite de la division qui est en position sur le Taro, y sont nécessaires et que dans la supposition même que l'ennemi parviendrait à s'emparer de Rapallo, ils pourraient se replier en bon ordre sur Borgo-San-Donino, de là à Plaisance, et se rabattre par Bobbio à Gênes.

Porson à Vignolle. Turin, 19 mars 1814.

« D'ailleurs, c'est qu'en évacuant le golfe de la Spezia sans coup férir, l'ennemi, en y entrant paisiblement, aurait bientôt envahi tout le département des Apennins, pour marcher sur Gênes; aussi le prince Camille a-t-il ordonné au général Fresia de laisser 200 hommes, commandés par un officier intelligent, sur ces différents points, d'enlever le surplus de l'artillerie et des munitions confectionnées des batteries de la Spezia, d'en retirer les forçats pour les mettre dans la darse à Gênes et sur des pontons, faute de locaux pour les contenir, disposition qui a été sollicitée tant et tant de fois auprès du ministre de la guerre et pour laquelle Son Altesse Impériale n'a reçu que des promesses vagues que le ministère de la marine devait s'en occuper.

« Ce que Son Altesse Impériale a le plus recommandé au général de division Fresia, c'est de réunir à Rapallo la majeure partie des troupes sous les ordres du général Rouyer pour en former une bonne réserve prête à se porter sur le vrai point d'attaque et servir d'appui aux détachements formant les avant-postes et qui sont placés sur les parties de la côte qui offrent des accès faciles.

« Quant à l'augmentation de force que réclame le général de division Fresia, le prince Camille, ainsi qu'il le lui a dit déjà tant de fois, est hors d'état de lui envoyer une seule compagnie, depuis le départ du général Védel.

« Si ces dispositions ne répondaient pas aux vues de Son Altesse Impériale le prince vice-roi, le prince Camille vous inviterait à me faire connaître ses intentions, pour que Son Altesse Impériale pût donner des ordres au général de division Fresia de s'y conformer de suite. »

Eugène à la vice-reine. Mantoue, 20 mars 1814.

« Le roi de Naples est très-mal avec les Anglais, pas trop bien avec les Autrichiens ; cela ne peut pas durer ainsi.

« On dit qu'il ne dort plus. La différence qu'il y a avec moi, c'est que je dors très-bien. »

Eug. à Nap. Mantoue, 22 mars 1814.

« Sire, il a été arrêté à nos avant-postes un agent du roi de Naples, se disant chargé d'une mission du roi. Il m'a été envoyé et j'ai vérifié que sa mission avait pour objet d'aller au-devant d'un autre agent secret *envoyé par Votre Majesté au roi de Naples*, et de lui remettre un sauf-conduit pour se rendre au quartier général du roi ; mais l'agent de Votre Majesté, qu'il s'agissait de recevoir, et qui n'était autre que M. Laporetti, s'était déjà dirigé par un autre point ; l'agent du roi de Naples était, en outre, chargé de remettre une lettre au duc d'Otrante ; mais je n'ai point jugé convenable de le laisser pénétrer pour ce seul objet à l'intérieur, d'autant que j'étais moi-même incertain du point où il pourrait atteindre le duc. Je lui ai donc fait repasser la ligne en ne gardant que la lettre adressée au duc d'Otrante. J'ai l'honneur d'envoyer à Votre Majesté cette lettre qui ne contient, du reste, rien de bien intéressant. »

Murat au duc d'Otrante. Reggio, 18 mars 1814.

« Mon cher duc, j'ai reçu le 13 votre lettre du 7 mars. Quel bonheur elle m'a fait éprouver ! Vous le concevrez, vous qui vîtes mon âme si brisée de douleur. L'espérance renaît dans mon cœur. Puissé-je bientôt pouvoir paraître ce que je suis, ce que je serai toujours !

« J'attends avec la dernière impatience la personne que vous m'avez annoncée ; je vous adresse des passe-ports pour elle ; je tiendrai un officier aux avant-postes ; qu'elle n'ait aucune inquiétude.

« Toutes les puissances ont fait des proclamations à l'indépendance de l'Italie, toutes ont insulté aux braves Italiens, puisque toutes veulent rétablir les anciennes dynasties. Moi seul je n'ai encore rien dit. Sans doute, je voudrais réellement cette union et cette indépendance ; moi seul je puis être entendu des Italiens. Je voudrais donc une proclamation à l'indépendance de cette Italie que l'Empereur lui-même doit vouloir sauver ! Cette proclamation me servirait de prétexte pour rompre avec les Autrichiens. Je voudrais donc qu'une phrase dît positivement que mon armée s'unira sincèrement à celle des puissances *qui voudra l'indépendance de l'Italie et la sauver du retour des anciennes dynasties.*

« Mon armée fera des prodiges; elle demande à grands cris à sauver l'Italie. La proclamation des Anglais, celle du prince héréditaire de Palerme, qui dit « que son père n'a jamais renoncé à Naples, » doit aussi me servir de prétexte.

« Nous nous sommes entendus avec le vice-roi. Après avoir repris nos postes, je lui ai fait dire qu'il n'avait rien à craindre de moi.

« Répondez-moi de suite. Adieu, je vous embrasse de tout mon cœur.

« (*P. S.* De la main du roi.) Il est impossible que l'Empereur ne rende pas justice à mon cœur et à ma conduite ! »

Eug. à Nap.
Mantoue,
23 mars 1814.

« Sire, je vois avec peine que Votre Majesté, malgré toutes les chances favorables qu'elle offrait au roi de Naples, ne peut et ne doit compter ni sur ses sentiments ni sur les promesses qu'il lui faisait encore dernièrement.

« J'ai déjà eu l'honneur de rendre compte à Votre Majesté de la lettre que j'avais écrite au roi au moment où je reçus l'autorisation de traiter avec lui, le roi ayant désigné le général Carascosa, qui s'était rendu à Borgoforte avec ses pleins pouvoirs ; j'ai envoyé, de mon côté, le général baron Zucchi, muni de tous les pouvoirs et de toutes les instructions qu'il m'était possible de lui donner. Cette entrevue suffira pour faire connaître à Votre Majesté ce qu'elle doit jamais attendre de ce côté-là.

« On a commencé par trouver insuffisants les pouvoirs que j'avais donnés, et on a voulu en avoir qui fussent signés de Votre Majesté. Après une longue discussion sur la validité de ces titres, on a abordé la discussion des bases sur lesquelles on pourrait s'entendre avec les Napolitains. Le général Zucchi proposait que l'Italie fût divisée en deux royaumes qui auraient pour limites entre eux les Apennins et une ligne (dont on conviendrait) dans la Romagne; on ne parlait point de Gênes ni du Piémont. Votre Majesté va voir combien les propositions des Napolitains étaient différentes.

« Quoiqu'on eût fait un moment auparavant les plus grandes difficultés, ne voulant admettre comme valables que des pouvoirs *signés par Votre Majesté elle-même*, néanmoins, lorsqu'on a abordé le fond de la question, les Napolitains ont prétendu poser, comme *premier article*, que le royaume d'Italie méridional devait avoir pour limites le Pô et le Taro. Ils auraient alors consenti à laisser s'établir le royaume d'Italie septentrional, mais sous la condition expresse que j'aurais fait repasser les Alpes à toute l'armée française. Gênes et le Piémont auraient fait partie du royaume septentrional ; mais alors je devais faire sauter même les routes nouvellement pratiquées dans

les Alpes pour en fermer entièrement le passage aux Français. « Le roi de Naples,— disait son plénipoten-
« tiaire, — *se réunirait alors à moi* pour chasser les
« Autrichiens. »

« Votre Majesté peut-elle concevoir rien au monde de plus extravagant et des projets de trahison plus noirs et plus infâmes? Pourrait-on jamais imaginer quelque chose de plus propre à servir dans ce pays-ci la cause de vos ennemis? Je ne dirai pas l'indignation que j'en ai ressentie personnellement; on ne peut supposer de pareilles idées que dans des têtes entièrement perdues. Le général Zucchi m'est arrivé ce soir encore tout enflammé de colère de ce qu'il avait entendu. Comment arranger de pareilles propositions avec les protestations contenues dans la lettre du roi à Votre Majesté, qu'elle a bien voulu me communiquer?

« Si j'avais 10 ou 12,000 hommes de plus, je ne craindrais pas d'attaquer en même temps les Autrichiens et les Napolitains. Mais cela m'étant impossible avec mes forces actuelles, il me reste du moins l'espoir de trouver et de saisir l'occasion pour faire payer cher une pareille conduite à ceux qui la tiennent.

« Pour le moment, j'ai cru devoir écrire au roi de Naples la lettre dont je joins ici copie. En l'écrivant, je n'ai pensé qu'à l'intérêt qu'il y a de gagner du temps et à remplir les instructions de Votre Majesté qui m'ordonnent de ménager le roi. »

Eug. à Murat.
Mantoue,
25 mars 1814.

« Sire, Votre Majesté aura su le résultat de la conférence qui a eu lieu entre ses commissaires et le général Zucchi au sujet de la proposition que l'Empereur m'avait autorisé à lui faire, *d'après ses propres ouvertures*. Les commissaires de Votre Majesté ont paru d'abord être arrêtés par l'idée que les pouvoirs dont j'avais investi le général Zucchi étaient insuffisants; ils étaient cependant aussi étendus que ceux que j'avais reçus moi-même. Mais comme ces mêmes pouvoirs que l'Empereur m'a donnés sont sous la forme d'une simple instruction, et que vos commissaires ont exprimé le désir qu'ils fussent contenus dans un instrument spécial, ostensible et signé par l'Empereur, je prends de suite à cet égard les ordres de Sa Majesté.

« En attendant la réponse de l'Empereur, Votre Majesté jugera sans doute convenable de suspendre tacitement de part et d'autre toute opération. Mais avant de donner moi-même aucun ordre, j'attendrai la réponse qu'elle voudra bien elle-même me faire à ce sujet. Je ne puis terminer cette lettre sans témoigner à Votre Majesté combien il m'a été sensible et pénible de voir une différence aussi grande entre les propositions de vos commissaires et les assurances que vous vous plaisiez à donner à l'Empereur de votre attachement à sa personne. »

« Je te répondrai demain sur tes idées de rester à Alexandrie ou à Mantoue pour tes couches. Cette dernière idée me sourit beaucoup au premier abord. Il y aurait pourtant de terrible l'idée de te laisser sans aucune espèce de communication si je me reti-

Eugène à la vice-reine. Mantoue, 23 mars 1814.

rais. Ce matin je suis très-occupé, car j'ai à rendre compte à l'Empereur des tentatives faites auprès du roi de Naples.

« Après avoir donné les plus grandes protestations d'amitié et d'attachement à l'Empereur, il prétend m'obliger à faire passer les Alpes à toutes les troupes françaises, et alors, dit-il, il s'entendra avec moi, Comme je connais l'homme, tu sens bien que je ne me mettrai jamais en position d'être à sa disposition.

« Quel épouvantable traître ! »

<small>Eugène à la vice-reine. Mantoue, 23 mars 1814.</small>

« Ma bonne Auguste, tu es bien certainement la plus admirable des femmes : plus j'ai pensé à ton idée de rester à Mantoue, et plus je trouve cela convenable et sublime. Nous causerons de tout cela plus en détail ensemble, et il me tarde tant de t'embrasser que je t'envoie demain soir Triaire. Tu pourrais partir dimanche de grand matin, en supposant que tu viennes passer quelques jours avec moi. Arrange-toi avec Darnay pour qu'il y ait assez de chevaux afin que les enfants puissent venir avec toi ; les femmes et la maison viendront le lendemain. Samedi soir tu pourrais même déjà mettre en route un premier service. Il faut emmener la duchesse de Litta ou la comtesse Thiene, madame Sandezelle, bien entendu ; madame de Wurmbs avec les enfants. En hommes, ton chevalier d'honneur un chambellan. L'écuyer viendrait plus tard. Peut-être ferais-tu bien d'avoir le grand écuyer, surtout si tu n'as pas la duchesse de Litta, afin qu'il y ait un grand officier ;

mais dans aucun cas n'amène le grand maître. Triaire t'accompagnera. Les effets ainsi que des voitures de ville et des calèches viendront ensuite. Politiquement, je t'expliquerai pourquoi je préfère Mantoue à Alexandrie. Mais je te le répète : ton idée est admirable. Jamais pourtant je n'aurais osé te proposer cela.

« Adieu, bien chère et excellente Auguste, je te presse contre mon cœur et t'attends avec une bien vive impatience, pour te donner mille tendres baisers. »

Le maréchal Augereau à Eugène. Valence, 25 mars 1814.

« Mon prince, je crois devoir faire connaître à Votre Altesse Impériale ma position et celle de mon armée.

« Dans les derniers jours de février, je me portai, conformément aux ordres de l'Empereur, par la Bresse, avec 10,000 hommes, sur la Franche-Comté, tandis que le général Marchand, que j'avais renforcé de quelques troupes, marchait sur Genève par la Savoie.

« Le but de ce mouvement combiné était de faire tomber cette ville et d'opérer une diversion en faveur de la Grande-Armée, sur les derrières de l'armée autrichienne. Les alliés, qui ont senti toutes les conséquences du succès d'une pareille opération, ont détaché en toute hâte de l'armée du prince de Schwarzenberg un corps de 20,000 hommes d'élite, sous les ordres du général Bianchi, qui, joint à une armée de réserve, venue de Schaffhouse, composée de troupes de la confédération et à tout ce qu'ils avaient d'épars dans la Bourgogne et la Franche-

Comté, a de suite formé un corps de 50 à 55,000 hommes, qu'ils ont rassemblé dans les environs de Mâcon pour marcher sur Lyon. Instruit à temps de ce mouvement, je quittai Lons-le-Saulnier dans les premiers jours de mars, et je passai sur la rive droite de la Saône en traversant rapidement Lyon, et je fus à la rencontre de l'ennemi sur la route de Mâcon. Je me suis battu avec 15,000 hommes contre 45,000 les 11, 18 et 20 de ce mois. Dans ces trois affaires, mes troupes se sont couvertes de gloire; elles ont conservé le champ de bataille à la fin de chaque combat; elles ont disputé le terrain pied à pied jusqu'au-devant du faubourg de Lyon où s'est donnée la bataille du 20. Arrivé dans cette position et placé dans l'alternative de livrer au hasard des combats, au pillage et à la dévastation cette grande ville, dont les habitants d'ailleurs ont déclaré ne pas vouloir se défendre, ou de conserver à la France cette belle cité et une armée pour couvrir le Midi, je n'ai pas hésité à prendre ce dernier parti, et j'ai ordonné l'évacuation de Lyon, qui s'est opérée dans la nuit du 20 au 21 dans le plus grand ordre et sans perdre un seul homme. J'ai passé le Rhône et je suis venu prendre position sur l'Isère.

« Par suite de ce mouvement et de ceux que pourra faire l'ennemi sur le Dauphiné, il est possible que le général Marchand soit obligé d'évacuer de nouveau la Savoie et de venir se mettre en ligne sur l'Isère, à ma droite.

« J'attends des ordres de l'Empereur dans cette position. Je me suis empressé de la faire connaître à Votre Altesse Impériale puisqu'elle peut influer sur la suite de ses opérations et qu'il lui importe de ne pas perdre ses communications avec la France.

« Je saisis cette occasion, etc., etc. »

« Rien de nouveau ici. Bellegarde est toujours à Vérone et le roi de Naples à Reggio. J'ai fait remettre le pape, hier matin, aux avant-postes de Parme, et ce n'est pas ce qui aura amusé le plus le roi de Naples. Cela dérange ses projets. Son ambition était d'avoir pour lui toute l'Italie. »

<small>Eugène à la vice-reine. Mantoue, 26 mars 1814.</small>

« Mon général, d'après un nouveau rapport du général Fresia, l'ennemi qu'il m'avait annoncé devoir être établi sur la rive droite de la Magra, dans la soirée du 23, était encore sur la rive gauche le 24 au matin, faisant mine de s'y retrancher. Par une maladresse dont il y a peu d'exemples, nos troupes ont laissé enlever quelques barques qui étaient amarrées sur la rive droite. Le prince Camille a renouvelé ses instructions pour que le général Rouyer, qui commande le département des Apennins, défende le terrain pied à pied, qu'il multiplie les obstacles en détruisant les chemins et les ponts sur lesquels l'ennemi est obligé de passer, et qu'il garde les défilés que l'on rencontre le long de la corniche des Apennins, en y couvrant ses troupes par de bons retranchements.

<small>Porson à Vignolle. Turin, 28 mars 1814.</small>

« Je pense comme vous, mon général, que les Anglais n'ont encore débarqué à Livourne que 4,400 hommes avec lesquels ils ne peuvent rien tenter de sérieux contre Gênes, quand même il y aurait une brigade de l'armée napolitaine qui s'y serait jointe. Cependant, le général Fresia persiste à croire le contraire, voici la note qu'il m'a envoyée à ce sujet, et qu'il dit tenir d'une personne digne de foi; l'énorme quantité d'artillerie qu'elle présente me la rend plus qu'inexacte, et je crois que les ennemis, en augmentant ainsi leurs forces, auraient le projet de faire faire une diversion à celles que Son Altesse Impériale le prince vice-roi leur présente et sur le Mincio et sur le Taro; mais le génie de Son Altesse Impériale prévoit tout et devine les mouvements qu'ils veulent exécuter.

« Vous aurez sans doute appris que le corps en entier du général Klenau a forcé le maréchal Augereau à évacuer Lyon. Nous n'avons aucun détail à ce sujet, mais je sais du général Marchand que par suite de ce mouvement il est obligé de quitter les environs de Genève pour se porter sur Chambéry et derrière l'Isère; heureusement que les quatre bataillons et ceux venant de la Toscane seront arrivés à temps pour couvrir les Échelles. On dit que l'Empereur manœuvre sur le flanc droit du prince Schwarzenberg tandis que le duc de Tarente l'attaque en tête. Nous en attendons les résultats avec la plus vive impatience. »

Le général Marchand à Eugène, Grenoble. 31 mars 1814.

« Monseigneur, Votre Altesse Impériale a dû être informée de l'occupation de Lyon par les troupes coalisées. M. le maréchal Augereau s'est retiré à Valence et a pris momentanément position derrière l'Isère. D'après les nouvelles que je reçois, il doit quitter aujourd'hui cette position pour se retirer au Pont-Saint-Esprit.

« Je dois rendre compte à Votre Altesse Impériale qu'il m'a donné l'ordre d'aller me réunir à lui avec toutes les troupes que je commande, et dès lors le mont Cenis serait à découvert, et votre armée pourrait être prise à dos.

« A moins d'y être forcé par l'ennemi, je n'exécuterai point cet ordre, parce qu'il est impossible que, dans la circonstance où nous nous trouvons, Votre Altesse Impériale n'ait pas reçu des ordres de l'Empereur pour envoyer en France une portion de son armée, et dès lors la route du mont Cenis doit être conservée libre.

« Votre Altesse Impériale se convaincra facilement qu'en gardant toute son armée en Italie, la France aura bien de la peine à n'être pas conquise, et par une conséquence toute naturelle, l'Italie tombera de suite. C'est le moment de prendre un grand parti. Je désire bien que Votre Altesse Impériale ait la bonté de me faire savoir si elle a le projet d'envoyer des troupes par le mont Cenis, parce qu'alors ma conduite changera, et je ferai tous mes efforts pour conserver ma communication avec Votre Altesse Impériale par cette route. Dans le cas contraire, je dois me conserver le débouché des Hautes-Alpes pour aller me joindre aux troupes de M. le maréchal Augereau, si l'ennemi m'attaquait avec des forces assez considérables pour m'obliger à quitter Grenoble, qui ne pourra jamais résister plus de trois jours avec la garnison que je dois y laisser.

« Je supplie Votre Altesse Impériale de bien réfléchir à la grande crise qui nous menace, et d'avoir la bonté de me répondre par estafette pour me faire connaître le parti qu'elle désire que je prenne.

« Depuis trois jours je n'ai aucune communication avec M. le maréchal Augereau. »

Eug. à Nap. — Mantoue, 8 avril 1814.

« Sire[1], d'après les dernières nouvelles de France et leur influence, je crois devoir dépêcher auprès de Votre Majesté l'un de mes aides de camp. — Je le charge de faire connaître à Votre Majesté la position actuelle de son armée d'Italie et de me rapporter les instructions qu'elle aurait à me donner. Malgré les forces très-supérieures de l'ennemi, puisque le maréchal de Bellegarde a une armée de 70,000 hommes, le roi de Naples de 24,000 et les Anglo-Siciliens de 8,000, l'armée de Votre Majesté en Italie occupe toujours la ligne du Mincio et celle du Taro, et les troupes chargées de la défense de Gênes ont leurs postes au delà de Sestri-di-Levante. Les principales forces de l'armée sont sur le Mincio. Mon aide de camp le général Gifflenga est chargé de faire connaître verbalement à Votre Majesté le détail de nos positions et mes projets d'après les différents mouvements que l'ennemi pourrait faire. »

Le roi de Bavière à Eug. Munich, 11 avril 1814.

« Mon bien-aimé fils, jusqu'ici je n'ai pu qu'approuver, mon cher ami, la loyauté de votre conduite; je dis plus, elle m'a rendu fier d'avoir un tel fils. Actuellement que tout a changé de face, comme vous

[1] Cette lettre n'arriva à Paris qu'après l'abdication de l'Empereur.

le verrez par l'imprimé ci-joint, vous pouvez quitter la partie sans vous déshonorer. Vous le devez à votre femme et à vos enfants.

« Un courrier, qui m'est arrivé cette nuit, m'a apporté la nouvelle que Marmont a passé chez nous avec 6,000 hommes d'infanterie, 2,000 chevaux, toute vieille troupe, et vingt pièces de canon. Les maréchaux ont forcé l'Empereur, qui est à Fontainebleau, d'abdiquer en lui déclarant que son armée ne voulait plus lui obéir. Il s'est décidé à condition que l'impératrice serait régente et le roi de Rome empereur ; Ney, Macdonald et Caulaincourt sont arrivés à Paris avec cette proposition au nom de l'armée. On attendait l'arrivée de l'empereur d'Autriche pour leur donner une réponse ; elle sera, je crois, négative, vu qu'on s'est déjà trop prononcé pour les Bourbons.

« Les alliés vous veulent tous du bien, mon cher Eugène, profitez de leur bonne volonté, et songez à votre famille.

« Une plus longue retenue serait impardonnable.

« Adieu, mon cher fils, je vous embrasse avec Auguste et vos enfants. La reine en fait autant. Votre bon père, MAX. JOSEPH.

« L'impératrice Joséphine est partie le 29 pour Navarre. »

Instructions sur les mesures à prendre, dans le cas où l'ennemi tenterait un passage du Mincio. — « On doit supposer que l'ennemi pour profiter de l'enthousiasme qu'auront pu exciter, parmi ses troupes, les nouvelles vraies ou fausses des succès qu'il

Mantoue,
11 avril 1814.

prétend avoir obtenus en France, et qu'il a célébrés avec tant d'appareil, pourra former quelques tentatives sur la ligne du Mincio, et chercher même à exécuter un passage de ce fleuve. Il est donc essentiel de fixer les idées sur les diverses manières dont il pourrait tenter cette entreprise et sur les mesures à adopter pour s'y opposer.

« Le passage du Mincio peut se faire 1° entre Peschiera et Monzambano ; 2° entre Monzambano et Pozzolo ; 3° entre Pozzolo et Goïto.

« Dans la première supposition, c'est-à-dire, si le passage se tentait entre Peschiera et Monzambano, ce qui ne pourrait guère avoir lieu que sur le point de *Salionze* : la division Fressinet devrait se réunir tout entière à Monzambano et sur les hauteurs qui l'avoisinent, et une brigade de la division Quesnel viendrait occuper les postes retranchés que nous tenons devant *Valeggio*. L'autre brigade de cette même division serait en réserve à Volta pour être portée où besoin serait.

« La division Marcognet, réunie et sous les armes, attendrait de nouveaux ordres et observerait soigneusement, par des patrouilles, tout le cours de la rivière entre Goïto et Pozzolo.

« Le général Mermet se porterait avec sa cavalerie en avant de *Ceretta*, pour s'opposer à la marche des partis de cavalerie, que l'ennemi pourrait jeter dans la plaine entre Goïto et Volta, pour faire diversion ou pour intercepter nos communications. Il réunirait à la 3ᵉ division un régiment de cavalerie qui suffirait vu la nature du terrain.

« La garnison de Peschiera devrait, dans cette supposition, occuper les postes et les ouvrages qui lui ont été indiqués, et jouer, pour la défense de tout ce qui est à la gauche du ruisseau de Pozzolengo, le rôle qui lui a été prescrit par l'instruction envoyée dernièrement à ce sujet au général Bertoletti et de laquelle il a été donné communication au général Verdier.

« Dans cette première hypothèse, les travaux qui ont été faits, et la nature des lieux donnent tous les avantages pour disputer le terrain pied à pied à l'ennemi.

« Dans la deuxième supposition, c'est-à-dire si l'ennemi voulait effectuer son passage entre Monzambano et Pozzolo : la lieutenance du général Verdier devrait se réunir tout entière sur les hauteurs devant Borghetto, et occuper les positions que nous y avons fortifiées. Il suffirait alors de laisser un bon poste à Monzambano, qui même pourrait être occupé par un détachement de la garnison de Peschiera, si l'ennemi ne faisait point de menaces sur Salionze. Dans le cas où l'on voudrait rendre disponible la brigade qui est à Monzambano, et ne laisser sur ce point qu'un poste, on devrait en détruire le pont.

« Dans cette deuxième supposition la division Marcognet et la cavalerie du général Mermet devraient prendre les mêmes positions et faire les mêmes mouvements que dans la première hypothèse.

« La troisième supposition est que l'ennemi passe entre Pozzolo et Goïto. Cette hypothèse est la plus vraisemblable, puisque la plaine qui, dans cette partie, borde la rive droite du Mincio, offrirait à l'ennemi des moyens de déployer avantageusement sa cavalerie, et que les gués qui se trouvent dans cette position du cours de la rivière lui présentent des moyens plus faciles de la passer. Il faut donc s'occuper d'abord de multiplier les obstacles devant lui, ce qui est aisé, en rendant, partout où des gués ont été reconnus, la rive droite impraticable, au moyen de trous de loup, de fossés ou d'abatis, etc. L'ennemi ne pourra alors passer en force, avec de la cavalerie et de l'artillerie, qu'au moyen d'un grand nombre de ponts, qu'il ne pourra établir sans y employer plusieurs heures, et il ne nous faut pas plus de trois heures, pour réunir sur ce point toute la lieutenance du général Verdier, la division Marcognet et la cavalerie du général Mermet, auxquelles se joindraient, peu de temps après, les renforts venus de Mantoue, etc.

« Voici, dans cette supposition, la manière dont doivent être disposées les troupes qui sont sur la ligne du Mincio.

« Aussitôt qu'on aurait *l'assurance* que l'ennemi tente sérieusement un passage entre Goïto et Pozzolo, le lieutenant général Verdier réunirait la division Quesnel tout entière, la gauche aux dernières hauteurs de Volta vers Casa Gatti et la droite dans la plaine. La brigade de la division Fressinet qui est vis-à-vis Valeggio continuerait à observer ce point, et la brigade de cette même division qui est à Monzambano se porterait à Volta pour y former la réserve de la division Quesnel. Monzambano ne serait alors occupé que par un poste, ainsi que nous l'avons dit ci-dessus dans la deuxième supposition.

« La division Marcognet se formerait sur les hauteurs de Goïto, occupant cette ville et sa tête de pont par sa droite, et menaçant l'ennemi sur la rive droite de la rivière, et cherchant même à l'empêcher de s'y établir et de s'y développer, si l'occasion favorable s'en présentait.

« La cavalerie du général Mermet se porterait dans la plaine, se formerait en avant de Ceretta, appuyant sa gauche à la droite de la division Quesnel, et envoyant un régiment de cavalerie au général Marcognet pour soutenir son infanterie en cas de besoin.

« De cette manière et en s'appuyant toujours aux hauteurs de Volta, on serait toujours maître des communications avec Castiglione, ligne d'opérations de la deuxième lieutenance.

« Les troupes du général Verdier, appuyées toujours à ces hauteurs, pourraient facilement disputer le terrain pied à pied à l'ennemi, et donner le temps au reste de l'armée de se porter à Goïto pour attaquer son flanc gauche, dans le cas où il serait parvenu à se maintenir sur la rive droite de la rivière, et, dans ce cas, la lieutenance du général Verdier ne devrait jamais assez s'éloigner de l'ennemi pour ne pas sentir le mouvement qui se ferait par Goïto, et ne pas pouvoir y coopérer efficacement.

« Cette attaque qui pourrait avoir lieu le soir même du passage ou le lendemain matin au plus tard, permet d'espérer des résultats d'autant plus heureux, que la garnison de Mantoue pourrait y prendre part avec la garde et toute la 1re lieutenance.

« On ne parle pas de l'hypothèse d'un passage exécuté par surprise, puisque la ligne est bien gardée, et que les troupes prennent les armes avant le jour et ne les quittent que lorsqu'on est bien assuré qu'il n'y a rien de nouveau.

« Il sera envoyé copie de la présente instruction, au général comte Verdier commandant la 2ᵉ lieutenance, au général Mermet commandant la cavalerie, et au lieutenant général comte Grenier pour les ordres qu'ils auraient à donner en conséquence. »

Le général Dupont, ministre de la guerre, à Eugène. Paris, 17 avril 1814.

« Monseigneur, Votre Altesse doit connaître aujourd'hui les grands événements qui replacent la famille des Bourbons sur le trône des Français et dont le premier résultat est de mettre un terme au fléau de la guerre.

« Votre Altesse, Monseigneur, qui, par ses grandes qualités et par ses services éminents, s'est concilié l'estime générale, mettra le comble à sa gloire dans un moment où les grands intérêts de la patrie, qui eut toujours vos premières affections, imposent des devoirs devant lesquels se taisent tous les autres.

« Les actes du Sénat, et l'abdication donnée par Napoléon Bonaparte de ses titres d'Empereur des Français et de roi d'Italie, ont fait cesser l'état de guerre et ouvert des négociations pour une paix prompte et honorable.

« Dans cette situation, Monseigneur, j'invite Votre Altesse à convenir avec le général en chef qui se trouve devant votre armée d'un armistice indéfini, et à fixer entre vos troupes et les siennes une ligne de démarcation qui assure la tranquillité de vos cantonnements et la facilité des subsistances.

« Ce repos, toutefois, ne doit rien changer à la discipline militaire, et il est trop important que les armées conservent leur force et une attitude convenable au moment où la paix se négocie, pour que Votre Altesse ne mette pas tous ses soins à maintenir l'ordre et le complet des cadres.

« Le gouvernement s'occupe avec la plus vive sollicitude de la solde des troupes, et je prie Votre Altesse de lui communiquer à cet égard toutes ses vues et toutes ses ressources.

« Je la prie aussi de m'adresser l'état de ses cantonnements et celui de l'armée qu'elle commande. »

Le général Grenier à Eugène. Crémone, 23 avril 1814. 4 h. du m.

« Monseigneur, j'ai reçu à minuit la lettre que Votre Altesse Impériale a daigné m'écrire, hier 22. J'ai eu l'honneur de la prévenir que, conformément à ce que m'a mandé le général Vignolle de Mantoue, le 21 je dirigeais la division Rouyer, de Pavie sur Milan, qu'elle y resterait jusqu'au 24, jour de l'arrivée de la division Quesnel qui y serait encore remplacée le 26 par celle de Fressinet, qui par suite y séjournera le 27. — J'ignore si la lettre que j'ai eu l'honneur d'adresser à Votre Altesse lui sera parvenue. J'ai chargé le directeur de la poste à Crémone de l'envoyer à Mantoue par estafette extraordinaire.

« L'officier porteur de mes ordres au général Rouyer n'est arrivé hier à Pavie qu'à six heures du matin, parce qu'il n'a trouvé des chevaux de poste nulle part, de sorte que j'ignore encore si cette division est entrée hier au soir à Milan. Le général Rouyer m'a bien mandé qu'il y serait de bonne heure, mais depuis, je n'ai reçu aucune nouvelle ; sans doute que si Votre Altesse pouvait se fier aux troupes italiennes, il serait bon d'y en envoyer une colonne; mais il faudrait un chef bien connu du peuple et qui sût lui inspirer de la confiance, en prenant les intérêts de Votre Altesse. Il est bien sûr que l'on ne voudra en aucune manière que des troupes françaises y restent au delà du terme fixé pour leur passage. Il est bien sûr encore que les chefs de cette révolution ont appelé à leur secours les Autrichiens et que le détachement qui est à Domo-Dossola doit y arriver sous deux jours ; j'espère cependant qu'il n'entrera à Milan qu'après le départ des troupes françaises.

« Le général Vignolle partira dans une heure pour Milan, il y verra le général Pino et tâchera de lui faire entendre raison, si un tel homme en est susceptible.

Dans le cas où Votre Altesse conviendrait avec le comte de Bellegarde de faire arriver à Milan une colonne autrichienne le jour ou le lendemain du départ des dernières troupes françaises de cette ville, il faudrait qu'il donnât l'assurance de ne pas dépasser Milan et surtout, que M. le général Nugent n'ait pas le droit de passer sur la rive gauche du Pô, sans cela la retraite de la première division de réserve, qui ne peut suivre son itinéraire sur la rive droite du Pô, vu l'opposition formelle de ce général, serait compromise.

« Le trésorier de la couronne, d'après ce que l'on m'a dit, doit être arrivé hier à Mantoue, néanmoins je chargerai M. le général Vignolle de faire partir de Milan pour Mantoue le trésor de la couronne et les papiers particuliers de Votre Altesse Impériale, s'il peut trouver à qui s'adresser.

« Le pont de Plaisance a été détruit le 21 par l'orage, de sorte que tous les mouvements d'évacuation se trouvent retardés. J'écris au général Maucune d'en presser le rétablissement et de faire continuer l'évacuation par des barques.

« Il est malheureux que Votre Altesse Impériale, n'ait pas eu connaissance de la fomentation qui régnait à Milan depuis plusieurs jours, il eût été possible d'y faire arriver une division française et les événements n'auraient pas eu lieu ; — aujourd'hui la présence de nos troupes ne pourra qu'empêcher les désordres, mais ne changera rien aux dispositions des révolutionnaires, parce qu'ils sont trop avancés.

« Croyez, Monseigneur, que nous souffrons bien cruellement de la position délicate et difficile dans laquelle se trouve Votre Altesse Impériale, et qu'individuellement nous sacrifierions tout notre sang pour l'en tirer, mais il deviendrait dangereux de chercher à comprimer la population de Milan par la force. — Je me rends aujourd'hui à Lodi, le général Vignolle m'y fera connaître où en sont les choses, et si les intérêts de Votre Altesse peuvent rendre utile ma présence à Milan, je m'y rendrai avec empressement. »

Le général Grenier à Eugène. Vigevano, 26 avril 1814.

« Monseigneur, à mon arrivée à Vigevano, j'ai reçu la lettre ci-jointe adressée à Votre Altesse Impériale ; présumant qu'elle contenait des avis officiels sur les événements qui ont eu lieu, je me suis cru autorisé à la décacheter ; je ne me suis pas trompé ; cette lettre, du 17 du courant, annonce l'intention du gouvernement de laisser l'armée en Italie par un armistice indéfini, jusqu'à ce que les négociations pour la paix aient obtenu leur plein effet, et cependant, voilà l'armée sur le Tessin. Dans cet état de choses, j'ose supplier Votre Altesse Impériale de s'entendre avec M. le maréchal comte de Bellegarde pour qu'un nouvel armistice soit conclu et que des limites soient déterminées aux armées respectives ; je proposerai donc, puisque l'Italie se trouve pour ainsi dire évacuée, de prendre pour ligne de l'armée française la rive droite du Tessin jusqu'à son embouchure dans le Pô, sur la rive gauche de ce fleuve ; et sur la rive droite en avant d'Alexandrie, la rive gauche de la Scrivia ; au moyen de cette ligne l'armée pourrait prendre des cantonnements sur les deux rives du Pô et occuperait ainsi le Piémont ; je dois croire que M. le maréchal Bellegarde trouvera ces propositions raisonnables, et je prie Votre Altesse Impériale de faire tout ce qui dépendra d'elle pour les faire adopter ; je ne puis aujourd'hui, sans me compromettre, rentrer en France avant d'avoir reçu des ordres du gouvernement.

« M. Tascher m'a remis hier soir la lettre pleine de bonté que Votre Altesse Impériale a daigné m'écrire. Votre Altesse Impériale peut être bien persuadée que toute l'armée prendra la plus vive part à tout ce qui pourra l'intéresser. J'attendrai avec la plus vive impatience le retour de l'officier porteur de la présente ; je vais à Novarre, d'où je ne partirai qu'après avoir connu les intentions de M. de Bellegarde ; en attendant, deux divisions d'infanterie et toute la cavalerie resteront sur le Tessin jusqu'à nouvel ordre.

« Daignez, Monseigneur, agréer le nouvel hommage de mon respectueux dévouement et me conserver cette bienveillance dont V. A. m'a donné tant de marques et à laquelle j'attache un si haut prix. »

Le général Vignolle à Eugène. Milan, 25 avril 1814.

« Monseigneur, ainsi que Votre Altesse Impériale a daigné m'en prévenir, c'est à M. le chambellan comte Annoni, à qui je me suis adressé à Milan pour me faire remettre le portrait de Votre Altesse que, dans sa haute bienveillance pour ses subordonnés, elle a destiné à MM. les généraux de division de son armée qui ont eu le bonheur de faire cette campagne sous ses ordres, etc., etc. »

Le général Vignolle à Eugène. Milan, 25 avril 1814.

« Les Autrichiens avaient envoyé faire leur logement à *Milan* avant que nous fussions informés qu'ils dussent y arriver demain, et nous nous disposions, en conséquence, à y mettre obstacle, lorsque M. le général comte Grenier, qui se trouve à *Pavie*, me prévient qu'un avis qu'il avait reçu de Votre Altesse lui annonce que, d'après les ordres arrivés de Paris, tout le royaume d'Italie doit être remis entre les mains de l'armée autrichienne, mais que le mouvement ne se ferait cependant que vingt-quatre heures après celui des troupes françaises ; de cette manière il n'en résultera aucun inconvénient. »

<small>Le général Dupont à Eugène. Paris, 26 avril 1814.</small>

« Prince, j'ai l'honneur d'adresser à Votre Altesse ampliation de la convention arrêtée et ratifiée par Son Altesse Royale, Monsieur, frère du roi, lieutenant général du royaume, et les puissances alliées, pour la remise des places occupées par les armées françaises et qui ne faisaient point partie du royaume à l'époque du 1er janvier 1792.

« J'adresse en conséquence des ordres à MM. les commandants des places d'Alexandrie, Turin, Fenestrelles, Plaisance, Gênes, Gavi, Savone et mont Cenis pour la remise de ces places ; et j'envoie des commissaires chargés de l'exécution de ces conventions.

« Je prie Votre Altesse de donner les ordres nécessaires pour assurer l'exécution des dispositions relatives à la remise de ces places. »

<small>Le général Dupont à Eugène. Paris, 26 avril 1814.</small>

« Monseigneur, j'ai eu l'honneur de faire connaître à Votre Altesse, par une autre lettre d'aujourd'hui, la convention conclue le 23 de ce mois entre les plénipotentiaires français et ceux des puissances alliées pour l'évacuation du territoire français par les troupes alliées et réciproquement pour l'évacuation par les troupes françaises des places, des forts et des quartiers de territoire qu'elles occupent encore hors les nouvelles limites de la France. J'ai joint à cet envoi les instructions de détail pour l'évacuation des places que nos troupes occupent en Italie.

« Votre Altesse aura vu par cette convention qu'elle doit ordonner de suite le mouvement pour faire entrer en France toutes les troupes françaises de l'armée d'Italie ; je vous invite, monseigneur, à faire les dispositions nécessaires pour l'exécution de cet article de la convention.

« J'ai l'honneur d'adresser à Votre Altesse un itinéraire qui indique deux directions, l'une par le mont Cenis sur Lyon, l'autre par le mont Genèvre sur Briançon, afin d'éviter l'encombrement et de faciliter les moyens de subsistance. »

LIVRE XXIX

1814 — 1824.

Le prince Eugène vient à Vérone (fin d'avril). — Il quitte l'Italie pour se rendre à Munich avec la vice-reine et ses enfants. — Il est appelé à Paris auprès de l'impératrice Joséphine. — Sa réception par Louis XVIII, par les princes de la famille des Bourbons, et par les souverains alliés. — Il ferme les yeux à sa mère. — Sa liaison avec l'empereur Alexandre. — Séjour du prince à Vienne pendant le congrès. — Sa conduite pendant les Cent-Jours. — Interprétation donnée par les grandes puissances à l'article du traité de Fontainebleau qui le concerne. — Arrangements proposés. — Phases différentes de cette affaire. — Fixation du sort du prince Eugène. — Sa belle lettre à l'empereur Alexandre, à la suite des malheurs de la France. — Sa générosité envers les Français malheureux. — Il reste étranger à toute politique. — Ses sentiments envers Napoléon. — Lettre à ce sujet à l'empereur Alexandre (1818). — Il vient en aide au proscrit de Sainte-Hélène. — Son entrevue avec Alexandre sur le territoire du Wurtemberg. — Mariage de sa fille aînée. — Maladies. — Mort du prince Eugène le 21 février 1824. — Paroles de Louis XVIII à cette nouvelle. — Jugement de Napoléon sur le prince vice-roi. — Lettres de l'empereur Alexandre à sa veuve. — Lettre *présumée* d'Eugène à Alexandre. — Propositions faites, *dit-on*, à Eugène par le duc d'Orléans en 1821.

Dès que le prince Eugène connut le traité de Fontainebleau, et qu'il eut fait ses adieux aux peuples qu'il avait gouvernés pendant près de neuf années avec autant de bonté que de sagesse, il se prépara à quitter l'Italie et à se rendre avec la princesse Auguste auprès de son beau-père, à Munich. C'est à la cour de Maximilien, qui s'était toujours montré admirable de bienveillance et de tendresse pour sa fille et pour son gendre [1], que le vice-roi était décidé à attendre la mise à exécution par les alliés de l'article 8 du traité, qui lui assurait *un établissement convenable hors de la France.*

On prépara donc à Mantoue le départ de la famille du prince. Tandis que d'affreuses scènes de désordre se passaient à Milan, tandis que dans cette belle ville, capitale d'un royaume qui allait perdre son autonomie, des conspirateurs, excités par les agents de l'Autriche, opéraient une révolution qui devint sanglante ; tandis qu'à la tête de ces agents provocateurs marchaient des hommes comblés des bienfaits du vice-roi, et même ayant appartenu à sa maison ; tandis qu'on traînait par les rues le malheureux et honnête ministre des finances, Prina, arraché de chez lui ; qu'on l'assassinait lâchement, qu'on pillait et démolissait son hôtel, un serviteur fidèle du prince Eugène, M. Darnay, directeur général des postes, mettait en sûreté la précieuse correspondance du vice-roi, et partait le 21 avril pour le rejoindre. Heureusement pour Milan, le général Miollis arriva avec 2,000 soldats le jour même de l'insurrection,

---

[1] La conduite du roi Maximilien, mise en parallèle avec celle que tinrent d'autres princes alliés à la famille Bonaparte, jette un brillant reflet sur le premier, et laisse une triste impression de l'ingratitude et du peu d'élévation de sentiment des autres.

ramenant de Naples, par suite de capitulation, ses troupes dont la seule présence produisit une telle crainte sur les factieux, qu'ils s'arrêtèrent au milieu de leurs excès. Le vice-roi apprit par M. Darnay la triste fin d'un ministre qu'il aimait comme homme, qu'il estimait comme fonctionnaire, aux talents et à la probité duquel il rendait pleine et entière justice. Il donna des larmes à son affreuse mort, chercha à sauver les Milanais de leurs propres excès, puis il se rendit à Vérone avec la vice-reine, bien que cette courageuse princesse ne fût qu'au neuvième jour après ses couches. Eugène et sa famille furent reçus à Vérone par le feld-maréchal comte de Bellegarde avec le respect dû à un prince, à un général en chef et, par-dessus tout, à un ennemi loyal qu'on apprécie et qu'on estime.

Le voyage de Mantoue à Vérone n'ayant pas été contraire à la santé de la princesse, il fut décidé que l'on s'acheminerait immédiatement sur Munich. Le soin de conduire les enfants fut confié au baron Darnay, qui partit avec une escorte de 12 hommes fournis par le feld-maréchal. Le 27, la famille du prince Eugène quitta le royaume d'Italie. Elle arriva à Munich après un heureux voyage. Le prince et sa femme reçurent l'accueil le plus chaleureux de toute la population. Le roi, la reine et les princes les comblèrent de soins et de marques de tendresse.

• Dans un ouvrage intitulé *Mémoires sur la cour du prince Eugène*, on a prétendu que le prince avait quitté Mantoue avec peine; que les soldats italiens s'étaient ameutés en exigeant un arriéré de solde;

que le vice-roi, pour traverser le Tyrol, exaspéré contre lui, avait dû changer d'habits avec l'officier autrichien qui commandait son escorte. Toutes ces assertions n'ont pas le moindre fondement. Les troupes italiennes recevaient leur solde du trésor royal par le ministre de la guerre résidant à Milan. C'est à Milan que les payeurs des divisions prenaient les fonds : le prince était complétement étranger à tout cela. Les troupes italiennes montrèrent jusqu'au dernier moment, pour le prince et pour la princesse Auguste, la déférence la plus respectueuse. La famille du vice-roi traversa le Tyrol sans le moindre obstacle.

Le jour où il quitta l'Italie, le prince Eugène considéra sa vie politique et militaire comme terminée. Sa droiture et sa loyauté ne lui avaient pas permis de prêter même l'oreille aux propositions séduisantes des alliés; mais, à partir de l'instant où il fit ses adieux aux peuples gouvernés par lui, il se considéra comme dégagé de son devoir envers eux, et résolut de vivre désormais pour les siens, en dehors de toute action politique, étranger à tout changement quel qu'il fût.

A peine à Munich, le prince trouva des dépêches de Paris de l'impératrice Joséphine. On le pressait de se rendre en France pour veiller lui-même à la réalisation de la promesse qui lui avait été faite, par le traité de Fontainebleau, d'un établissement convenable à son rang et à la haute position qu'il occupait depuis 1805. Il partit donc pour la France. En arrivant à Paris, quelques jours avant la fin prématurée de son excellente mère, ainsi qu'on le verra par sa correspondance avec la princesse Auguste, Eugène fut rendre ses devoirs à Louis XVIII. Lorsqu'il se présenta à la cour, on eut la maladresse de l'annoncer au roi sous le nom du *marquis de Beauharnais*. Louis XVIII, se levant brusquement de son fauteuil et allant à sa rencontre, lui tendit affectueusement la main; puis, se retournant avec un mouvement de mauvaise humeur bien marquée vers la personne qui avait introduit le vice-roi : « *Dites Son Altesse le prince Eugène, monsieur*, s'écria-t-il, *et ajoutez, grand connétable de France, si tel est son bon plaisir.* » Nous ne citons cette anecdote, dont nous garantissons l'authenticité, que pour montrer combien amis et ennemis avaient su apprécier la belle conduite, le loyal caractère du prince.

Les souverains alliés le traitèrent tous avec la plus grande bienveillance, avec les plus grands égards. Mais l'un d'eux, l'empereur Alexandre, qui joua un si beau rôle à cette époque, se prit d'une amitié véritable pour le prince, et eut toujours pour lui, depuis cette époque, une affection dont sa correspondance peut seule donner une idée exacte.

Il fut question du duché de Gênes pour l'établissement du prince Eugène; puis, comme il fut décidé que les grandes puissances se réuniraient en congrès à Vienne, au mois d'octobre suivant, on résolut d'ajourner à cette époque la décision à prendre à son égard.

Non-seulement Louis XVIII et Alexandre témoignèrent une grande estime pour le prince, mais, en outre, Monsieur et ses enfants le comblèrent d'égards, surtout le duc de Berry, dont le caractère franc avait de l'analogie avec celui du vice-roi.

Eugène eut à cette époque la douleur de perdre sa mère adorée.

Après avoir donné quelques soins aux affaires de la succession, après avoir arrêté, de concert avec la reine Hortense sa sœur, les plans d'un monument funèbre pour la bonne impératrice Joséphine, le prince quitta Paris et vint attendre à Munich le moment de se rendre au congrès de Vienne, où l'empereur Alexandre l'avait fortement engagé à se trouver.

Le 25 septembre, il partit de Munich pour aller à Vienne avec trois personnes de sa maison. Il s'arrêta un instant à Salzbourg, y vit la princesse héréditaire de Bavière; puis, traversant Léoben, Bruck, le Simering, théâtre de sa glorieuse campagne de 1809, il atteignit le 29 la capitale de l'Autriche, où déjà se trouvaient réunis la plupart des souverains et des ministres qui devaient siéger au congrès. Il fut présenter ses hommages à l'empereur François et à la famille impériale. Il en fut bien accueilli; cependant quelques-uns des grands personnages alors à Vienne se tenaient avec lui dans les termes d'une réserve assez marquée. Cette réserve disparut au bout de quelques jours. En effet, l'empereur Alexandre s'étant empressé, à son arrivée, de se rendre en personne auprès du prince et ayant montré publiquement pour lui des attentions toutes spéciales, une affection qu'il ne témoignait à un aussi haut degré à personne autre, ce fut à qui des ministres et des princes aurait pour le vice-roi les plus grandes prévenances. Une intimité réelle ne tarda pas à s'établir entre Alexandre et Eugène ; chaque jour les deux nouveaux amis se promenaient à pied et pendant plusieurs heures à travers les rues de Vienne. La franchise, la loyauté, les talents dont il avait fait preuve, conquirent à Eugène, sans réserve et à tout jamais, l'attachement de l'empereur de Russie. En outre, la façon toute chevaleresque, toute française, avec laquelle le vice-roi s'était conduit en 1809, lors de l'occupation de Vienne par les armées de Napoléon, avait laissé dans cette ville des souvenirs qui n'étaient pas éteints. Le duc Albert de Saxe, dont Eugène avait habité le palais; le prince Esterhazy, l'archiduc Jean, son adversaire d'Italie et de Hongrie, le prince de Rohan, le prince de Cobourg, le comte de Goës, et enfin l'aimable et spirituel prince de Ligne, qui mourut pendant le congrès, formaient au vice-roi comme une sorte de cour d'amis qui ne le quittaient guère.

Alexandre avait naturellement, à cette époque, une grande influence au congrès de Vienne; Eugène se trouvait placé sous de puissants auspices pour obtenir la réalisation de l'article du traité de Fontainebleau qui lui assurait un établissement convenable. Ses droits étaient en outre soutenus avec chaleur par son beau-père le roi Maximilien. Il devait donc tout espérer, non-seulement de la justice de sa cause, mais des défenseurs qu'elle avait trouvés. Néanmoins, on voit par sa curieuse correspondance avec sa femme et avec l'empereur de Russie que les choses n'allaient pas aussi vite qu'on eût pu le croire.

L'Autriche cherchait à diminuer l'influence d'Alexandre. Le cabinet de Vienne manœuvrait avec habileté, et de ce que le prince Eugène était le protégé du czar, il ne s'ensuivait pas qu'il fût celui de l'empereur François II, du prince de Metternich, bien puissant à cette époque, et aussi du prince de Talleyrand, dont l'influence était considérable.

Le congrès marchait lentement. Le cabinet de Vienne entretenait cette lenteur apparente, tout en cherchant à recouvrer en dessous la prépondérance que la Russie semblait lui avoir fait perdre. Le prince de Metternich voulait non-seulement reprendre pour son pays les anciennes provinces détachées de l'empire d'Autriche à la suite des victoires de Napoléon, mais encore en obtenir de nouvelles. Il traitait séparément et en particulier avec les gouvernements ayant quelque contact avec l'Autriche. Il assurait un établissement en Italie à Marie-Louise, cherchait à faire oublier le titre de roi de Rome du fils de Napoléon en substituant à ce titre celui de duc de Reichstadt. Bref, cette puissance, dont la diplomatie a toujours été citée comme une des plus habiles de l'Europe, posait les bases de sa domination future en Allemagne et en Italie. Puis c'était à qui des cours de premier, de second, de troisième ordre, arriverait à s'agrandir aux dépens des États voisins. Au milieu des débats excités par tous ces intérêts si divers, et afin que les droits du prince Eugène fussent admis en principe, la fixation définitive de son sort était sans cesse ajournée. Tantôt on songeait à lui donner les îles Ioniennes, tantôt à l'indemniser d'une autre façon. Enfin, vers le milieu de février 1815, sur les représentations de la Bavière et sur les réclamations faites au nom de Maximilien par le prince de Wrède, le prince de Metternich sembla vouloir sortir du *statu quo* à l'égard du vice-roi. Il répondit, le 13, au plénipotentiaire de Maximilien :

« Les rapports d'amitié qui existent si heureusement entre l'Autriche et la Bavière placent les vœux du roi dans la première ligne de sollicitude de Sa Majesté Impériale. Aussi voue-t-elle aux intérêts de monseigneur le prince Eugène les égards qu'elle pourrait porter à ceux d'un prince de sa propre maison. Le soussigné, ministre d'État et des affaires étrangères, est expressément chargé de renouveler cette assurance à Son Altesse M. le prince de Wrède. D'après les différentes notes que Son Altesse lui a fait l'honneur de lui adresser sur cet objet, la cour de Bavière désire que les justes réclamations du prince Eugène en Italie soient prises en considération, et que l'on s'occupe incessamment de lui former un établissement. Pour le premier objet, l'empereur a donné l'ordre que le séquestre apposé sur les effets du prince en Italie, dans les provinces autrichiennes, soit levé sans difficulté; que, quant aux réclamations que le prince peut avoir à faire valoir dans les Légations et les Marches, l'Autriche en fera un objet particulier de négociation avec la cour de Rome lors de la rentrée des provinces occupées sous la domination de Sa Sainteté. Pour ce qui concerne enfin l'établissement futur du prince Eugène, l'empereur est entièrement disposé, non-seulement à employer ses bons offices, mais à se conformer à la marche que la cour de Bavière croira la plus propre à assurer le succès d'une négociation qui intéresse également les deux cours.

Tel était l'état des affaires du prince Eugène au congrès de Vienne, lorsqu'en mars 1815 un courrier extraordinaire vint annoncer inopinément la nouvelle du débarquement de Napoléon en France. Les souverains eurent connaissance de la dépêche pendant une fête qui avait lieu dans les appartements personnels de l'impératrice d'Autriche. Tous restèrent confondus. L'annonce du retour du grand capitaine, alors l'effroi de toutes les têtes couronnées de l'Europe, les remplit d'une crainte du reste assez légitime. Tous les yeux cherchèrent le vice-roi. Par un hasard singulier, il ne se trouvait pas à cette fête. Son absence fut interprétée dans le sens d'une complicité avec Napoléon. Lorsque le prince revint à minuit à son hôtel, sa demeure était déjà entourée par les agents de la police. Il était cependant si éloigné de la moindre connivence avec l'Empereur, qu'il n'apprit les événements de France qu'en rentrant chez lui. Le congrès fut rassemblé la nuit même. Alexandre proposa et fit approuver les mesures les plus énergiques; des courriers furent expédiés dans toutes les directions; chaque souverain se prépara à quitter Vienne pour aller activer la mise sur pied des contingents appelés à combattre de nouveau la France. L'empereur de Russie, qui ne crut nullement d'abord que le prince Eugène se fût mêlé du retour de l'île d'Elbe, donna lui-même à son ami tous ces détails, cherchant à lui prouver, sans en être probablement bien convaincu lui-même, l'impossibilité du succès de Napoléon. On commençait donc, à Vienne, à abandonner l'idée que le vice-roi fût pour quelque chose dans toutes ces affaires politiques, quand un singulier incident vint changer la face des choses et mettre de nouveau Eugène à l'index. Voici le fait tel que le raconte le baron Darnay, alors auprès du prince, à Vienne, et par conséquent témoin oculaire et auriculaire.

« Son Altesse Impériale et Royale madame la vice-reine avait accordé la permission à l'un de ses piqueurs français d'aller en France voir sa famille. A l'expiration de son congé, ce piqueur pensa à revenir à Munich; il alla, par respect comme par devoir, prendre les ordres de madame la duchesse de Saint-Leu, de l'intendant de Son Altesse Impériale et Royale à Paris, et de plusieurs amis. Ce serviteur se mit en route avec un simple passe-port de retour. Arrivé à Stuttgard, la police, qui avait eu l'ordre de surveiller tous les voyageurs, interrogea le piqueur de Son Altesse Impériale et Royale; ce dernier avoua ingénument qu'il était porteur de lettres pour le prince Eugène, son maître. La police wurtembergeoise crut voir dans ce simple serviteur un messager extraordinaire; il fut conduit sous bonne escorte de Stuttgard à Vienne. On fit grand bruit, au congrès, de l'arrivée de ce prétendu courrier. Les dépêches dont il était porteur y furent lues à haute voix et dans leur entier. A cette lecture, quelques ministres s'écrièrent que le prince Eugène était le complice du retour de l'usurpateur. Bientôt ces premières voix trouvèrent des échos, au point que l'empereur Alexandre fut pour ainsi dire critiqué en pleine séance de ses intimités avec un prince qui le trompait, disait-on. Le lendemain, l'empereur Alexandre, encore étourdi des cris qui s'étaient élevés contre le prince Eugène, lui envoya son aide de champ Czernicheff, qui remit à Son Altesse Impériale et Royale toutes les lettres décachetées, dont le congrès avait gardé des copies, et qui annonça au prince Eugène, de la part de son maître, que, après ce qui s'était passé dans le sein du congrès, il se trouvait obligé, par égard et même par devoir envers ses alliés, de cesser ses communications avec lui. Aussitôt on fit circuler le bruit que le vice-roi et toute sa maison allaient être envoyés dans les forteresses de la Hongrie et de la Transylvanie [1].

[1] Ces lettres étaient au nombre de cinq ou six. La première était de madame la duchesse de Saint-Leu, sœur de Son Altesse Impériale et Royale, qui parlait du retour de l'Empereur, du grand effet qu'il avait produit à Paris. Elle disait encore à son frère, probablement d'après les espérances trompeuses que lui insinuait Napoléon, qu'il amènerait l'impératrice Marie-Louise en France, et qu'elle viendrait les recevoir à Strasbourg. L'intendant de Son Altesse Impériale et Royale l'entretenait de ses affaires personnelles et jetait quelques phrases sur l'arrivée de l'Empereur. Le comte de Lavalette, dans une lettre courte, mais assez forte, s'épanchait sur l'arrivée de Napoléon et sur ses effets. Deux lettres m'étaient particulièrement adressées, l'une par mon frère, qui témoignait quelques inquiétudes et parlait de stupeur dans Paris; l'autre du chevalier Soulanges, qui éclatait d'enthousiasme : chacun disait les sensations qu'il avait éprouvées ; mais il n'y avait pas un mot, dans toutes ses lettres, qui pût, même avec la plus méchante interprétation, faire présumer que Son Altesse Impériale et Royale, ou qui que ce fût de sa maison, eût eu connaissance du retour de Napoléon. Ces

Le prince Eugène resta consterné aux déclarations de Czernicheff ; il s'empressa de parcourir toutes les lettres qui lui étaient adressées ou aux personnes de sa maison. Il n'y trouva pas un mot qui pût justifier les inductions calomnieuses que des ministres jaloux ou tourmentés par la peur avaient cherché à tirer de quelques phrases desdites lettres. Fort de sa conscience et des expressions mêmes de dépêches tout à fait naïves et familières, le prince Eugène se rendit auprès d'Alexandre, qui, les relisant froidement, reconnut qu'elles ne contenaient rien de semblable à ce qu'on avait cru y voir au congrès. Sa Majesté embrassa étroitement le prince son ami et promit de lui faire rendre sur-le-champ justice. Le temps pressait : le lendemain plusieurs monarques et ministres quittaient Vienne pour se rendre dans leurs États. »

Le prince Eugène écrivit à cette occasion à M. de Metternich la lettre suivante :

« Prince, je m'empresse d'avoir l'honneur d'accuser réception à Votre Altesse de la lettre qu'elle a bien voulu m'adresser par M. le baron de Henby. Je l'ai lue avec une vive reconnaissance et avec une émotion mêlée de surprise et de peine ; un homme dont toute la vie a été étrangère à l'intrigue, et qui n'a jamais été conduit par d'autres sentiments que par celui de ses devoirs, aurait droit de se croire à l'abri de tout complot, et plus encore de toute ven-

lettres donnaient à penser, au contraire, que ce retour inopiné devait surprendre étrangement le vice-roi. Aussi, toute insinuation perfide, toute calomnie, tombèrent à plat à la lecture réfléchie desdites lettres. La honte resta à ceux qui les avaient méchamment interprétées. (*Darnay*.)

geance; mais, puisque c'est un *parti* qui paraît me menacer, tous les excès sont vraisemblables. L'esprit de parti veut perdre tout ce qu'il ne peut entraîner, et la loyauté même ne saurait être alors un gage de sécurité parfaite.

« Recevez mes sincères remercîments. Vous voudrez bien sentir, je l'espère, que, pour profiter de vos avis bienveillants, j'aurais besoin de quelques lumières plus étendues et plus précises, car je ne saurais imaginer de quel côté je pourrais trouver des ennemis, moi qui n'ai d'autre but depuis longtemps que le repos et le bonheur de ma famille. Ayez donc la bonté de me confier les renseignements ultérieurs qui pourraient vous parvenir à ce sujet; Votre Altesse peut compter d'avance sur toute ma discrétion; veuillez bien déposer aux pieds de Sa Majesté l'empereur l'hommage de ma profonde et respectueuse gratitude pour ce nouveau témoignage de ses augustes bontés. »

La noblesse de caractère d'Eugène, sa loyauté bien connue, sa manière d'agir en toute circonstance, convainquirent enfin les membres du congrès ; aussi, dans l'une des dernières séances, il fut proposé un arrangement en sa faveur. Copie de cette proposition lui fut envoyée ; la voici :

« 1° La principauté de Ponte-Corvo, qui sera agrandie jusqu'à une population de 50,000 âmes. Cet agrandissement sera pris sur les États du roi de Naples, qui serait indemnisé par le pape auquel on rendrait les Légations à cette condition. Le prince Eugène posséderait cette principauté en toute souveraineté, mais il ne pourrait y fixer sa résidence que lorsque Sa Majesté l'empereur d'Autriche jugerait que les circonstances ne s'y opposent pas.

« 2° Le prince Eugène conserve ses dotations dans les Légations et sa fortune particulière, tant en meubles qu'immeubles, qu'il possède dans les provinces autrichiennes en Italie.

« 3° Le château de Bayreuth avec ses dépendances sera cédé au prince Eugène par Sa Majesté le roi de Bavière.

« Suivent les paraphes des ministres de Russie, de Prusse, d'Autriche, de Bavière. »

La proposition ci-dessus n'était pas de nature à satisfaire un homme qui avait occupé la position de vice-roi et qui avait épousé la fille d'un souverain. Elle n'était pas même capable d'offrir une ressource suffisante à la nombreuse famille d'Eugène. Il s'en ouvrit franchement et immédiatement à l'empereur Alexandre [1], et lui envoya le contre-projet suivant :

« Les circonstances actuelles ne permettent pas de fixer en ce moment, d'une manière convenable, la principauté qui doit être donnée au prince Eugène pour être possédée par lui en toute souveraineté; les arrangements contenus dans les trois articles ci-après ont été adoptés à son égard.

« 1° Les droits du prince Eugène à obtenir un établissement souverain, indépendant et convenable pour lui et sa famille sont reconnus, et les hautes puissances alliées s'engagent à lui donner cet éta-

---

[1] Voir à la correspondance de ce livre.

blissement aussitôt que les circonstances n'y mettront plus d'obstacle.

« 2° Le prince Eugène recouvrera et conservera la libre et entière jouissance de ses dotations et de ses biens particuliers, tant meubles qu'immeubles, dans tous les pays qui ont fait partie du royaume d'Italie, quels que soient les souverains auxquels ils appartiennent ou par les troupes desquels ils sont occupés.

« 3° Le château de Bayreuth avec ses dépendances sera cédé par Sa Majesté le roi de Bavière au prince Eugène, pour y fixer sa résidence, avec sa mille. »

Cette proposition fut agréée par les souverains, et, dès que le prince eut connaissance de la décision prise, il demanda ses passe-ports pour revenir à Munich en même temps que le roi son beau-père.

Après avoir rejoint la princesse Auguste, Eugène fit prendre des informations sur le château de Bayreuth. Il apprit alors que ce château était dans un tel état de dégradation et de nudité, qu'il ne serait pas habitable de six mois, même en n'y faisant que les réparations indispensables et en y plaçant le mobilier strictement nécessaire. Le vice-roi et la vice-reine se trouvaient donc fort embarrassés pour concilier leur résidence future avec les décisions du congrès, lorsqu'ils apprirent que l'empereur Alexandre, retournant dans ses États, allait passer par Munich pour faire sa cour à la princesse Auguste. Alexandre vint en effet et accepta même un déjeuner chez le prince. Eugène s'ouvrit à lui de la nouvelle position qui lui était faite par la décision prise de lui donner pour résidence le vieux château de Bayreuth. L'empereur de Russie lui répondit : « que les garanties qu'attendaient les alliés étaient dans la loyauté de la personne et non dans le lieu qu'il habiterait ; que les deux époux pouvaient rester à Munich, qu'il se chargerait d'apprendre cette détermination à ses alliés et s'engageait à la faire agréer par eux. » Eugène et la princesse restèrent donc à la cour de Maximilien pendant les Cent-Jours. Bientôt la bataille de Waterloo, la nouvelle abdication de Napoléon, la seconde entrée des alliés à Paris vinrent jeter la tristesse au cœur du vice-roi, qui, tout en voulant rester complétement étranger aux événements politiques pour se consacrer uniquement à l'éducation de ses enfants, n'en faisait pas moins les vœux les plus ardents pour sa patrie. Aussi, lorsqu'il connut les nouveaux dangers qui menaçaient la France, profitant de l'affection profonde qu'avait conservée pour lui l'empereur Alexandre, il lui adressa, le 5 juillet 1815, la belle et noble lettre suivante :

« Sire, Votre Majesté a daigné m'accorder la permission de me rappeler à son souvenir ; au milieu des soins importants qui fixent son attention, user trop souvent d'une semblable faveur serait en abuser ; mais j'y attache trop de prix pour ne pas en profiter quelquefois. Exprimer les sentiments qui l'attachent à vous, Sire, est un véritable besoin pour un cœur que vous avez rempli de la plus respectueuse et de la plus tendre admiration ; peut-être ne m'a-t-il jamais été plus nécessaire qu'aujourd'hui de me rappeler tous les honorables et touchants témoignages de bienveillance que j'ai reçus de vous.

« Votre Majesté connaît mon attachement pour ma patrie; elle devinera aisément tout ce que je souffre en voyant la France menacée des plus grands malheurs; un revers inouï l'offre maintenant presque sans défense aux coups d'une haine que ses longs succès avaient excitée et que trois années de désastres sans exemple paraissent n'avoir pu désarmer. Vous aviez seul modéré, l'année dernière, cette soif de vengeance qu'éprouvaient quelques-uns des ennemis de la France. Un nouvel abîme vient de s'ouvrir sous elle, et c'est encore votre main toute-puissante qui seule peut le fermer. Daignez, Sire, écouter les vœux qui vous seront adressés. En épargnant à ma patrie tous les maux d'une guerre étrangère, veuillez bien prévoir et éloigner aussi les malheurs plus terribles encore auxquels les dissensions intérieures pourraient la livrer. Tout ce que Votre Majesté fera pour les Français, elle le fera, j'ose l'en assurer, pour les hommes les plus dignes peut-être de l'admirer et de l'aimer. Mes espérances pour mon pays se fondent aujourd'hui sur la magnanimité de votre cœur, sur cette politique noble, libérale et généreuse dont vos conversations les plus intimes portaient l'empreinte. Ne pensez pas, Sire, que je puisse croire avoir besoin de réclamer votre générosité, je sais qu'elle est le mouvement le plus naturel de votre âme.

« Les décisions favorables à mes intérêts que j'avais dues à la bienveillance de Votre Majesté n'ont point encore reçu leur accomplissement; quoi qu'il en soit, je n'ai point d'inquiétude pour ma famille et pour moi. Je sais trop combien nous pouvons compter sur les bontés dont vous m'avez déjà donné tant de preuves.

« Je prie Votre Majesté d'agréer les vœux que la princesse et moi nous formons pour sa santé et pour son bonheur, et de recevoir le nouvel hommage de ma vive reconnaissance et de mon profond respect. »

Non content de s'occuper, autant que le lui permettait sa position nouvelle, du bonheur de la France, le prince Eugène voulut être pour ceux de ces malheureux compatriotes qui s'adressaient à lui une seconde providence. Il donna des secours à une foule de malheureux compromis par les derniers événements politiques, à beaucoup d'anciens militaires forcés de s'exiler; sa générosité s'étendit jusqu'à des officiers et soldats italiens et polonais. Le baron Darnay tenait registre de ces dépenses, il affirme qu'elles montèrent à 100,000 francs en 1815 et à 60,000 l'année suivante. Le comte de Lavalette, qui avait dû son évasion au noble dévouement de sa propre femme, reçut du vice-roi, son ami de cœur et son parent, la plus généreuse hospitalité.

Cependant, les souverains alliés se décidèrent à régler, pendant leur séjour à Paris, les intérêts du prince. M. de Metternich fut chargé de rédiger un mémoire, de le présenter aux différentes cours et d'indiquer les moyens de réaliser la promesse d'un établissement convenable.

Or il s'était produit dans la question une nouvelle phase que le prince ignorait lui-même. Par un rescrit du 4 juin 1815, les souverains, ne trouvant plus de ressources pour former un établissement en faveur d'Eugène (aucune puissance ne voulant faire de concession de territoire), avaient décidé qu'il serait donné au gendre du roi de Bavière une principauté de 50,000 âmes dans le royaume de Naples. Les cours de Russie, d'Autriche et de Prusse avaient pris de concert cet engagement. C'est donc sur ce nouvel acte que le prince de Metternich, dans son mémoire, eut à fixer l'attention des souverains. Le 21 novembre 1815, une conférence eut lieu à ce sujet, à Paris, et les résolutions suivantes furent adoptées :

« 1° Les engagements pris le 4 juin, à Vienne, entre les cabinets de Russie, de Prusse et d'Autriche, par rapport à un établissement convenable pour le prince Eugène, sont maintenus et seront exécutés de la manière la plus analogue aux circonstances actuelles ;

« 2° Les trois cours qui ont contracté ces engagements ouvriront sans retard, avec l'intervention et sous la médiation du gouvernement anglais, une négociation active avec la cour des Deux-Siciles, et réuniront leurs efforts pour engager cette cour à leur fournir les moyens de réaliser l'établissement stipulé pour le prince Eugène. »

Les expressions du deuxième paragraphe indiquaient suffisamment qu'il ne pouvait être question que d'une indemnité de la part de la cour de Naples, au lieu d'une possession de 50,000 âmes dans ledit royaume. L'Autriche n'aurait pu avoir d'autre pensée, puisqu'elle avait garanti à cette cour, par des traités antécédents, l'intégrité de ses États. L'Angleterre était dans les mêmes rapports avec Naples, et c'est sans doute pour cela qu'elle s'était interdit de prendre part à l'acte de Vienne du 4 juin 1815. On a su depuis que l'Autriche, en signant ledit acte, avait remis au même moment au commandeur Ruffo, ministre de Naples au congrès, une note explicative des faits, dans l'intention probable de préparer l'adhésion de son maître à ladite indemnité.

Les trois cours signataires du rescrit du 4 juin furent donc d'accord pour obliger, sous la médiation de l'Angleterre, le gouvernement napolitain à consentir une indemnité propre à former l'établissement promis au prince Eugène, en remplacement de la possession territoriale de 50,000 âmes qui lui était assignée, dans ses États, par ledit rescrit.

La question pour le prince Eugène avait bien changé de face; ce n'était plus l'État de Gênes, les îles Ioniennes, ni aucune autre possession territoriale qu'il était possible de lui donner... tout était absorbé par les puissances copartageantes... Ses intérêts, malgré les efforts d'Alexandre, avaient été oubliés... Il fallait recourir à d'autres ressources, c'est-à-dire, à une simple indemnité pécuniaire.

Dans cet état de choses, le roi de Bavière, toujours animé du plus tendre intérêt pour son gendre et pour sa famille, fit déclarer par son ministre, le comte de Rechberg, qu'il était prêt à aider les cours alliées à remplir leurs engagements envers le prince Eugène, en s'engageant à lui faire un établissement dans ses États, avec le produit de l'indemnité que fournirait la cour de Naples.

Les puissances alliées, en conséquence de l'acte du 21 novembre, donnèrent immédiatement des instructions à leurs ministres à Naples, pour entamer sur-le-champ et suivre activement la négociation stipulée par ledit acte. Le roi de Prusse y envoya un ambassadeur *ad hoc.* Il restait au prince Eugène à envoyer à Naples une personne de sa confiance, qui serait mise au courant de la négociation par le ministre de Russie, lequel avait des ordres positifs de sa cour à ce sujet; mais le viceroi, placé sous les auspices tutélaires du roi Maximilien, ne pouvait mieux faire que de se confier à sa tendre sollicitude : il se borna, pour répondre à l'intérêt particulier de l'empereur Alexandre, à faire remettre à l'ambasseur de ce souverain une note qui tendait simplement à démontrer que lui prince Eugène, en renonçant à la possession territoriale de 50,000 âmes, avait droit à une indemnité de 12,000,000 de francs. Ce calcul de compensation était fondé sur l'évaluation des revenus ordinaires d'une semblable possession en Italie, qui ne pouvait jamais être au-dessous de 600,000 francs de rente. Eugène ajoutait que cette indemnité était d'autant plus modérée, qu'elle délivrait la cour des Deux-Siciles d'une obligation tout à fait importune, celle de reconnaître et de souffrir au milieu de ses États un possesseur princier de 50,000 âmes; que les souverains alliés s'acquittaient ainsi envers le prince Eugène d'un engagement sacré, et que ces monarques avaient le juste droit de le mettre à la charge du roi de Naples, qu'ils avaient rétabli sur son trône par la force des armes et par des sacrifices communs.

Tandis que ces négociations avaient lieu à Naples, sous la médiation du ministre anglais, et avec le concours des ministres de Russie, de Prusse et de Bavière, le prince Eugène, en conformité de la déclaration du congrès, du 25 mars 1815, envoyait à Rome un fondé de pouvoir aussi intelligent que dévoué (le comte Ré), pour procéder à la reprise des biens personnels que ce prince possédait dans les États de Sa Sainteté, et en obtenait la jouissance et la paisible possession, aux conditions stipulées dans les premiers titres et accommodées aux lois qui régissent ces sortes de biens dans les États de Rome.

Le prince Eugène n'eut qu'à se féliciter des égards et des nobles procédés du pape Pie VII, qui se montra, en cette circonstance, son propre défenseur auprès du sacré collége, que Sa Sainteté rappelait sans cesse aux principes de devoir et de justice.

Un autre agent du vice-roi, également instruit et dévoué, le baron Bataille, son aide de camp, fut chargé de traiter à Milan, avec le gouvernement, de la reprise des propriétés personnelles que le viceroi possédait dans la Lombardie, et qui lui étaient conservées par la délibération du 25 mars. Eugène, désireux de condescendre aux intentions exprimées par l'empereur François, fit à son gouvernement, par un traité direct avec Sa Majesté, une vente générale de tous ses biens et meubles, tant à Milan que dans les provinces circonvoisines. L'Empereur voulut bien en même temps reconnaître, par un article dudit traité de vente, une créance de 2,700,000 francs, que le vice-roi avait laissée dans le trésor italien, et qui était le résultat d'un prêt fait par lui, de ses propres épargnes et deniers, au département de la guerre, pour les besoins de l'armée italienne[1].

La négociation de Naples marchait lentement. La cour des Deux-Siciles excipait de la garantie de l'intégrité de ses États, qui lui avait été donnée par l'Angleterre et par l'Autriche. La médiation paraissait écouter ses doléances, et se plaisait à voir une

---

[1] La cour de Vienne, inquiète de voir le prince Eugène possesseur de biens en Lombardie, et blessée des souvenirs chers et précieux attachés à son nom, imagina d'acheter tous les biens dont le vice-roi était propriétaire en ces provinces, afin d'effacer, s'il était possible, toute trace de son gouvernement. Eugène consentit noblement aux désirs de l'empereur François, et lui fit la vente de ses domaines en Lombardie. Précaution inutile de la part de l'Autriche! Il resta, à Milan et à Venise, trop de monuments élevés par le prince, il resta dans tous les cœurs trop de souvenirs pour que le nom d'Eugène ne soit pas toujours populaire dans ces pays.

Malgré l'article du traité de vente fait entre l'Empereur et le prince Eugène, qui reconnaît la légitimité de la créance, *dit le baron Darnay*, sur le trésor lombard (2,700,000 fr.), il n'a pas encore été possible d'en obtenir le recouvrement. L'Autriche ne cesse d'assurer que cette créance sera liquidée incessamment; mais, comme elle veut faire participer à cette liquidation tous les États d'Italie qui ont été rétablis dans leurs souverainetés par l'effet de ses efforts, elle convoque des réunions de commissaires de chacun de ces États, qui n'ont pas lieu par telle ou telle cause. En attendant, la créance reste insoldée. Il serait bien plus simple que l'Autriche, usant, à juste titre, de sa supériorité conquérante, prît sur elle d'assigner la part de chaque État, et de s'engager personnellement pour cette dette. *Cette créance n'a jamais été liquidée.*

infinité d'obstacles à l'exécution du rescrit du 4 juin, des trois puissances alliées. Au lieu de chercher à asseoir l'indemnité d'après les bases naturellement indiquées par l'esprit et la lettre dudit rescrit, qui accordait une possession territoriale de 50,000 âmes, on allait fouiller dans les vieilles chroniques pour y découvrir un cas semblable à celui où se trouvait le prince Eugène (un établissement convenable). Ces chroniques n'offraient que peu ou point de similitude avec l'espèce. Cependant on s'arrêtait à l'une d'elles à cause de son *minimun*, et on refusait obstinément d'établir un point de comparaison bien naturelle entre la valeur de l'argent dans ces temps extrêmement reculés et celle de l'époque (en 1816).

Enfin, après beaucoup de discussions, et malgré les efforts réunis des ministres de Russie et de Bavière, on ne put obtenir qu'une indemnité de 5,000,000 de France, payables en plusieurs années.

Dans cet état de choses, l'affaire fut évoquée à la diète de Francfort, chargée de suivre l'exécution des délibérations prises au congrès de Vienne par les souverains alliés. La décision proposée par la médiation de Naples et par les ministres des grandes cours fut acceptée par le prince Eugène, d'après les conseils du ministre de Russie à la diète. Celui-ci la fit porter au protocole, et le ministre de Bavière déclara, à la diète, que le roi son maître s'obligeait à donner, dans ses États, au prince Eugène, son gendre, l'établissement convenable qui lui était assuré avec les mêmes moyens que les quatre grandes cours mettaient à sa disposition.

Ces dispositions arrêtées, le bienveillant et généreux roi Maximilien laissa au prince Eugène le soin de chercher la résidence qui lui conviendrait le mieux parmi les anciennes principautés dont sa monarchie était détentrice. Le prince Eugène crut devoir s'arrêter à la principauté d'Eichstadt, bien que la position de cette résidence ne fût pas très-heureuse; mais elle offrait une grande étendue de chasse, exercice que Son Altesse Impériale et Royale aimait passionnément. D'ailleurs, le palais, autrefois résidence d'un prince-évêque, était d'une construction moderne, et pouvait être habité sur-le-champ, sans beaucoup de réparations.

Une fois le choix du prince Eugène arrêté, le roi Maximilien donna ordre à son ministre des finances de nommer un commissaire à l'effet de procéder à l'expertise et à l'estimation des biens et bâtiments composant la principauté d'Eichstadt, concurremment avec le délégué de Son Altesse Impériale et Royale.

Toujours généreux et grand, le roi signifia à son ministre qu'il voulait qu'on prît pour base des estimations un revenu de cinq pour cent.

Les variations survenues à cette époque dans la valeur des propriétés et dans leurs revenus, à cause du passage alternatif de l'état de paix à celui de guerre, auront pu jeter les commissaires dans des incertitudes ou les égarer dans leurs calculs. Toutefois, les intentions du roi étaient bien positives; et, si les revenus de la principauté d'Eichstadt n'ont pas répondu à l'attente du prince Eugène ou de sa succession, c'est à ces commissaires seuls qu'il faut en imputer le mécompte.

Après avoir fait ainsi régler les intérêts du prince Eugène et de sa famille, le roi Maximilien voulut établir, par un rescrit royal, l'état politique et le rang de son gendre dans sa monarchie. Sa Majesté, en conférant au prince Eugène le titre de duc de Leuchtenberg, et en lui concédant la propriété d'un régiment de chasseurs bavarois, eut l'intention bienveillante de rapprocher ce prince le plus possible de son trône, et de lui donner rang immédiatement après les princes de sa couronne.

Cette volonté se manifesta avec plus d'éclat encore lorsqu'à la grande satisfaction d'Eugène, le roi Maximilien, fidèle à ses promesses, accorda une constitution aux peuples de son royaume. Monument qui immortalise à jamais la mémoire de ce vertueux souverain, et que son successeur, le roi Louis, s'est fait gloire de consolider.

Seul à peu près de tous les membres de la famille de Napoléon, le prince Eugène trouva, après la chute de l'empire, une existence convenable à son rang et put jouir d'une véritable tranquillité. Les frères, les sœurs de l'Empereur, traqués par les polices anglaises ou autrichiennes, furent en butte à des persécutions absurdes, à des vexations puériles. Certains gouvernements étrangers semblaient prendre à tâche de faire payer aux parents du grand homme la peur que leur avait causée ce dernier, et les platitudes qu'ils s'étaient crus obligés de faire pour s'attirer ses bonnes grâces lors de sa toute-puissance. Mais, heureusement pour le vice-roi, il avait trouvé dans Maximilien de Bavière un prince aussi honorable et aussi bon que sa fille, la princesse Auguste, était belle et vertueuse.

Quoiqu'il fût irrévocablement fixé dans les États de son beau-père, Eugène n'en avait pas moins conservé des sentiments et le cœur d'un Français.

En outre, il garda constamment pour l'empereur Napoléon le plus vif amour filial. Nous en donnerons la preuve suivante :

En 1818, le 28 novembre, ayant appris par le comte de Las Cases, vivant en Europe à cette époque, les traitements indignes que le gouvernement anglais faisait subir à Napoléon, il ne craignit pas d'écrire à son ami l'empereur Alexandre la belle lettre ci-dessous :

« Sire, les journaux de divers pays rapportent que l'empereur Napoléon est privé des moyens de satisfaire aux premiers besoins de la vie, et que sa santé souffre des privations qui lui sont imposées.

« Ces rigueurs, si elles sont vraies, ne peuvent être dans l'intention des souverains et ne sont pas, j'en suis sûr, dans celle de Votre Majesté.

« Dans le doute inquiétant où je suis placé, Sire, c'est pour moi un devoir d'appeler sur le sort de celui qui fut l'époux de ma mère, qui fut mon guide dans la carrière des armes et de l'administration, et qui me combla de bontés, l'attention et l'intérêt de Votre Majesté ! Sans doute, il est loin de moi d'oser rien demander qui puisse compromettre le repos de l'Europe ; mais il est sans doute des moyens de concilier les intérêts de l'Europe avec les intérêts de l'humanité, et ces moyens, Votre Majesté les trouvera facilement dans son esprit et dans son cœur.

« Je ne demande pas grâce, Sire, pour la lettre que je prends la liberté de vous adresser aujourd'hui. Votre Majesté a daigné me mettre à portée de la bien connaître, je suis donc sûr que, loin de me faire un reproche de ma sollicitation, elle rendra justice aux sentiments qui me l'ont dictée.

« Daignez, Sire, agréer avec bonté les vœux que je ne cesse de faire pour votre bonheur, me conserver votre auguste et précieuse bienveillance et croire à la sincérité de mon respectueux dévouement. »

Le prince Eugène croyait pouvoir séparer complétement sa conduite politique de ses affections personnelles. Il ne fit jamais depuis son départ d'Italie en avril 1814 une démarche ayant trait aux affaires de l'Europe, sans consulter et prendre les avis de son beau-père, puis cela ne l'empêchait pas de se dire hautement et pour toujours le fils reconnaissant de Napoléon. Jamais il ne fut insensible aux douleurs de sa patrie; sans cesse il s'attacha à adoucir les infortunes de ses anciens compagnons de guerre, de la gloire desquels il se montra fier en toute occasion. Ayant appris par M. de Las Cases que l'Empereur manquait d'argent et lui demandait un envoi de mille louis par mois, ces mille louis furent mis par lui à la disposition de M. de Las Cases. On voulut insinuer de là que le prince Eugène conspirait en faveur de l'exilé de Sainte-Hélène. Il fut affecté pour son beau-père des calomnies qu'on répandait, mais il n'en suivit pas moins, cette fois comme toujours, la droite ligne du devoir et de l'honneur[1].

Eugène avait acheté des terrains à Munich et y avait fait bâtir un hôtel. Sa femme lui avait donné encore un enfant en 1817. En 1818, il eut la satisfaction de passer quelques heures sur le territoire

---

[1] Voici un curieux épisode que nous empruntons au journal manuscrit de la reine Catherine de Westphalie, femme du roi Jérôme :
Lundi, 25 mai 1818. — « Hortense m'a dit que le comte de Las Cases avait voulu venir la voir à Augsbourg, ainsi que le vice-roi, mais qu'eux le lui avaient déconseillé, parce que cela pourrait paraître suspect. Le prince Eugène lui a fait proposer de venir le voir à Baden, où il doit se rendre dans le courant de juillet. Elle m'a aussi parlé d'un projet de note ou pétition à remettre au congrès en faveur de l'Empereur ; cette pétition devrait être rédigée à Rome, et ne traiter uniquement que des moyens d'adoucir le sort de l'Empereur et de lui envoyer les objets dont il peut avoir besoin, tels que livres, objets d'habillement, etc., etc. Il faudrait aussi, dans cette note, insister pour que sir Hudson Low fût rappelé de Sainte-Hélène, et se garder surtout d'y rien mettre qui ait trait à la politique, ni directement ni indirectement. Cette pétition devrait être adressée par Madame aux souverains alliés, et signée par tous les membres de la famille. Hortense se propose d'en faire la proposition lorsqu'elle sera aux eaux de Lucques. Elle espère qu'on ne fera point de difficultés pour lui donner des passe-ports. Elle a un moyen sûr de faire cette proposition à Rome, puisqu'elle enverra son fils cadet près du roi Louis, pendant son séjour aux eaux. Son fils aîné doit la rejoindre là. Nous sommes convenues, Hortense et moi, d'un chiffre, pour nous écrire sur cet objet! Cela consiste à demander : *Si elle s'occupe toujours du dessin qu'elle m'a promis, et que j'espère qu'elle me l'enverra bientôt.* Elle croit que nous sommes mieux à même que les autres de faire parvenir cette pièce à sa destination, mais le tout est de l'avoir entre nos mains.

« J'ai un peu plaidé le faux pour savoir le vrai, en disant à Hortense que le vice-roi, à cause de sa position actuelle et de ses relations politiques, ne pourrait pas signer cette note. — Vous vous trompez, m'a-t-elle dit, Eugène serait très-peiné si la famille ne voulait pas le permettre. Je vous assure qu'il est tout à fait pour notre cause. Dans sa position, il croit devoir agir avec beaucoup de prudence. Il n'est soutenu que par le roi. Et je doute fort qu'il reste à Munich après la mort de son beau-père. Le prince Charles, au contraire, lui veut du bien, mais ce sera un bien faible soutien lorsque le roi lui manquera.

wurtembergeois avec son ami l'empereur Alexandre qui revenait du congrès d'Aix-la-Chapelle. Il mit le czar au courant de la conduite qu'il avait cru devoir tenir envers Napoléon et en fut loué. Lorsque la mort vint enlever le grand homme, lui et la princesse Auguste montrèrent un chagrin profond.

Maximilien avait un fils aîné, le prince héréditaire, qui aimait beaucoup Eugène, mais celui de ses beaux-frères avec lequel le vice-roi se lia de l'amitié la plus étroite fut le prince Charles de Bavière, second des enfants du roi, ce fut le prince Charles, encore vivant aujourd'hui, qui, d'après le testament d'Eugène, devint par la suite l'exécuteur de ses volontés dernières.

En 1822, l'aînée des filles du prince Eugène épousa le prince royal de Suède. Elle est aujourd'hui reine douairière de Suède, et c'est à cette princesse que nous devons la communication des lettres précieuses de son père à la vice-reine.

Au commencement de 1823, Eugène fut frappé d'une première attaque qui mit son existence en danger. Ce triste accident révéla aux yeux de tous combien cet excellent prince était apprécié et aimé. Pendant tout le cours du mois d'avril et pendant la première quinzaine de mai, les églises ne désemplissaient pas de fidèles priant le Très-Haut d'épargner les jours du gendre de Maximilien. Enfin le mal fut conjuré et le prince entra en convalescence. La future reine de Suède fit ses adieux à son père pour se rendre à Stockholm. Elle était accompagnée du colonel comte Tascher, qui n'avait pas quitté le service du prince dont il était resté le fidèle aide de camp.

Les eaux de Marienbad furent ordonnées au duc de Leuchtenberg, qui s'y rendit et se trouva bien de leur usage. Rentré à Munich à la fin d'août, à la suite d'une longue chasse au sanglier, exercice pour lequel il avait conservé une grande prédilection, le prince Eugène se plaignit de vertiges. Depuis lors, et jusqu'au 21 février 1824, le mal ne fit qu'empirer. Pendant cette nuit, il succomba, emportant dans la tombe les regrets universels [1]. Lorsque cette nouvelle fut annoncée à Louis XVIII, ce monarque s'écria : « J'en suis bien peiné!... le prince Eugène était un honnête homme et un homme de bien. » Napoléon avait répété à plusieurs reprises à Sainte-Hélène : « *Eugène ne m'a jamais causé le moindre chagrin.* » Voici le jugement que le grand capitaine avait porté sur son fils adoptif : ce doit être le jugement de la postérité :

« Il est rare et difficile, disait Napoléon, de réunir toutes les qualités nécessaires à un grand général. Ce qui était le plus désirable et tirait aussitôt quelqu'un hors de ligne, c'est que chez lui l'esprit ou le talent fût en équilibre avec le caractère ou le courage ; c'est ce qu'il appelait être *carré*, autant de base que de hauteur. Si le courage, continuait-il, était de beaucoup supérieur, le général entreprenait vicieusement au delà de ses con-

---

[1] Eugène mourut sans avoir eu le bonheur de voir son fils, le prince Max de Leuchtenberg, devenir l'époux de la plus belle princesse de l'Europe, fille de son ami l'empereur Alexandre, la grande-duchesse Marie de Russie.

ceptions; et, au contraire, il n'osait pas les accomplir si son caractère ou son courage demeurait au-dessous de son esprit. Il citait alors le vice-roi, chez lequel cet équilibre était le principal mérite, qui suffisait néanmoins pour en faire un homme très-distingué. »

Alexandre, resté constamment l'ami fidèle et sincère du prince Eugène depuis 1814, écrivit les deux lettres ci-dessous à la malheureuse duchesse de Leuchtenberg dès qu'il apprit la mort du prince :

« Madame, je reçois à l'instant la nouvelle de la perte que vient de faire Votre Altesse Royale. Vous ne pouviez, madame, être frappée d'un coup plus douloureux, et votre soumission aux décrets de la Providence divine vous offrira seule les soulagements que la religion ne refuse jamais au malheur. Le vôtre en est un pour tous ceux qui ont connu le prince Eugène, et qui ont eu, comme moi, occasion de juger et d'apprécier sa belle âme. Il laisse à ses enfants le plus noble héritage : une mémoire sans tache, des regrets universels, un nom glorieux et une estime qui s'est en quelque sorte identifiée à ce nom [1]. Pour moi, madame, je vous présente ici l'expression d'une douleur qui a toute la sincérité de l'attachement que je portais au duc de Leuchtenberg, et, en m'associant du fond de mon cœur à vos peines, je prie le Tout-Puissant de répandre ses bénédictions les plus abondantes sur Votre Altesse

---

[1] Croit-on que, si le prince Eugène, en 1814, eût trahi la France, comme le dit Marmont, l'empereur Alexandre, mieux placé que tout autre pour savoir à quoi s'en tenir à cet égard, eût écrit de pareilles choses à sa veuve?

Royale et sur la famille qui réclame plus que jamais ses soins maternels et sa vive sollicitude.

« Agréez, madame, avec ces assurances, celle de mon affection invariable et de mes sentiments très-distingués.

« Je venais d'offrir à Votre Altesse Royale un tribut sincère de regrets et d'affliction, lorsque j'ai reçu la lettre qu'elle a bien voulu m'adresser, en date du 9 février. Croyez, madame, que je prends la part la plus vive à votre douleur, et que l'affection personnelle que j'ai vouée à Votre Altesse Royale du moment où je l'ai connue augmente encore, s'il est possible, les sentiments que m'impose sa situation. Les enfants du duc de Leuchtenberg ont des titres invariables à mon constant intérêt, et il n'y aura pas d'occasion où je ne me fasse un devoir de leur prouver combien j'ai estimé et affectionné leur père.

« Il m'est doux de pouvoir réitérer à Votre Altesse Royale l'expression du sincère et respectueux attachement que je lui porte. »

On prétend que le prince Eugène, en recevant de l'empereur de Russie, nous ne saurions dire à quelle époque, la proposition de se joindre aux alliés, répondit au czar :

« Sire, j'ai reçu les propositions de Votre Majesté; elles m'ont paru sans doute fort belles, mais elles ne changeront pas ma détermination. Il faut que j'aie joué de malheur lorsque j'ai eu l'honneur de vous voir, puisque vous avez gardé de moi la pensée que je pourrais, pour un prix quelconque, forfaire à l'honneur. Ni la perspective du duché de Gênes, ni celle du royaume d'Italie ne me porteraient à la trahison. L'exemple du roi de Naples ne peut me séduire. J'aime mieux redevenir soldat que souverain avili. L'Empereur, dites-vous, a eu des torts envers moi, je les ai oubliés, je ne me souviens que de ses bienfaits. Je lui dois tout : mon rang, mes titres, ma fortune, et, ce que je préfère à tout cela, je lui dois ce que votre indulgence veut bien appeler ma gloire. Je le servirai tant qu'il vivra; ma personne est à lui comme mon cœur. Puisse mon épée se briser entre mes mains, si elle était jamais infidèle à l'Empereur et à la France ! »

Nous doutons que cette lettre, dont nous n'avons pas l'original, ait été écrite par le prince. Elle ne rappelle ni le style, ni la façon de s'exprimer du viceroi, qui était beaucoup plus simple dans ses écrits comme dans ses paroles. D'ailleurs nous ne comprenons pas ce que veut dire cette phrase : *Lorsque j'ai eu l'honneur de vous voir*. Nous croyons qu'avant 1814 Eugène n'eut jamais occasion de voir l'empereur Alexandre, et cependant cette lettre n'aurait plus de sens, écrite après la première abdication.

Un autre fait, qui paraîtrait plus probable, mais dont nous ne pourrions cependant pas garantir l'authenticité, bien qu'il nous ait été affirmé par des gens dignes de foi, ayant approché de près le prince Eugène, de qui ils prétendent le tenir, est celui-ci :

« En 1821, lord Kinnaird vint à Munich pour voir le prince Eugène; il était chargé pour lui d'une mission du duc d'Orléans, plus tard roi des Français. Ce prince, voyant que tout allait mal en France, et prévoyant de nouveaux bouleversements, faisait demander au prince Eugène, par son ami, s'il voulait consentir à une promesse réciproque de s'entendre, de se soutenir, de faire cause commune; enfin, et si le sort favorisait plus l'un que l'autre, le moins heureux devait rester en France, soutenu par le plus heureux. Le prince Eugène répondit qu'il consentirait volontiers, pour le bonheur de la France, à s'associer au duc d'Orléans, ancien ami de son père, et dont il connaissait l'honorable caractère, mais qu'il devait en même temps le prévenir que si le sort le rendait le maître, ce serait toujours pour ramener en France le fils de Napoléon; qu'accepter la première place pour lui lui paraîtrait une trahison, et que, si la France en décidait autrement, il bornait toute son ambition à la servir comme simple particulier. »

Nous n'avons entre les mains aucun document qui établisse suffisamment ce fait.

CORRESPONDANCE

RELATIVE AU LIVRE XXIX.

1814—1824.

« Je viens de recevoir la lettre de Votre Altesse Impériale du 20 de ce mois. La loyauté fut toujours la première vertu des princes comme du soldat, et la noble franchise avec laquelle Votre Altesse Impériale me parle de ses devoirs passés, de ses espérances présentes, de ses sentiments, de ses regrets même, ajoute encore à mon estime. Elle était acquise à sa valeur, à ses talents militaires et à son caractère. Je la dois également aujourd'hui à ses principes, à sa conduite, et il me sera bien agréable dans les arrangements qui vont se traiter de trouver l'occasion de lui donner des preuves de l'intérêt réel que je lui voue à elle et à sa famille et des nouveaux témoignages de mes invariables sentiments. »
_{L'empereur Alexandre à Eugène. Paris, 26 avril 1814.}

« Lorsque, dans les premiers moments de mon entrée à Paris, je jugeai qu'il était de toute justice
_{Alexandre à Eugène. Paris, 27 avril 1814.}

qu'il fût assuré un état convenable à la famille de l'empereur qui allait abdiquer, j'obéissais à un sentiment intime, mais général. J'ai apprécié depuis le caractère de Votre Altesse Impériale ; cela a ajouté à mon désir de lui donner des preuves plus particulières de mon estime. Je ne pouvais pas répondre d'une manière franche à ses deux dernières lettres, et je lui renouvelle avec plaisir l'expression de tous mes sentiments. »

Eugène à la vice-reine. Paris, 9 mai 1814.

« Ma bonne Auguste, je suis arrivé ce matin à la Malmaison de très-bonne heure ; j'y ai trouvé l'Impératrice et ma sœur en très-bonne santé, elles me chargent de mille choses pour toi... Je m'étais fait devancer par une lettre au roi de France, car je ne pouvais en aucune manière arriver ici sans me présenter d'abord à lui ; aussi, à peine avais-je embrassé ma mère, que j'ai reçu l'autorisation de me présenter aux Tuileries. J'ai effectivement présenté mes hommages à Louis XVIII, qui m'a parfaitement reçu et m'a demandé de tes nouvelles avec beaucoup d'intérêt. J'ai vu chez le roi Monsieur et le duc de Berry son fils, je compte demain les voir chez eux et me présenter aussi chez les empereurs et les rois alliés. J'espère voir ton frère Louis ce soir, je le lui ai fait demander ; j'ai su que Charles était parti pour Munich ce matin même : nous nous serons rencontrés sans nous reconnaître.

« Venons à nos affaires : je m'en occuperai demain ; mais, d'après tout ce que j'ai déjà appris, il ne faut pas nous attendre à être trop bien traités. Chacun veut se partager le gâteau ; c'est énorme ce que chacun a la prétention d'avoir, et il est bien vrai de dire que les liens de famille les plus sacrés sont comptés pour rien en politique... Quand j'aurai vu moi-même tous les princes, je t'en dirai davantage, et te dirai au reste toujours la vérité. On voulait nous donner Gênes afin de n'avoir rien à nous donner sur le Rhin. Parle-t-on de Francfort, de Mayence, etc.; celui-ci le réclame pour lui. Parle-t-on de Berg, de Cologne ; c'est celui-là. Enfin je ne sais pas quel coin on prendra pour nous assurer un établissement, et on ne sait par qui se faire appuyer, puisqu'on lèse toujours ou des prétentions ou des intérêts. Je retourne à la Malmaison, d'où je t'écrirai plus à tête reposée. Je suis bien impatient d'apprendre l'arrivée de nos petits anges[1]. Prends bien soin de ta santé, ma bonne Auguste ; notre tendresse mutuelle est le plus sûr bonheur dont nous puissions jouir en ce monde.

« Ci-joint copie d'une lettre de *l'empereur Alexandre*, que j'ai reçue en route. »

Eugène à la vice-reine. Malmaison, 13 mai 1814.

« Ma chère Auguste, je t'écris quelques mots d'ici, où je suis revenu après avoir fait toutes mes visites aux empereurs, rois et princes. Je ne puis assez te dire quel accueil gracieux j'ai reçu de tous. Ils m'ont promis de me porter intérêt lorsqu'il s'agira de me faire un sort; il paraît que pour le moment on ne s'occupe ici que de régler et terminer la paix avec la

---

[1] Ils avaient pris une autre route que celle suivie par leurs parents, probablement à cause du grand nombre de chevaux nécessaires.

France, ensuite on se partagera le gâteau, et je ne puis comprendre encore, vu les prétentions de chacun, comment on arrivera à s'entendre. Ma mère et ma sœur me chargent de t'embrasser ainsi que nos enfants. J'espère pouvoir remplir bientôt moi-même cette commission, car il me tarde de sortir de toutes les intrigues que je vois. Retiens bien ceci et pour toi seule : ce n'est pas encore fini en France, et je plains du fond de mon âme ce malheureux pays... J'ai su trop tard que Wrède envoyait un courrier à Munich; ma lettre ne partira que demain. J'attends avec la plus vive impatience de tes nouvelles.

« *P. S.* Mes respects au roi et à la reine. J'embrasse nos petites sœurs et Charles; un souvenir aimable à ces dames. »

Eugène à la vice-reine. Malmaison, 16 mai 1814.

« J'ai passé deux jours à Saint-Leu, ma bonne et chère Auguste, et n'en suis revenu qu'aujourd'hui. L'empereur de Russie est venu passer une journée chez ma sœur, et tu ne peux te faire une idée combien il a été bon et aimable pour nous. Je lui ai parlé de nos intérêts, et il m'a assuré avec une grâce parfaite qu'il se chargerait de notre sort; qu'il espérait qu'il serait beau, quoique, a-t-il dit, il ne le serait jamais autant que nous le méritions. Je t'ai déjà mandé que les autres souverains m'avaient parfaitement reçu. J'ai vu ce matin leurs ministres et de Wrède, ils m'ont tous promis de l'intérêt. Nous en sommes donc toujours à des promesses, mais du moins sont-elles fort belles. J'ai parlé à Metternich pour nos affaires laissées en Italie ; il m'a demandé une note des objets en question, et je la lui enverrai aujourd'hui. J'ai vu Louis chez lui ce matin; il compte aller pour douze ou quinze jours en Angleterre; il m'a promis de venir dîner demain ici. Dans la semaine prochaine je ferai mes visites de congé, et puis je reprendrai avec grand plaisir la route de Munich. Je ne présume pourtant pas que nos affaires soient terminées avant quelques mois. »

Eugène à la vice-reine. Malmaison, 19 mai 1814.

« Quoique je n'aie rien de bien positif à t'annoncer sur nos affaires, ma chère Auguste, je m'empresse pourtant de t'assurer qu'elles sont beaucoup plus tranquillisantes.

« L'empereur de Russie y met particulièrement le plus vif intérêt, et, sans pouvoir encore te dire où, on m'assure que nous aurons une principauté en Allemagne. J'ai vivement réclamé contre le séquestre mis en Italie, et on a dû donner des ordres en conséquence. En attendant, tranquillise-toi, je t'en conjure, et comptons plus que jamais sur la Providence qui ne peut en conscience nous abandonner. Je te dirai que je suis vivement touché de la manière dont je suis traité par tout le monde : amis, ennemis, et de toutes les nations, on me témoigne la plus haute estime. Les Français désireraient beaucoup que je fusse encore utile à leur malheureux pays, car je suis peut-être le seul ici hors des partis... mais j'ai tenu avant tout à rester indépendant. J'espère bien que tu n'auras pas cru un seul moment à la nouvelle du journal sur ma nomination comme maréchal de France. Puisque je ne te l'ai pas mandé, c'était faux.

Adieu, bien chère Auguste; si je vois nos affaires en bon train, je resterai une semaine de plus. D'ailleurs je me réglerai sur les départs des empereurs. Ma mère et ma sœur t'embrassent. Je me suis occupé de leurs affaires, qui seront, je crois, terminées dans deux jours. »

<small>Eugène
à la vice-
reine.
Paris,
22 mai 1814.</small>

« Ma chère Auguste, je suis venu passer la journée ici pour voir Louis qui part pour l'Angleterre... J'apprends à l'instant même que le prince de Metternich a fait partir un courrier pour Milan avec les ordres de lever le séquestre de tout ce qui m'appartient. Quant à notre sort futur, je te répète qu'il est en fort bonnes mains. J'ai vu hier l'empereur Alexandre, et il m'a dit que je n'avais à me mêler de rien, qu'il se chargeait de tout et qu'il avait l'amour-propre de croire que je serais content de lui. Je ne puis assez te dire combien il est bon et aimable pour tout ce qui regarde ma famille. Il espère faire la connaissance à Munich. Il part dans huit jours pour l'Angleterre, et ce sera à la même époque que je me mettrai en route pour te rejoindre. Mes hommages et tendres respects au roi et à la reine. »

<small>Eugène
à la vice-
reine.
Malmaison,
25 mai 1814.</small>

Ma bonne Auguste, je suis ici au milieu de malades, étant moi-même fort enrhumé depuis quatre à cinq jours... Notre mère est bien souffrante depuis deux jours, et ce matin elle a beaucoup de fièvre; le médecin dit que ce n'est qu'un catarrhe, mais moi je ne la trouve pas bien du tout. Ma sœur a une forte fluxion. Leur sort sera bientôt fixé, j'espère, et assurera leur tranquillité future. Il est toujours positif que nos affaires ne se termineront qu'à Vienne, mais que l'empereur Alexandre se fera notre chargé de pouvoirs et assure qu'il y défendra nos intérêts.

« Depuis ma dernière, l'Impératrice notre mère est devenue plus malade, ma bonne Auguste. On lui a appliqué hier un vésicatoire, et on craignait cette nuit que la fièvre catarrhale se changeât en fièvre maligne. Aujourd'hui il doit y avoir une consultation de médecins. Tu dois comprendre toutes mes inquiétudes. J'espère encore que dans trois ou quatre jours les plus forts accès de la maladie seront passés. Mon rhume va mieux... Aussitôt que notre mère sera rétablie, je prendrai congé de tout le monde et je partirai pour Munich. On parle toujours d'un congrès à Vienne, où se termineraient toutes les affaires étrangères à la France. Il paraît que ce congrès n'aura lieu que dans deux mois et n'en durerait qu'un. Ainsi voilà *au plus tôt* l'époque à laquelle nous pouvons espérer voir nos affaires terminées. Ma sœur, qui va mieux aussi, a dû t'écrire avant-hier. Notre mère, qui sait que je t'écris, te dit mille choses. »
Eugène à la vice-reine. Malmaison, 28 mai 1814

« Ma bonne Auguste, je suis au désespoir : la maladie de l'Impératrice prend un caractère tellement grave, que nous avons dû faire faire hier une nouvelle consultation de médecins. La maladie a dégénéré en fièvre putride. Ce matin, les médecins ont très-peu d'espoir. Je la quitte à l'instant, et je la trouve moi-même très-mal. Tout cela m'a tellement bouleversé,
Eugène à la vice-reine. Malmaison, 27 mai 1814.

que j'ai eu un petit accès de fièvre ; je suis resté la soirée dans mon lit. J'ai beaucoup transpiré, et je vais mieux ce matin. Je ne puis te rendre l'état dans lequel ma sœur, moi et toute la maison se trouvent! Je tremble que notre pauvre mère ne passe pas la journée. Adieu, je n'ai pas la tête aux affaires aujourd'hui. »

Le comte Méjan à la baronne de Wurhms. Paris, 29 mai 1814.

« Madame la baronne, monseigneur a écrit à madame la princesse et lui a donné des nouvelles de l'état désespéré où se trouvait dès lors l'impératrice Joséphine. A huit heures, je suis arrivé à Malmaison, et j'ai écrit un mot à M. Bromica pour lui confirmer les tristes détails de la lettre du prince. A midi, la bonne et tendre mère des plus tendres et des meilleurs des fils n'existait plus. Son Altesse Impériale m'a ordonné de vous mander ce cruel événement, afin que vous l'annonciez à son auguste épouse avec toutes les précautions et en employant tous les moyens de consolation que votre cœur vous suggérera. Ce ne sera pas pour notre adorable princesse une médiocre consolation que de savoir que Sa Majesté a passé dans un autre monde, qui sans nul doute sera meilleur pour elle, dans les sentiments de la plus parfaite, de la plus vive piété et de la plus touchante résignation, et qu'elle a reçu tous les sacrements que la religion lui offrait dans ce moment fatal, avec une connaissance qui lui a permis d'en apprécier les bienfaits et qui doit lui en assurer l'éternelle récompense. Je ne vous parle pas, madame, de la douleur du prince, de la reine, de tous les serviteurs de la maison ; jamais douleur n'a été plus vive, mieux sentie et aussi mieux méritée! Le prince et la reine vont se rendre à Saint-Leu ; je retourne demain auprès de Son Altesse Impériale, qui a grand besoin de repos, et encore plus grand besoin de tranquillité que de consolation, si la profonde affliction de son cœur permettait de s'exprimer ainsi. »

« Il n'est que trop vrai, ma chère Auguste, que j'ai fait hier une perte irréparable : quelques heures après le départ de ma lettre, notre pauvre mère a expiré !... Elle a fini comme elle a vécu, avec un calme et une résignation parfaite, et les secours de la religion lui ont été bien utiles. Je ne te parlerai pas de ma douleur, elle est à son comble et se conçoit; ma pauvre sœur est dans un état pitoyable, ce funeste événement l'a bouleversée. Une véritable consolation pour nous sont les regrets que tout le monde porte à cette femme bienfaisante qui n'a mis son bonheur en ce monde qu'à faire des heureux et qui le quitte sans laisser un seul ennemi. Tu partageras bien ma douleur, ma chère Auguste, car tu aimais bien notre tendre mère qui t'aimait autant que sa propre fille. Mon départ va être retardé par ce cruel événement, car je ne puis en ce moment prendre congé de personne, et puis je resterai pour terminer mes affaires avec ma sœur, et en conscience je n'ai ni le cœur ni le courage d'y penser à présent. Je compte donc passer ici en retraite quelque temps, je resterai ensuite ma dernière semaine à Paris et partirai ensuite. »

<small>Eugène à la vice-reine Saint-Leu, 30 mai 1814.</small>

Eugène à la vice-reine. Saint-Leu, 1ᵉʳ juin 1814.

« Ma santé est meilleure, ma bonne et chère Auguste, celle de ma sœur aussi, mais notre douleur est toujours bien profonde et bien vivement sentie. Un motif de consolation pour nous est de voir comme nos regrets sont universellement partagés. Tu te figures à peine le nombre des personnes qui passent chez nous ou qui nous écrivent pour des compliments de condoléance. Demain on rend à notre mère les derniers devoirs; je sais qu'un monde infini y sera. Son corps sera enseveli dans l'église de Rueil, près de Malmaison, où nous lui ferons élever un monument et fonderons des messes. Cette lettre ne devant probablement partir qu'après-demain, je t'écrirai demain les détails de cette triste cérémonie. Tu vas t'occuper de ton deuil : six semaines très-grand deuil en étoffes de laine, six semaines grand deuil, soie et crêpe, et trois mois de deuil en diminuant... Ordonne à Triaire de faire habiller de noir les valets de chambre, les valets de pied et gens de l'écurie, nécessaires à ton service. Je m'occuperai ces jours-ci de l'organisation provisoire de notre maison, et, afin que cela puisse commencer le 1ᵉʳ juillet, deuxième semestre de l'année. Il faudra ne garder que ce qui nous sera le plus nécessaire, le personnel étant trop considérable. Tu pourrais m'envoyer Hennin à Paris; il arriverait encore à temps, car je vois bien qu'avec les notaires et autres gens d'affaires j'en aurai bien encore pour quinze jours avant d'avoir terminé. Et pourtant cela est bien nécessaire pour nos intérêts, car ma présence lève bien des difficultés. Tous les souverains ont été parfaits dans cette circonstance et particulièrement l'empereur Alexandre. Il viendra nous voir demain. Tu ne peux croire toute l'amitié qu'il me témoigne, il désire et espère bien te connaître dans trois semaines. »

Eugène à la vice-reine. Saint-Leu, 2 juin 1814.

« L'empereur de Russie est parti de Paris vingt-quatre heures plus tôt, afin de pouvoir passer une journée entière avec nous. Il a eu la bonté de partager nos regrets et je ne puis t'exprimer combien il a été bon et aimable dans cette circonstance : il continue cette nuit son voyage pour l'Angleterre sans retourner à Paris. Je te citerai de lui, quand nous nous reverrons, mille traits meilleurs les uns que les autres. Ces consolations ont été d'autant plus douces pour nous, aujourd'hui même, que ce fut à midi qu'a eu lieu l'enterrement de notre bonne mère. Tout s'est passé avec dignité et convenance; il y avait une foule considérable, beaucoup de Français et d'étrangers. L'oraison funèbre a, dit-on, arraché des larmes à tout ce qui a pu l'entendre; l'église était pleine. Il était bien aisé, dans le fait, de dire tout le bien qu'elle avait fait dans ce monde. Nous pleurons bien, ma sœur et moi, sur le souvenir de cette bonne et tendre mère, et les larmes que je répandrai ces jours-ci sur son tombeau ne seront bien certainement pas les dernières, car je la pleurerai toute ma vie. »

Eugène à la vice-reine. Saint-Leu, 3 juin 1814.

« Il y a aujourd'hui huit jours, ma bonne Auguste, que j'ai eu le malheur de perdre ma bonne mère, et depuis huit jours il ne m'a pas encore été possible de m'occuper que de mes larmes. Cette semaine nous tâcherons d'avancer les affaires; on m'a déjà prévenu qu'elles seraient embrouillées et que nous aurions beaucoup de dettes à payer.

« Je voudrais partir de Paris sans rien devoir à personne, et cela me sera, j'espère, possible. Enfin, ma bonne amie, si mon retour se retarde d'une semaine, tu ne m'en voudras pas, car tu pourras comprendre et toutes mes peines et tous mes embarras. Tous les souverains alliés sont, dit-on, déjà partis; l'empereur de Russie compte être à Munich à la fin du mois; et il est bien certain que j'y serai avant lui... »

Eugène à la vice-reine. Saint-Leu, 11 juin 1814.

« Bataille est arrivé hier après midi, ma bonne Auguste; tu comprendras tout le bonheur que j'ai eu de causer avec lui sur toi et ma charmante petite famille. Il m'a tranquillisé sur la santé de notre petite Joséphine, et je lui ai fait répéter vingt fois que tu te portais bien. Excepté une profonde tristesse, je suis tout à fait remis. Je prends des bains et du jus d'herbes... Je n'ai pas cru convenable de paraître après la mort de ma mère, avant quinze jours de retraite; ainsi je compte aller à Paris la semaine prochaine; je l'emploierai à mes affaires et à prendre congé, puis je reviendrai ici pour deux jours pour faire mes adieux à ma pauvre sœur qui va se trouver bien seule et bien triste! Soulanges, que j'ai chargé du détail de la succession, fait tout ce qu'il peut pour accélérer. On réunit l'état des dettes; elles passeront de beaucoup deux millions, cela est vraiment affligeant. Pourtant tu dois être parfaitement tranquille, car je m'en tirerai avec honneur, et ne quitterai pas Paris sans avoir payé ou assuré du moins le payement du tout. Mande-moi si tu as des nouvelles de Ré[1]. Bataille m'a dit que tu avais eu l'intention de partir pour venir ici; autant j'aurais été heureux de te voir, autant je suis aise que tu aies renoncé à ce projet. Tu n'aurais pu venir ici sans être présentée, et il eût été très-probable qu'on ne t'aurait pas accordé, dans ce moment-ci, le rang qui t'est dû, ce qui eût été fort embarrassant. Je compte toujours être à la fin du mois à Munich... Adieu, ma bien chère Auguste, j'espère que nous nous réunirons bientôt pour ne plus nous quitter. »

Eugène à la vice-reine.
Saint-Leu, 12 juin 1814.

« Ma bonne Auguste, j'espère que tu reçois exactement mes lettres; tu verras alors que je m'occupe souvent de toi et de nos chers enfants. Nos affaires ici n'avancent pas aussi vite que je le voudrais; pourtant Soulanges s'en occupe avec activité; une chose qui nous retarde, c'est la procuration du mari de ma sœur; ce papier est indispensable pour tout terminer, et je ne le vois pas arriver. La santé de ma pauvre Hortense se remet, et j'espère que les eaux achèveront de la rétablir. Elle espère que tu pourras y venir. Je compte aller à Paris cette semaine y passer cinq à six jours et y faire mes visites de congé. Cela me facilitera de pouvoir partir ensuite quand bon me semblera. Dans le milieu de la se-

---

[1] M. Ré gérait les biens du prince en Italie.

maine je ferai partir déjà le fils de Méjan et le chargerai de te porter des petits présents, entre autres des petites robes noires pour nos enfants, et six jolies petites robes brodées pour nos petites sœurs. »

<small>Eugène
à la vice-
reine.
Paris,
16 juin 1814.</small>

« Ma bonne et chère Auguste, j'aurais bien désiré être moi-même le porteur de mes vœux pour le jour de ta naissance, mais nos affaires en auraient grandement souffert, car elles touchent à présent à leur fin. Tu ne peux te faire une idée du peu d'ordre qui régnait dans toutes les affaires de notre pauvre mère; il faut beaucoup d'activité pour y voir clair. Enfin j'espère que cela va se terminer promptement. Je t'envoie Méjan, porteur des robes déjà annoncées; il te porte de ma part une parure de deuil; enfin Hortense t'envoie une petite garniture gothique où il y a son nom. Je crois aussi te faire plaisir en y joignant une mèche de cheveux de notre mère, et je leur ai destiné un joli petit médaillon dont le cristal est un diamant. Je suis donc venu à Paris pour faire mes visites de congé; je les commencerai demain, les affaires marcheront de front. J'espère que tu comprendras, ma bonne Auguste, qu'il ne m'a pas été possible de partir plus tôt, car cela m'affligerait que tu puisses penser que par ma faute je retarderais le moment de me retrouver auprès de toi. »

<small>Eugène
à la vice-
reine.
Volta,
17 février
1814.</small>

« Ma chère et bonne Auguste, j'ai terminé aujourd'hui mes audiences de congé; je retourne demain à Saint-Leu et pars décidément le 24. Voici donc la dernière lettre que je t'écrirai, car quoique je m'arrête une journée à Carlsruhe, la poste ordinaire est si lente, que j'arriverai toujours avant mes lettres. J'ai été ici parfaitement reçu par le roi, par les princes et princesses de la famille. Ils ont tous eu la bonté de me témoigner du regret de la mort de notre mère, et, certes, c'était bien pour moi la chose la plus douce à entendre.

« La duchesse d'Angoulême s'est informée particulièrement avec beaucoup de bonté de ta santé. Il me tarde bien de juger par moi-même si tu es bien remise de tout ce que tu as souffert, et, le 1ᵉʳ juillet ou le 2 au plus tard, je serai dans tes bras. »

« J'ai été bien touché de toute l'amitié que Votre Altesse Impériale me témoigne dans la lettre que j'ai reçue de sa part il y a cinq jours. Je la prie de croire que j'y attache un prix infini et que, de mon côté, je lui ai voué l'attachement le plus vrai, le plus inaltérable. Pardonnez-moi l'expression; mais votre caractère, votre âme me conviennent si fort, que je suis fier de votre amitié. Je ne désire rien tant que d'être à même de vous prouver par des faits toute la sincérité de la mienne.

L'empereur Alexandre à Eugène. Londres, 20 juin 1814

« J'attends avec une bien vive impatience le moment qui doit nous réunir; mais il va être différé, puisque les ministres anglais, ne pouvant se rendre maintenant à Vienne à cause des affaires du parlement, et moi ne pouvant différer trop longtemps mon retour en Russie, on est convenu que le congrès ne se rassemblerait à Vienne que pour le 25 septembre, époque à laquelle j'y arriverai aussi immanquablement, et de là je compte me rendre à Munich et y jouir enfin du plaisir de vous revoir.

« Sous tout autre rapport je ne puis être que charmé de ce retard, puisqu'il me donne la possibilité de faire une course chez moi, et y régler ce qu'il y a de plus pressé; mais il me peine pour Votre Altesse, puisqu'il prolonge de trois semaines l'incertitude sur son établissement. Mon voyage en Angleterre a été très-heureux. J'y mène la vie la plus active, me levant à cinq heures et ne me couchant qu'à deux ou trois.

« Le pays est vraiment intéressant à voir par sa belle culture et les degrés de son industrie, de même pour la liberté dont jouissent ses habitants.

« Je prie Votre Altesse Impériale de recevoir l'assurance de tous les sentiments que je lui ai voués. »

L'empereur Alexandre à Eugène. Brouchesab, 10 juillet 1814.

« L'aide de camp de Votre Altesse Impériale m'a remis aujourd'hui sa lettre de Munich, du 6 juillet. Je ne veux pas tarder un moment de lui répondre et le remercier de toute l'amitié qu'elle m'y témoigne.

« Il faut que Votre Altesse n'ait pas reçu ma première lettre de Londres, que je lui ai adressée peu de jours après la réception de la sienne; mais, l'ayant dirigée sur Paris, elle se trouve probablement encore en chemin. J'annonce, dans cette lettre, à Votre Altesse que j'ai dû me décider à faire une course à Pétersbourg, puisque les ministres anglais, ne pouvant arriver à Vienne aussitôt que je l'avais espéré, à cause de leurs affaires au parlement, il m'était impossible de les attendre aussi longtemps sans avoir avisé à ce qu'il y avait de plus pressant chez moi. Nous sommes donc convenus que j'arriverai à Vienne pour le 25 septembre. C'est de là que je compte positivement me rendre à Munich, et je me fais une petite fête dans l'espoir de revoir Votre Altesse.

« Quant à ses intérêts, je la prie de croire que j'y veillerai avec la chaleur et l'amitié qu'elle me connaît pour elle! Il a été décidé que jusqu'à notre réunion à Vienne tout restera partout dans l'état provisoire actuel.

« Je prie Votre Altesse Impériale de me mettre aux pieds de la princesse son épouse, et de lui exprimer combien je suis impatient de lui offrir mes hommages. Qu'elle reçoive en même temps l'assurance des sentiments bien sincères que je lui ai voués pour la vie. »

« Ma bonne Auguste, j'arrive à l'instant même en cette ville. Je n'y ai encore vu personne, aussi je ne t'écris que pour te dire que je suis en bonne santé. Je ne me suis arrêté en route qu'une seule nuit, mais j'ai été terriblement retardé par les mauvais chevaux et les chemins montagneux. Je me suis arrêté quelques heures à Salzbourg, et je ne puis assez te dire combien notre belle-sœur Thérèse a été aimable pour moi. Après le dîner, nous avons fait une course dans un endroit délicieux où l'on avait préparé une collation; le soir, pendant le thé, elle fit venir des Tyroliens pour chanter. J'ai été bien touché de toutes ces attentions; je te prie de le lui

<small>Eugène à la vice-reine. Vienne, 29 septembre 1814.</small>

écrire. Bataille est en ce moment en course chez le prince Metternich, chez Rechberg, etc. Je saurai ce soir quand je pourrai commencer mes visites. On m'a déjà dit qu'il y en aura pour plus de quatre jours. Je le crois, tant il y a de souverains et de princes. Adieu, ma bien chère Auguste; j'espère que toute ma petite famille se porte bien et qu'elle pense à moi. C'est bien le cas de dire pour moi que je pense et vais penser à elle. Je t'envoie un million de baisers. »

Eugène à la vice-reine. Vienne, 2 octobre 1814.

« Ma bonne et tendre Auguste, j'ai reçu hier matin ta lettre. Le 30, à six heures du soir, j'ai été présenté à l'empereur et à l'impératrice d'Autriche. Hier j'ai vu l'empereur Alexandre et l'impératrice de Russie, le roi de Prusse, l'archiduchesse Béatrix, une partie des archiducs et le roi de Wurtemberg. Aujourd'hui je compte faire mes principales visites; le tour en est énorme. J'ai été bien reçu par tous les souverains, et chacun s'est informé très-affectueusement de ta santé et de celle de nos enfants. Je te dirai malgré cela que je suis charmé que tu ne sois pas venue ici; tu y serais au milieu d'une foule immense de princes et de princesses, et toutes les politiques du monde, ainsi que je l'ai prévu, t'auraient pourtant mis dans un rang déplacé. Croirais-tu qu'il y a même des discussions à qui doit avoir le pas entre la reine de Bavière ou la grande-duchesse? Tu ne te trouverais certainement pas dans ces discussions, mais je doute qu'on te rendît ce qui t'appartient. J'en juge par moi, qui n'ai pas même l'honneur d'un factionnaire à ma porte. Du reste, l'empereur de Russie m'a donné sa parole qu'il viendrait à Munich, et qu'il verrait avec beaucoup de plaisir et la princesse Auguste et sa petite famille ; il m'a même chargé de te l'écrire. Tu penses bien qu'il n'a pas encore été question de nos affaires. Ce ne sera que dans quelques jours qu'on commencera à s'occuper des plus importantes. Le prince Metternich m'a pourtant déjà dit ces propres paroles : « Je vous « assure que cela finira bien et vite. » Ainsi soit-il ! Je verrai aujourd'hui de Wrede, et demain je verrai le comte Nesselrode et lord Castlereagh, qui m'ont promis un entretien. J'attaquerai enfin notre question.

« Adieu, ma bonne Auguste, j'aurais une foule de noms à écrire si je voulais te nommer toutes les personnes qui se rappellent à ton souvenir. Le roi, la reine, Louis, Charles, les princesses la Tour et Taxis, la princesse Thérèse et sa fille, etc. »

Eugène à la vice-reine. Vienne, 5 octobre 1814.

« Ma bonne Auguste, merci de ta lettre... J'ai envoyé de suite à l'Empereur la lettre de l'impératrice Marie-Louise, et ai remis moi-même au roi et à la reine les leurs... Comme j'avais fini mes visites d'étiquette, j'ai commencé celles d'affaires. Je vois jusqu'à présent tout le monde bien intentionné pour moi, et je serai prévenu à temps quand ma question sera sur le tapis. Je compte voir encore Metternich et Castlereagh. Les souverains sont toujours en fête; mais on dirait presque que c'est encore la coalition, car ils ne sont qu'entre eux, et je n'ai pas encore eu l'honneur d'être invité pour les fêtes; je n'y ai donc pas encore été; elles sont, dit-on, de 6 à 10,000 personnes, et on donne les billets comme au théâtre. Je te remercie de ta plaisanterie sur les belles dames de Vienne. 1° Je n'ai même pas encore vu un chat ; 2° tu connais mes sentiments pour toi, et je te prie de croire que ma tendresse est à l'abri de toutes ces épreuves. Adieu, sois tranquille, compte sur moi, je ne négligerai rien pour assurer l'avenir de nos enfants, et sois persuadée que je serai toujours, etc.

« Je rouvre ma lettre, ma chère amie, car l'empereur Alexandre sort à l'instant de chez moi. Tout ce que je puis te mander maintenant, c'est qu'il est *parfait* pour nous, et que nous devons être tranquilles pour l'avenir de nos enfants. »

Eugène à la vice-reine. Vienne, 10 octobre 1814.

« Ma bonne et très-chère Auguste, voilà quatre jours que je ne t'ai écrit, car les occasions sont très-rares, et ici, au milieu de tout ce tapage, il est fort difficile de savoir à temps le départ des courriers. Ceux pour Munich sont très-irréguliers; je vais essayer ceux de Paris, on me dit qu'ils passent par Munich... J'ai été hier pour la première fois à une des fêtes que l'on a données ; c'était une redoute parée : il est difficile de voir un plus beau coup d'œil; il y avait 5,000 personnes... J'ai revu Castlereagh et Metternich; ce dernier m'a promis de terminer *très-promptement* l'affaire de nos réclamations sur le séquestre en Italie ; le premier m'a promis tout son intérêt pour le moment où mon sort devra être mis en question. Il m'a engagé à passer quelques soirées chez lui : ce soir je soupe chez le prince Metternich. En général, je ne puis que me louer de l'accueil que j'ai reçu partout; mais, quant à..., je n'en ai pas reçu la plus légère politesse, ce qui ne doit pas te paraître extraordinaire, car il y a beaucoup de princes et princesses traités de même; quand la parenté ne tire pas à elle, on reste dans la foule. Ce qu'enfin j'ai cru avoir bien remarqué, c'est qu'on est ici fort anti-Français, et qu'on ne peut prendre sur soi de faire des prévenances à quelqu'un qui a bien servi cette cause. L'empereur de Russie est toujours parfait pour moi; il a causé hier plus d'un quart d'heure avec moi, et cela a attiré les yeux. Je ne te parle pas du congrès, car on répand chaque jour une foule de nouvelles, les unes bonnes, les autres mauvaises, mais la plupart fausses... J'ai vu hier après-midi l'impératrice Marie-Louise à Schœnbrunn; je l'ai trouvée bien changée sous tous les rapports. La reine (de Bavière) a été fort enrhumée depuis six jours et garde ses appartements, mais va pourtant mieux. »

Eugène à la vice-reine.
Vienne, 12 octobre 1814.

« Ma bonne Auguste, j'ai été voir le roi ce matin, et l'ai félicité de ta part et de celle de nos petits anges. J'ai passé la soirée d'avant-hier chez le prince Metternich, celle d'hier chez lord Castlereagh... J'ai su que l'empereur Alexandre avait donné des ordres positifs pour que, dans le travail général qui se fait, nous fussions comptés pour un établissement indépendant. Je m'occupe aussi de nos affaires particulières en Italie; Metternich fait en ce moment un rapport favorable. J'ai aussi vu le cardinal Gonzalvi, et nous devons causer demain pour la partie des affaires qui se trouve dans les États du pape. Ainsi tu vois, ma bonne amie, que je ne perds pas mon temps, aussi ne suis-je d'aucune fête de la cour. Je te dirai en confidence qu'il n'aurait fallu que quelques mots de... pour qu'on fût un peu mieux pour moi de ce côté-là, mais je ne dis rien, puisque cela ne pourrait influer sur nos affaires pour lesquelles seules je suis ici. »

Eugène à la vice-reine. Vienne, 14 octobre 1814.

« Ma bonne Auguste, je suis bien triste et chagrin de te savoir indisposée ; soigne toi bien, je t'en prie !... Rien de nouveau ici ; hier il y eut grand bal à la cour, qui a dû être magnifique. Toutes les personnes employées au congrès nous assurent que tout sera terminé pour le 15 novembre : ainsi soit-il! Dis à Triaire qu'il doit m'envoyer la copie des états qui ont été fournis à M. le comte de Wessemberg et qui contenaient la liste des objets réclamés à Milan. Le prince Metternich me les fait demander pour joindre à son rapport. »

Eugène à la vice-reine. Vienne, 15 octobre 1814.

« Ma bien bonne Auguste, deux mots seulement. L'empereur Alexandre m'a chargé de te présenter ses hommages et de t'écrire que le plaisir de faire ta connaissance entrait pour beaucoup dans son voyage à Munich. Telles sont ses propres expressions; il m'a ajouté que jusque-là il espérait que tu aurais lieu d'être content de lui. Tu ne saurais croire comme il est parfait pour moi, et je suis bien heureux de son amitié, surtout en comparant. J'ai vu hier soir ton frère Charles, qui est toujours le même pour nous, et je l'aime aussi de tout mon cœur. »

16 octobre.

« Je rouvre ma lettre ce matin pour t'annoncer que j'ai dîné hier chez l'empereur d'Autriche. Lui et l'impératrice m'ont beaucoup demandé de tes nouvelles et de celles de nos enfants; l'empereur m'a prié de croire à tout son intérêt pour nous, et qu'il allait immédiatement s'occuper de nos affaires. Et j'irai demain chez le prince Metternich, afin de ne pas laisser dormir d'aussi belles dispositions. L'empereur et l'impératrice de Russie, le prince Antoine de Saxe et son épouse, te font dire mille choses. »

Eugène à la vice-reine. Vienne, 22 octobre 1814.

« J'avais été bien inquiet de ta santé lorsque je reçus ta lettre; soigne-toi pourtant bien encore quelque temps; je t'en conjure, ma bonne Auguste, songe à ton mari et à tes enfants qui te chérissent. J'ai dîné hier chez lord Stuart et soupé chez sa sœur, lady Castlereagh; entre ces deux repas, j'ai fait des visites, car il est nécessaire ici de voir beaucoup de monde. Demain dimanche, je dîne chez le prince de Frantmansdorff. Avant-hier, j'avais été à une soirée chez le ministre de Russie, le comte Stackelberg. L'empereur et l'impératrice y étaient; c'était une petite fête qui a été fort gaie; l'empereur Alexandre m'a dit qu'il viendrait chez moi ce matin; cela m'empêchera de voir Metternich ; ce sera donc pour demain; c'est avec lui que je finirai toutes mes affaires particulières. Les affaires essentielles pour notre avenir se feront par la protection du Tout-Puissant, en congrès général. J'ai oublié de te dire que le 18 il y eut une très-belle fête chez le prince Metternich. L'impératrice et les deux grandes-duchesses de Russie m'ont fait l'honneur de danser avec moi. La semaine prochaine, le prince Esterhazy donne une chasse; le roi de Bavière y viendra; nous passerons deux jours dans les terres du prince. »

Eugène à la vice-reine. Vienne, 28 octobre 1814.

« Je t'envoie une lettre que le roi m'a remise pour toi et vais sortir pour aller le voir, car il était très-fort souffrant d'un rhume et d'un mal de gorge; la reine n'est elle-même pas très-bien encore. La vie de Vienne, si agitée, ne leur convient ni à l'un ni à l'autre. Nous attendons tous avec impatience le 1er novembre, qui doit ouvrir le congrès; il paraît que dès le 15 on saura à quoi s'en tenir. J'ai vu hier longuement Metternich, et en ai été très-satisfait. Les ordres pour tout ce qui nous concerne en Italie vont être expédiés; je m'en occuperai sans relâche; adieu, ma chère et bonne Auguste, je ne cesse de penser à toi, c'est toujours penser à mon bonheur. »

Eugène à la vice-reine. Vienne, 2 novembre 1814.

« Ma bonne Auguste, depuis le retour de l'empereur Alexandre de Pesth, je ne l'ai pas vu chez lui, et n'ai donc pu encore lui remettre ta lettre; je le ferai demain. Il m'a rencontré hier à la promenade; il était seul, a pris mon bras, et nous avons fait ensemble le tour entier de la ville. Voilà grande matière ici pour parler et surtout pour faire des jaloux.

« J'ai vu hier Wessemberg; tous les rapports pour

nos affaires d'Italie sont enfin prêts, et il m'a promis une heureuse réussite. Les conférences sont commencées, mais rien ne transpire, comme de raison ; on répète que tout sera terminé sous vingt jours !

« La reine allait mieux, mais le roi m'a dit qu'elle retournerait bientôt à Munich, le climat de Vienne ne lui convenant pas. Je te recommande d'être réservée avec elle pour ce qui regarde nos affaires... et de ne lui en pas parler. »

Eugène à la vice-reine. Vienne, 11 novembre 1814.

« Ma bonne Auguste, j'ai dîné hier chez Wrède ; le soir il y a eu redoute parée de 10,000 personnes environ ; c'était un fort beau coup d'œil, mais peu amusant. L'empereur Alexandre a toujours été le plus aimable pour moi ; je dois le voir encore ce soir chez lui. Je te dirai comme bonne nouvelle que le prince de Noailles, ambassadeur de France à Vienne, a été présenté avant-hier au roi ton père, et qu'il l'a assuré qu'il était chargé de la part de Louis XVIII de veiller à mes intérêts au congrès. Si cette protection est franche, elle ne peut qu'être honorable pour moi, car on ne pourra pas dire, j'espère, que je l'ai mendiée. »

Eugène à la vice-reine. Vienne, 13 novembre 1814.

« Les affaires prennent une assez bonne tournure, ma bonne Auguste. Wrède m'a dit qu'il avait été question de notre sort au congrès : il ne s'est pas élevé une seule voix contraire, et le principe a été reconnu. Il ne s'agit plus que de fixer le lieu, et, d'après tout ce qu'il me revient, il paraîtrait qu'on songe à quelque chose en Italie ou l'évêché de

Trèves. La fête de Métternich a été très-belle, et tout le monde y paraissait fort gai, par extraordinaire. Notre père et la reine y furent aussi. On espère encore la conservation de la maison de Saxe; c'est ce qu'il n'eût pas été possible de dire il y a dix jours; je ne puis que t'encourager à la patience; elle est d'autant plus facile, que nous recueillons partout des témoignages d'estime et d'intérêt. Confions-nous dans la justice de Dieu, nous serons heureux! J'ai vu avant-hier l'empereur Alexandre; nous avons beaucoup causé et de nos affaires et de celles de ma sœur; je me suis convaincu qu'il porte un intérêt réel aux unes comme aux autres. Wrède m'a promis de s'occuper de nos biens dans la rédaction du traité général qui se fait.

« J'attends avec impatience le résultat du rapport de Metternich à l'empereur François, pour nous faire rendre tout ce qui nous est dû en Italie. Cela ferait bien un million et demi; j'en espère sinon tout, du moins une partie. »

<small>Eugène à la vice-reine. Vienne, 20 novembre 1814.</small>

« Ma bonne Auguste, je suis revenu hier soir d'Essenstadt, où j'ai passé deux jours à la chasse. Nous y étions une très-belle réunion d'hommes, et on s'est diverti, car la chasse a été superbe. Le roi et tes frères devaient y venir, mais ils se sont fait excuser... Rien de nouveau, sinon que l'on assure que les souverains seront dans leurs capitales respectives pour le 1er janvier. Les empereurs ont tous été plus ou moins indisposés; l'empereur Alexandre en a pour quelque temps encore, car je crois que

c'est un érisypèle. Ma santé continue à être bonne.
Elle ne sera parfaite que lorsque notre avenir et
notre tranquillité seront assurés. Tu me demandes,
s'il est vrai que Soulanges soit allé en Angleterre!
Il a cru devoir y aller lui-même pour surveiller la
vente des trois grandes parures que je lui laissai à
Paris. »

« Les affaires prennent ici une tournure favorable, chacun veut la paix, et elle paraît assurée. On parle déjà du départ des souverains pour le 15 décembre. Quant à nos affaires particulières, elles ont été retardées par l'indisposition de Wessemberg. Wrède a remis, il y a deux jours, la première note officielle. elle a été bien reçue; l'empereur Alexandre l'a fortement appuyée, et l'on est d'accord, dit-on, pour nous donner un établissement en Italie ou sur le Rhin. On s'occupe en ce moment des partages et limites des pays, cela ne peut tarder à être terminé. »

Eugène à la vice-reine. Vienne, 28 novembre 1814.

« Prenez courage, chère Auguste, depuis quatre jours vos actions ont beaucoup haussé, et j'ose actuellement me flatter d'un bon et prompt succès. Je vous embrasse avec vos sœurs et vos enfants, et espère bientôt le faire en réalité. »

Le roi de Bavière à la vice-reine. Vienne, 4 décembre 1814.

« Nos affaires continuent à aller à merveille, dit-on, l'empereur François a répondu hier au roi et à l'empereur Alexandre qui lui parlaient de moi, qu'il n'avait pas oublié qu'on devait m'assurer une souveraineté, et qu'on n'avait qu'à lui proposer le pays,

Eugène à la vice-reine. Vienne, 10 décembre 1814.

qu'il donnerait immédiatement son consentement. Le roi de Prusse a dit la même chose, ainsi voilà quatre souverains d'accord pour cet objet. Je crois pouvoir t'assurer que ce qui nous regarde sera décidé très-prochainement, et aussi heureusement qu'il était permis de l'espérer au milieu de ce chaos universel. Ma santé est bonne, le roi de Prusse est indisposé, le prince de Ligne est à toute extrémité, il est vrai qu'il a quatre-vingt-trois ans ! Hier il y eut à la cour un petit spectacle de société et des tableaux vivants; c'était nouveau pour moi et j'ai trouvé cela fort beau.

« Adieu, je t'embrasse et suis bien heureux que notre petite famille soit rétablie de son rhume. »

Eugène à la vice-reine. Vienne, 12 décembre 1814.

« Ma chère Auguste, je t'écris un mot à la hâte par le général Nechberg qui a obtenu la permission de retourner à Munich; je voudrais bien que nos affaires fussent décidées pour voler dans tes bras et t'en donner la première nouvelle. Pourtant sois tranquille, elles sont en bon train, Metternich m'a promis que j'aurais sous peu de jours l'ordre définitif pour nos affaires particulières de séquestre, en Italie. Dans huit jours les grandes questions territoriales devront être décidées. Celle de notre sort le sera en même temps. »

Eugène à la vice-reine. Vienne, 14 décembre 1814.

« J'apprends que le roi envoie un courrier à Munich, et j'en profite, ma chère Auguste; il paraît que les affaires avancent et que chacun a donné son ultimatum. C'est aujourd'hui le jour anniversaire de l'impératrice d'Autriche; elle n'a reçu que les félicitations des têtes couronnées, mais tous les princes dînent chez l'empereur Alexandre, où elle sera aussi; je vais donc m'habiller en hâte et ne fermerai ma lettre que demain.

« Je vais aller à l'enterrement du prince de Ligne qui mourut il y a deux jours; j'irai après chez Talleyrand, où le maréchal Wrède m'a engagé d'aller pour presser nos affaires. Il ne le croit pas très-bien intentionné pour moi, cela peut être, et pourtant il m'assure le contraire depuis deux mois. »

« Ma chère Auguste, j'ai vu hier l'empereur Alexandre; malgré tout ce qu'on cherche à répandre de contraire à la tranquillité, il est certain qu'on ne se brouillera pas, et que d'ici à huit ou dix jours on sera à peu près d'accord. Metternich m'a assuré hier que je vais avoir l'accordé définitif de mes réclamations en Italie. C'est à en mourir, comme tout est long dans ce pays-ci!...

« Un peu de patience, et nous serons, j'espère, heureux pour le reste de nos jours. »

Eugène à la vice-reine. Vienne, 24 décembre 1814.

« Ma chère Auguste, nous voici à la veille d'une nouvelle année; s'il est pénible d'être séparés dans un semblable moment, quand on s'aime, il est consolant de penser toutefois à notre union et à notre bonheur. Je dis avec orgueil et avec bonheur qu'il est impossible d'être plus heureux que je ne le suis par toi depuis huit ans, il en sera de même les années suivantes, aussi n'ai-je pas moins redouté le

Eugène à la vice-reine. Vienne, 30 décembre 1814.

passage d'une année à l'autre. Nos petits enfants grandissent, ils nous rendent heureux, jouissent d'une bonne santé, que de motifs pour rendre grâce à Dieu de tout ce bonheur qui nous est tombé en partage! Espérons que notre sort va être irrévocablement fixé et que nous jouirons à l'avenir d'une tranquillité que nous avons bien méritée. L'empereur Alexandre m'a donné hier les plus belles espérances, son ministre au congrès a reçu les ordres les plus positifs, et aussitôt que l'affaire de la Saxe sera terminée, on s'occupera des pays encore vacants et de leur destination. Quelques départs ont déjà eu lieu, et on parle de divers autres pour la mi-janvier. »

Eugène à la vice-reine. Vienne, 1er janvier 1815.

« Ma chère Auguste, je prends seulement la plume un moment, car je veux que ma première lettre comme ma première pensée en 1815 soient pour toi. Depuis deux jours nous sommes en visite, et aujourd'hui même il y a gala, etc., ce qui nous donne peu de temps de libre. L'empereur Alexandre me disait hier qu'il avait tardé à te répondre dans l'espoir de t'annoncer lui-même la fixation de notre sort, mais que, sans perdre rien de cet espoir prochainement réalisé, il ne voulait pas passer pour malhonnête et allait t'écrire un de ces jours. »

Eugène à la vice-reine. Vienne, 10 janvier 1815.

« Les affaires vont à merveille et chacun est fort gai, on est en plein carnaval et il y aura trois à quatre bals par semaine. C'est réellement ridicule de voir tant de distraction dans un moment où tant de peuples attendent leur sort du congrès! On prépare de grandes fêtes, entre autres une partie de traîneaux que l'on dit magnifique; j'ai dû en acheter un, mais je le conserverai pour nous en servir ensemble. »

Eugène à la vice-reine. Vienne, 19 janvier 1815.

« J'ai eu ce matin une longue promenade avec l'empereur Alexandre, et il m'a de nouveau donné l'assurance que notre établissement serait décidé aussitôt que l'affaire de la Prusse et de la Saxe sera terminée. Il a voulu s'informer où en étaient nos réclamations particulières en Italie, et lorsque je lui ai dit que depuis six semaines un rapport favorable était sur le bureau de l'empereur d'Autriche et que j'attendais depuis ce temps une décision, il s'est chargé avec la plus grande amabilité d'en parler lui-même à l'empereur François, afin que cette affaire soit promptement expédiée. »

Eugène à la vice-reine. Vienne, 24 janvier 1815.

« J'espère que tu seras enfin débarrassée de ta vilaine fluxion, et, quoique tu en dises, je n'aurais nullement été effrayé de ta prétendue laideur; je te dirai même, sans compliment, qu'il n'y a pas ici une seule femme qui approche de la beauté, et moi je suis sûr de n'en trouver nulle part qui te vaille à mes yeux et à mon cœur. J'ai reçu ces jours-ci une lettre du roi de France en réponse à la mienne de la nouvelle année, je t'en envoie copie, tu verras qu'elle est fort aimable. Je t'envoie également un rapport du comte Ré sur Galliera; tu me garderas ces papiers pour me les remettre à mon retour. Je t'annonce le départ de la reine, décidé pour le 31 janvier; elle mettra quatre jours en route, et sera le 3 février à Munich. »

Eugène à la vice-reine. Vienne, 28 janvier 1815.

« Je te préviens que, mon portrait n'ayant pu être confié au courrier, j'ai prié Kepling de lui accorder une petite place sur les brancards de la reine. J'ai dîné aujourd'hui avec elle chez l'empereur Alexandre. En entrant, j'ai reçu ta lettre et suis réellement inquiet de toi.

« Je te conjure d'empêcher que ton moral n'influe sur ton physique, les affaires vont aussi bien que possible. Il y a quinze jours, on se disputait l'existence de la Saxe, et maintenant il ne s'agit plus que de conserver Torgau, qui est une place forte sur l'Elbe. »

Eugène à la vice-reine. Vienne, 30 janvier 1815.

« J'attends avec vive impatience de tes nouvelles, je te demande en grâce, ma bonne Auguste, de ne pas trop t'affecter sur les affaires, elles seront terminées d'un moment à l'autre. La Saxe est sauvée, et d'ici à deux jours on doit signer ce qui la concerne; mon tour viendra immédiatement après, et l'empereur Alexandre me disait qu'il serait à Munich avant le 1er mars, et je l'y devancerai bien de douze ou quinze jours. Aussitôt que mon lot me sera connu, je fais les visites de convenance et je pars. J'écris ce soir à l'empereur François pour lui rappeler la signature promise; nos papiers sont sur son bureau, j'en ai la certitude, on m'assure qu'un mot de ma part ferait un bon effet. Je n'ai pu réussir dans le rapprochement des deux personnes que je t'avais nommées. Lui paraît avoir de l'éloignement pour elle, et il faut être juste, elle ne fait rien pour s'attacher et captiver son mari. Elle ressemble du reste à sa famille par le froid et la hauteur, quoique je n'aie pas à m'en plaindre. Quant à... elle a été un peu mieux pour moi ces derniers jours, elle quitte Vienne et je te raconterai verbalement les raisons pour lesquelles elle part bientôt ; on assure que c'est par suite des jalousies du mari, qui est fort bien vu ici de tout le monde. Voilà un peu de chronique, je me hâte de finir en t'embrassant. »

« Ma bonne Auguste, une occasion sûre se présente et j'en profite. Tout se déroule enfin assez rapidement, l'affaire de la Saxe est terminée, elle continuera à exister et ne perdra que 400,000 âmes. On entreprend le reste des affaires d'Allemagne, et il y sera fait mention de nous. A ce sujet, je dois et te parler franchement et te demander aussi sincèrement ton avis. D'abord je te dirai que jusqu'à présent la Bavière a bien eu assez de ses propres affaires pour ne pouvoir penser à autre chose, et le projet de Wrède a toujours été de nous apanager en Bavière. Heureusement ces beaux projets sont éventés, et voici de quoi il s'agit maintenant pour nous. Il paraît qu'il sera impossible de nous trouver quelque chose en Italie, et franchement je n'en suis pas trop fâché; ainsi donc il y a :

Eugène à la vice-reine. Vienne, 3 février 1815.

« 1° La possibilité d'avoir Trèves et un arrondissement convenable autour.

« 2° Deux-Ponts avec augmentation.

« 3° Enfin Corfou, c'est-à-dire les Sept-Iles ! Dans ces

derniers deux cas, et probablement dans tous les trois, on garderait la dotation en Italie pour augmenter les revenus. C'est justement sur cette dernière probabilité que je désire avoir ton avis surtout avant d'accepter. Les Sept-Iles ne valent pas Trèves certainement et ne sont placées qu'en troisième et dernier cas, c'est-à-dire comme pis aller. Les raisons contre (et je te prie de réfléchir d'avance sur ce projet, s'il se présentait), c'est que cela se trouve au delà des mers, entre le royaume de Naples et la Turquie, c'est qu'on se trouve tout à fait hors du continent, de sa famille, de ses amis, etc., etc. — Les raisons en faveur du projet, c'est que c'est un beau pays qui n'est pas plus loin du continent que la Sicile, c'est surtout là où on serait indépendant des événements du continent ; mettez-vous à Trèves, vous serez sous la surveillance de la France, mettez-vous en Italie, vous êtes sous la surveillance de l'Autriche qui ne vous pardonnera jamais d'avoir gouverné ce pays, etc., etc. L'avenir et l'indépendance sont en faveur du troisième projet, mais la tranquillité et le bonheur du moment sont en faveur des deux autres. Réponds-moi vite, mais garde cela pour toi seule, car c'est ton avis seul que je demande. D'ici à dix jours, on saura définitivement à quoi s'en tenir. N'oublie pas de comprendre que la Russie appuie fortement en ce moment pour que nous ayions Trèves. Il paraît que la France opinerait assez pour que j'eusse un territoire auprès d'elle, afin de m'engager à la servir. *Cela ne pourrait arriver ; et, quant à servir contre elle, elle sait fort bien l'empêchement qu'y apporteraient mon carac-*

tère et mon amour comme ma fidélité à ma patrie.

« Sois tranquille, ma chère amie, compte sur notre bonheur et sur ma tendresse. »

« Ma bonne Auguste, toutes les affaires importantes ont été signées hier, ainsi il est du moins certain qu'il n'y aura pas de guerre. On parle à force du départ des souverains pour la fin du mois. L'empereur Alexandre me disait hier que cela dépendrait de la manière dont les ministres travailleraient : « D'ailleurs, ajouta-t-il, je vous ai donné ma parole, « et je ne puis partir que vos affaires ne soient ter- « minées. » Metternich me dit hier que nos affaires particulières seraient infailliblement signées cette semaine, mais on est fort lent. Que de gens faux j'ai appris à connaître ici dans cette cohue de toutes les nationalités, et comme tous les jours on se dégoûte davantage de ce monde ! »

Eugène à la vice-reine. Vienne, 8 février 1814.

« Ma bonne Auguste, je crois et j'ai lieu d'espérer que nous serons établis en Allemagne, mais je ne te cache pas qu'il y a beaucoup d'opposition de la part de tous les Allemands, qui ne veulent pas, disent-ils, d'un Français en Allemagne. Il n'y a que la Russie qui nous soutienne, et heureusement avec force. Moi, si j'avais été garçon, j'aurais accepté de suite les Sept-Iles, car je pense que tout ce que l'on fait au congrès n'empêchera pas des révolutions et des guerres, alors nous nous trouverions au milieu de tout cela sans forces pour résister. Dans le troisième projet (Corfou) au moins, on ne viendrait

Eugène à la vice-reine. Vienne, 13 février 1815.

pas nous y chercher. Il paraît positif que nous aurions le rang de prince souverain même là-bas, tandis qu'il y avait même des gens qui étaient contraires à ce principe. Les affaires vont donc bientôt finir et moi bientôt pouvoir te serrer contre mon cœur qui est à toi jusqu'au tombeau. Samedi dernier, l'empereur Alexandre est venu dîner tête à tête avec moi. Après-demain, le roi s'est invité chez moi avec Louis et Charles. »

6 h. du soir.
« Je rouvre ma lettre, chère amie, pour t'annoncer que nos affaires particulières ont été signées hier, je saurai demain les détails. Pour la grande affaire, elle va bien, l'empereur Alexandre a mis de notre côté la Prusse, l'Angleterre, la France, il croit que le reste suivra, et que nous aurons Deux-Ponts avec 200,000 habitants. — Mille baisers! »

Eugène à la vice-reine.
Vienne, 15 février 1815.

« Ma bonne Auguste, je t'ai annoncé en toute hâte que nos affaires allaient bien, voici ce qui a été fait jusqu'à présent : Metternich a répondu une note officielle à Wrède, qui est dans des termes excellents pour notre établissement futur, qui annonce la levée du séquestre pour la partie des biens situés en Lombardie, qui promet des démarches près la cour de Rome pour la levée du séquestre des biens situés en Romagne, et enfin qui restitue les effets nous appartenant en Italie. Sur cela, j'ai été aux éclaircissements, et il paraît qu'on n'entend parler que *du service en vermeil* et point du tout jusqu'à présent de *l'argent resté en caisse*, et que je réclamais, car c'est bien à moi. C'est déjà beaucoup d'avoir obtenu ceci. Je vais faire des démarches pour le reste et y intéresser tout le monde. J'expédierai dans quelques jours un courrier en Italie pour faire venir tous nos effets à Munich, à l'exception des tableaux et des meubles que je ferai diriger sur Paris, car de là ils seront probablement plus facilement transportés vers notre établissement futur que par les montagnes du Tyrol. Espérons, ma bonne Auguste ; sois tranquille, et crois surtout à ma vive et constante tendresse. »

« Ma chère Auguste, des notes assez fortes ont été données ces jours-ci pour nous.... Je sais de bonne part que Wrède fait tous ses efforts pour que nous soyons en Italie ou aux Sept-Iles. La Russie, au contraire, demande le duché des Deux-Ponts avec 250,000 âmes; j'ai lieu d'espérer que Wellington me soutiendra aussi. Adieu, bien chère Auguste, prends bon courage. »

Eugène à la vice-reine. Vienne, 17 février 1815.

« Ma bonne Auguste, je reçois à l'instant ta lettre du 20, et je vois avec plaisir que tu es satisfaite des nouvelles que je t'avais données par mes précédentes. Vois pourtant si tout ne marche pas ici avec la plus excessive lenteur ! Malgré que l'empereur d'Autriche ait signé le 12 sa décision, il ne m'a pas été encore possible d'en avoir copie, et les ordres n'ont pas encore été expédiés à Bellegarde. Il y a de quoi faire du bien mauvais sang. Je n'ai pourtant pas manqué de faire toutes les démarches nécessaires

Eugène à la vice-reine. Vienne, 22 février 1815.

et j'espère avoir les papiers dans deux ou trois jours. J'ai déjà préparé toutes mes instructions pour Milan. J'écris aussi à Bellegarde pour lui demander de protéger mon intendant et fournir des escortes si c'est nécessaire. J'espère aussi, par Metternich, me faire si bien reconnaître la propriété de mes biens, que je puisse les vendre un jour, si l'urgence se présentait. Quant à notre établissement, il en est question maintenant. Les Français sont seuls contraires à ce que je sois en Italie. Tous les Allemands sont opposés à ce que je sois sur le Rhin, ainsi j'ignore encore qui des deux l'emportera. Ce que je redoute, c'est le temps qu'il faudra encore, après même la décision du congrès, pour avoir les documents officiels pour l'établissement. Enfin il ne faut qu'un peu de courage, et nous verrons se réaliser nos espérances. »

Eugène à la vice-reine. Vienne, 28 février 1814.

« Il y a eu hier conférence pour les affaires de la Bavière dans lesquelles nous sommes compris. Cette puissance, d'accord avec l'Autriche, puisqu'elle a à lui céder quelque chose, demande comme indemnisation pour elle-même tout ce qui est à donner sur le Rhin, et je ne puis savoir encore comment tout cela se terminera, mais cela ne tardera pas, car les départs sont fixés; l'impératrice de Russie part le 8, l'empereur Alexandre le 12, de sorte que je partirai environ vers le 10. Il est certain que le 15 tout le monde aura évacué Vienne. »

Eugène à la vice-reine. Vienne. 4 mars 1815.

« Ma bonne Auguste, nous avons fait aujourd'hui une très-belle promenade en grand gala avec toute la cour. On a fait un tour au Prater, où il y avait une foule immense. La cérémonie était fort belle. Croirais-tu qu'à l'heure qu'il est je n'ai pu encore obtenir la copie des ordres expédiés à Bellegarde ? On ne se fait pas idée d'une pareille lenteur ! J'ai pourtant voulu remercier hier l'empereur d'Autriche en ton nom et au mien; il m'a répondu des choses fort obligeantes. Je sais qu'il a dit à Metternich qu'il voulait que je parte content de Vienne. L'empereur Alexandre continue à être parfait pour nous et à bien nous soutenir, il me dit qu'il lui tarde de faire ta connaissance, mais qu'il ne partirait pas avant que mon sort ne soit fixé, il va donc presser les ministres. »

« Grâce à l'amitié de l'empereur de Russie, je crois mon affaire en bon chemin. Croirais-tu qu'on ne nous porte que pour 60,000 âmes dans les pays demandés pour la Bavière au delà du Rhin ? Je sais même qu'un projet veut nous lier entièrement à la Bavière, de manière enfin à ne pas être indépendants. Je te préviens que Metternich me donne aujourd'hui la copie des ordres expédiés à Bellegarde, et mon courrier pourra donc partir demain. Je ne fais venir d'abord que le vermeil et l'argenterie, comme choses plus précieuses ; et, quant aux autres effets plus volumineux, j'attends quelques jours pour savoir où les diriger. Adieu, ma chère amie, je me regarderai bien heureux quand nous serons placés quelque part, loin des griffes de ceux qui voudraient nous y retenir.

Eugène à la vice-reine. Vienne, 8 mars 1815.

« J'aimerais cent fois mieux pour cela les Sept-Iles que quoi que ce soit de plus brillant. On avait pensé à nous donner un apanage en Bavière, et on m'avait sondé pour savoir si j'accepterais le gouvernement des pays nouvellement réunis à la Bavière, tu peux bien penser que je refusai net.

« Adieu, tranquillise-toi; avec l'aide de Dieu, tout ira bien. »

Eugène à la vice-reine. Vienne. 9 mars 1815.

« Ma bonne Auguste, conçois-tu rien de plus extraordinaire que ce qui vient d'arriver ? L'empereur Napoléon est parvenu à quitter l'île d'Elbe, les uns disent qu'il va en France, d'autres qu'il va rejoindre le roi de Naples. Certes aucun événement plus malheureux pour nous ne pouvait avoir lieu ! Nous touchions à la réalisation de nos espérances, le congrès allait se terminer, fixer notre sort et celui de nos enfants. A présent, les affaires vont probablement se signer à la hâte; mais je crains bien qu'on ne soit assez injuste pour se servir de la fuite de l'Empereur comme d'un prétexte pour ne rien faire pour moi.— On ne manquera pas de mettre en avant mon ancien attachement, mes bons services à son égard. Personne ne réfléchira que, tant que mon devoir a été de le servir, je l'ai fait fidèlement, et que, si on m'impose aujourd'hui de nouveaux devoirs, je saurai les remplir également avec fidélité, *excepté de servir contre la France.* L'empereur Alexandre est le seul qui comprenne ce langage, parce qu'il me connaît. Il a promis hier de ne pas m'abandonner. J'ai voulu voir le soir même Wellington, Metternich et Talleyrand, mais ils partaient tous les trois pour Presbourg. Au moins ont-ils su que j'ai fait de suite des démarches vers eux. S'il est vrai que Napoléon soit allé en France, cela prépare une guerre civile à ma pauvre patrie, et j'en gémis comme de tous les malheurs qui s'ensuivront.

« Adieu, sois calme, je te tiendrai au courant de tout ce qui se passera ici d'intéressant par rapport à notre avenir. »

Eugène à la vice-reine. Vienne, 13 mars 1815.

« Tu peux te tranquilliser un peu sur le résultat pour nous du dernier événement, qui préoccupe tout le monde. J'ai vu tous les souverains et leurs ministres, et ils m'ont paru convaincus de la droiture de la conduite que je tiendrai en cette occasion. Je suis heureusement en ce moment libre, délié de tout serment envers personne, et je ne prendrai aujourd'hui aucun engagement qui puisse être contraire aux intérêts de mes enfants. Les plénipotentiaires envoyés à Presbourg n'ont pu, dit-on, décider le roi de Saxe à signer le traité tel qu'on l'avait résolu pour lui, cela va mettre de nouveaux embarras, et je crains pour lui qu'il n'ait eu tort. Tu peux bien penser que voilà mon retour à Munich bien retardé : d'abord il faut voir le parti que prendra le congrès, et puis je ne peux parler de quitter Vienne dans un moment où tous les yeux sont dirigés sur moi. »

Eugène à la vice-reine. Vienne, 16 mars 1815.

« Ici, on fait à chaque instant des nouvelles. Les uns disent que Napoléon est entré à Grenoble avec le plus vif enthousiasme de la part des habitants, et surtout des troupes. D'autres prétendent que le coup est manqué et qu'il rétrograde vers le point de débarquement. Le fait est que chacun attend avec anxiété des nouvelles. Je continue à ne me mêler de rien en fait de politique. J'ai la satisfaction de voir qu'en général on approuve ma conduite. »

<small>Eugène à la vice-reine.
Vienne,
19 mars 1815.</small>

« Ma bonne Auguste, le roi vient de m'annoncer que Pappenhein va partir, je n'ai que peu de temps pour en profiter. On parle, depuis hier, de beaucoup de départs : le roi aurait désiré partir cette semaine-ci, mais il paraît l'avoir remis à la semaine prochaine. Il m'a permis de partir en même temps que lui, ainsi j'aurai du moins la consolation de te revoir bientôt. On ne peut savoir comment tout ceci finira, on regarde déjà les Bourbons comme perdus, et l'empereur Napoléon de nouveau sur le trône. On ne pense qu'à la haine personnelle qu'on lui portait, et, sans trop savoir si c'est bonne ou mauvaise politique, on se prépare à porter de nouveaux coups en France. Moi je reste calme au milieu de cet orage, je demande un sort pour mes enfants et je ne servirai jamais contre mon ancienne patrie ! Sois tranquille, ma bonne Auguste, quand nous serons réunis de nouveau, que de choses nous aurons à nous raconter ! »

<small>Eugène à la vice-reine.
Vienne,
21 mars 1815.</small>

« Je rentre d'une longue promenade avec l'empereur Alexandre, il m'a encore répondu de l'avenir de nos enfants. Le pourra-t-il ? Il m'a assuré que les affaires, suspendues pour peu de jours, allaient être reprises, qu'enfin on ferait certainement pour moi ce qu'avant tout ceci on avait l'intention de faire. Ainsi, sous très-peu de jours, nous saurons de nouveau sur quoi compter. On n'a rien appris de France, mais on regardait les choses comme perdues pour les Bourbons. Il est pourtant prudent d'attendre avant d'avoir une opinion fixe sur tout ce qui se passe en ce moment. »

« Ma chère Auguste, je reçois ta lettre du 19, j'y vois avec peine que plusieurs des miennes, ainsi que le petit collier pour l'anniversaire de la naissance de Joséphine, ont manqué. J'ai fait faire des perquisitions, et nous avons appris enfin que les courriers en question avaient été arrêtés à la barrière, la police a pris les lettres, etc. Je vais faire faire des démarches pour les ravoir. Tu ne peux t'imaginer comme la méfiance et les soupçons sont grands ici depuis les derniers événements. Nous sommes tous entourés d'espions; j'en ai régulièrement cinq autour de ma maison qui couchent la nuit dans un fiacre à ma porte...; tu me connais assez pour être bien sûre que je ne sortirai pas une seule minute de la ligne droite et loyale que je me suis tracée. »

Eugène à la vice-reine. Vienne, 25 mars 1815.

« Ma chère Auguste, j'ai reçu tes lettres... Je te prie en grâce de te tranquilliser sur moi; tu connais ma prudence et je n'en ai jamais eu si grand besoin qu'en ce moment, mais aussi je déploie toute celle que j'ai. Je partirai en même temps que le roi; mais, si je parlais plus tôt de départ, cela pourrait donner

Eugène à la vice-reine. Vienne, 28 mars 1815.

des soupçons, et on en a déjà tant conçu contre moi ici malgré la loyauté de ma conduite! Le roi devait partir cette semaine, mais on a nommé une commission pour arranger ses affaires, et il a dû prolonger son séjour de huit à dix jours. Je ne resterai certes pas une demi-heure après lui. Ne crois pas à tous les bruits qu'on peut répandre sur moi. Je ne prendrai aucun parti dans cette lutte, et je resterai neutre, archineutre. Notre sort va être décidé cette semaine. A présent, personne ne veut des pays au delà du Rhin, comme étant par trop exposés, et peut-être fera-t-on moins de difficultés à me fixer maintenant là notre établissement. Adieu, ma chère Auguste, sois tranquille, nous nous reverrons bientôt, et cette idée-là seule cicatrice toutes les plaies du cœur.

« Mes messieurs se mettent à tes pieds. Respects, hommages et compliments de ma part, partout où il convient. »

Eugène à la vice-reine. Vienne, 29 mars 1815.

« Ma bonne Auguste, tu auras certainement su toutes les nouvelles de Paris, elles sont réellement inconcevables! Je profite du départ du prince de la Leyen pour t'écrire cette fois, et par la même occasion tu recevras et le petit collier et les lettres qui manquaient. C'est ce coquin de *** qui avait arrêté le courrier. Je t'avoue franchement que j'ai eu occasion de connaître bien des gens vils et méprisables dans la cohue qui s'est trouvée ici, et que je leur conserverai toute ma vie un profond mépris. Croirais-tu que le même jour qu'on m'accablait de politesse et de protestations d'estime, on faisait doubler les espions autour de moi ! Il n'y a pas moyen que je parte avant le roi, car je sais qu'on ne me laisserait pas partir. On a arrêté le fils Bignami, car on s'imaginait bien qu'il portait quelques lettres de moi; effectivement il en avait deux d'affaires à mon intendant, qui, comme tu le penses, ne contiennent rien qui puisse compromettre personne. Enfin, quand j'aurai le bonheur de te revoir, je t'en conterai de belles ! Jusque-là patience et patience. »

« Ma bonne et chère Auguste, je prends la plume pour t'annoncer que notre départ est fixé pour la fin de la semaine prochaine. Le roi me l'a dit ce matin. Je ne me suis pas promené avec l'empereur Alexandre aujourd'hui parce qu'il avait beaucoup d'affaires, mais il m'a fait dire par Czernicheff qu'il me ferait appeler chez lui demain ou après-demain pour m'annoncer lui-même la fixation de notre sort. J'attends ce moment avec une bien vive impatience, comme tu peux bien te l'imaginer. J'ai été poli et aimable envers tous, mais je réglerai ma conduite future sur celle qu'on tiendra envers moi. La lenteur, pour ne pas dire plus, est excessive; figure-toi que, malgré la parole, la signature, etc., je reçois des lettres de Milan du 22 mars, et on n'y savait encore rien de la décision de l'empereur François du 12 février, pour la levée du séquestre de mon apanage. »

Eugène à la vice-reine. Vienne. 1ᵉʳ avril 1815.

« Sire, c'est avec la plus vive affliction que je

Eugène

à Alexandre.
Vienne,
3 avril 1851.

viens d'avoir, par le général Czernicheff, connaissance des volontés de Votre Majesté à mon égard. Elle m'ordonne de renoncer à ces témoignages si flatteurs et si précieux de sa bienveillance et de son amitié sur lesquels elle me permettait de compter journellement. Je me soumets à une aussi pénible privation, mais j'ose espérer que Votre Majesté me pardonnera de lui exprimer tout le véritable chagrin que j'en éprouve. En perdant la partie la plus chère pour moi des bontés de Votre Majesté, je sens que ma situation devient insupportable; ce n'est qu'au sein de ma famille que je puis trouver les consolations dont mon cœur a besoin. Je fais demander mes passe-ports pour retourner à Munich, où je vais attendre près de mes enfants le résultat des bontés que Votre Majesté a daigné me faire promettre pour eux. Ma conduite, en justifiant toujours la bienveillance dont Votre Majesté m'a honoré, détruira tout ce que la jalousie qu'excitait cette même bienveillance pourrait vouloir faire contre moi, et j'espère la retrouver toute entière, lorsque des circonstances plus heureuses me rapprocheront de Votre Majesté.

« Je prends la liberté de mettre aux pieds de Votre Majesté l'hommage de mon respectueux et inaltérable attachement. »

Alexandre
à Eugène.
3 avril 1815.

« C'est au moment où j'allais prendre la plume pour annoncer à Votre Altesse Impériale qu'enfin j'étais parvenu de finir ses affaires dans la conférence d'hier soir, et pour la prier de passer chez moi cet après-dîner à sept heures et demie, afin que je lui en rende compte, que j'ai reçu sa lettre. Son contenu m'a vivement peiné, puisqu'il m'a prouvé que Votre Altesse a donné un sens différent à la commission dont j'ai chargé Czernicheff pour elle, et qui se bornait tout simplement à lui expliquer que tous les événements qui viennent malheureusement de se passer me forçaient à une sorte de circonspection envers elle, mais que rien ne changerait certainement la tendre amitié et la véritable estime que je lui porte. Cet après-dîner je compte lui en parler en détail, et me fais un plaisir de la revoir. Je demande instamment à Votre Altesse de ne jamais douter de tous les sentiments que je lui ai voués.

« *P. S.* Si elle n'a pas fait la démarche pour ses passe-ports, je la prierai d'attendre jusqu'après notre entrevue, qui, j'espère, aura lieu en frac. »

Eugène à Alexandre. Vienne, 4 avril 1815.

« Sire, après avoir mûrement réfléchi sur la proposition relative à un arrangement en ma faveur, que Votre Majesté m'a fait l'honneur de me communiquer, je crois devoir lui soumettre les réflexions suivantes :

« Le premier article de cette proposition ne saurait remplir les justes espérances que j'avais dû concevoir pour ma famille et pour moi. Sans craindre d'être accusé d'ambition, il m'était permis d'attendre un établissement plus considérable; d'ailleurs la concession qu'il renferme en ma faveur d'un pays qui n'est pas même en ce moment à la libre disposition des puissances alliées ne peut paraître qu'illusoire.

« La rédaction seule de ce premier article décèle toute la défiance dont je suis l'objet en ce moment ; et je sens moi-même que, dans les circonstances actuelles, il serait impossible que la bienveillance dont Votre Majesté daigne m'honorer eût pour moi les heureux résultats que je devais m'en promettre.

« Je me bornerai donc en ce moment à demander :
1° Que mes droits et ceux de ma famille soient simplement reconnus, et qu'on s'engage à me donner l'établissement qui m'a été promis, lorsque les circonstances auront cessé de mettre obstacle à ce qu'il soit convenable ;

« 2° Que la pleine et libre jouissance de tous mes biens me soit rendue et conservée ;

« 3° Que le château de Bayreuth me soit cédé, ainsi que le porte l'article 3 de la proposition, pour y attendre avec ma famille l'époque où mon sort pourra être fixé.

« Je supplie Votre Majesté de vouloir bien employer ses bons offices pour faire adopter ces trois articles. Ils me permettront de me livrer entièrement à l'éducation de mes enfants, jusqu'à des circonstances plus heureuses pour eux et pour moi.

« J'ai pensé que ces trois articles pourraient être rédigés à peu près conformément à une note que je prends la liberté de joindre ici, et qui sert de contre-projet à la proprosition que Votre Majesté avait bien voulu me remettre.

« Je saisis avec empressement cette nouvelle occasion d'exprimer à Votre Majesté ma profonde reconnaissance pour ses bontés, et je la supplie d'en agréer l'hommage. »

« Ma chère Auguste, le roi part décidément vendredi pour arriver dimanche et j'ai demandé ce matin mes passe-ports; j'aurai la réponse ce soir, et emploierai mes deux dernières journées en visites de congé. Je ne te dirai rien de nos affaires aujourd'hui et me réserve de t'en parler longuement et en détail. Je me bornerai à te dire que les événements extraordinaires arrivés en France ont servi de prétexte à ce qu'on ne fît pas grand'chose pour nous, de sorte que j'ai dû absolument refuser tout ce qu'on m'a proposé. Je me contente de demander la restitution de mon apanage et de mes biens, et espère qu'à cela du moins on ne fera aucune difficulté. J'aime à penser que tu approuveras tout ce que j'ai fait et que tu n'auras aucun reproche à me faire. Adieu, ma chère Auguste, le malheur n'accable que ceux qui ont des reproches à se faire; nous devons donc pouvoir le supporter avec courage et attendre des temps plus heureux.

« Je t'écrirai par le courrier qui commandera vendredi les chevaux du roi pour préciser le moment de mon départ. »

Eugène à la vice-reine. Vienne, 4 avril 1815.

« Je suis bien au regret que Votre Altesse Impériale se soit donné la peine de passer chez moi ce matin. Je suis prêt à la recevoir ce soir à 7 heures et demi, car j'ai achevé ses affaires ainsi qu'elle l'a désiré. Je la prie de recevoir l'assurance du bien sin-

Alexandre à Eugène. 6 avril 1815.

cère attachement que je lui ai voué pour toujours. »

<small>Alexandre à Eugène. Vendredi matin.</small>

« Ma sœur Marie ayant beaucoup désiré que je l'accompagne dans une course qu'elle a à faire aujourd'hui, je me vois dans l'impossibilité de tenir mon engagement envers Votre Altesse Impériale ; par contre, si rien ne la dérange, pour demain je serai à l'heure habituelle à notre promenade ordinaire. En même temps, je crois devoir l'avertir qu'aucune nouvelle n'est encore parvenue, sinon des confirmations de ce que nous savions déjà. Les plénipotentiaires ne sont pas encore de retour de Pétersbourg. Je prie Votre Altesse de recevoir l'assurance de mon bien sincère attachement. »

<small>Alexandre à Eugène. Jeudi après-midi.</small>

« Ce que Votre Altesse Impériale avait prédit hier m'est arrivé justement aujourd'hui, car au moment où, exact à l'heure, je descendais pour aller la joindre, je fus arrêté par des papiers qu'on m'a apportés et qui m'ont fait tarder d'un quart d'heure. Je regrette infiniment de ne pouvoir, demain, faire notre promenade accoutumée, ayant un engagement qui m'empêche de disposer de notre heure habituelle, mais après-demain, je compte avoir ce plaisir. La nouvelle que vous me donnez sur le procès de votre sœur m'a bien vivement chagriné, et je partage sincèrement toute la peine qu'elle doit éprouver à l'idée de se séparer de son fils. Agréez, je vous prie, l'assurance de mon constant attachement.

« *P. S.* Veuillez me renvoyer la feuille du *Moni-*

teur, si vous ne l'avez pas rendue déjà à mon aide de camp. »

« Sire, l'espérance de revoir Votre Majesté d'un moment à l'autre à Munich, et la crainte de la déranger au milieu de ses occupations, ont pu seul me priver jusqu'à présent de l'honneur de lui écrire. Le sentiment le plus réel sait se condamner au silence, quand il peut craindre d'être importun. Mais, hier, le roi de Bavière m'a annoncé que votre départ de Vienne serait encore retardé, et il m'a de plus engagé à vous écrire relativement aux intérêts de ma famille.

Eugène
à Alexandre.
Munich,
3 mai 1815.

« Permettez-moi donc, Sire, de me rappeler au souvenir de Votre Majesté, et d'invoquer de nouveau la bienveillance dont elle a daigné me donner tant de précieux témoignages. Si je dois en croire le roi, il paraîtrait que les affaires d'Italie vont se terminer, et qu'on est décidé à ne rien accorder à l'Autriche au delà du Pô. Dans cette supposition ne serait-il pas possible de me réserver les Légations, sur lesquelles vous aviez déjà bien voulu jeter les yeux pour moi ? Je ne viens entretenir de nouveau Votre Majesté sur cet objet que parce que j'aime à penser qu'elle sent bien tout ce que ma position a de pénible. Au milieu d'une lutte générale de laquelle dépendent tant de destinées et même la mienne, moi seul peut-être au monde, je n'ai pas même le droit d'émettre un vœu, et l'avenir sur lequel il ne m'aura pas été permis de prendre aucune influence pour moi-même ne peut m'offrir aucune chance favorable.

« Comment, en effet, Votre Majesté veut-elle que je compte sur les promesses que l'on m'a faites? Il y a six mois que j'ai eu parole de l'empereur d'Autriche pour la levée du séquestre de tous mes biens en Italie. Cette promesse a été formelle et officiellement renouvelée à différentes époques par son ministre; l'engagement solennel semble en avoir été pris de commun accord et par suite des démarches bienveillantes de Votre Majesté, la veille de mon départ de Vienne, et cependant toutes ces promesses ont été vaines ; cet engagement n'a encore reçu aucune exécution.

« Votre Majesté daignera sentir assurément que, de quelque manière qu'on veuille bien me considérer, une pareille conduite n'est point rassurante pour l'avenir de mes enfants, et qu'elle doit répandre l'amertume dans le cœur d'un homme qui a toujours agi bien différemment avec ses amis comme avec ses ennemis.

« Je prie Votre Majesté de ne point entièrement m'abandonner, et de croire, » etc.

Alexandre à Eugène. Paris, 18 juillet 1815.

« C'est hier que j'ai reçu la lettre que Votre Altesse Impériale a bien voulu m'écrire du 5 juillet. Je m'empresse de l'en remercier et de lui exprimer combien mon attachement pour elle est invariable.

« J'espère que Votre Altesse me saura quelque gré maintenant des conseils que mon amitié pour elle m'a autorisé à lui donner à Vienne. Vous vous serez convaincu que mes calculs, loin d'avoir été exagérés, sont restés encore bien au-dessous de ce que les événements ont prouvé, quand je vous soutenais que les forces que nous mettions en campagne étaient telles, qu'il n'y avait pas de chance de revers pour nous à craindre, et qu'à la longue, du moins, la réussite était certaine.

« Nos succès se sont succédé avec une rapidité étonnante; une bataille rangée a suffi pour anéantir les moyens de résistance que Napoléon avait organisés, et, dans dix-huit jours de campagne, les alliés étaient à Paris.

« Voilà les bienfaits que la France doit au retour de Napoléon. Après l'avoir compromise et brouillée avec l'Europe entière, après avoir bouleversé son administration intérieure, après y avoir réveillé l'esprit de jacobinisme le plus exalté, qu'il avait lui-même tâché d'éteindre pendant tout le temps de son premier règne; enfin, après avoir trompé la France sur les moyens militaires de défense qu'il avait organisés, et les lui avoir fait accroire plus que suffisants pour lutter avec les alliés, il a adopté le plan d'opération le plus absurde, vu les circonstances dans lesquelles il se trouvait, et, après avoir sacrifié l'armée dans une seule bataille et l'avoir exposée à une déroute complète, il a abdiqué une seconde fois, et, sauvant sa propre vie, il a abandonné la France à son malheureux sort, ayant amené sur ses épaules les Anglais et les alliés dans sa capitale. Tels sont ses hauts faits, et tels sont les reproches que doivent s'adresser ses adhérents et ceux qui ont pris part à ces funestes événements.

« Ce sont les armées de Wellington et de Blücher

qui sont entrées à Paris; le roi les suivait, et à mon arrivée, qui a eu lieu cinq jours après l'entrée, j'ai déjà trouvé le roi installé dans tout l'exercice de son pouvoir, par la coopération même de plusieurs des membres du gouvernement provisoire, créé après la seconde abdication de Napoléon. L'armée est dissoute en grande partie et traite partiellement avec le roi.

« D'après cet exposé, Votre Altesse sentira qu'une seule ligne de conduite nous est tracée. Du reste, vous connaissez mes sentiments, mes principes, et persuadez-vous que, partout où je pourrai être utile à la France et à son véritable bien-être, j'y emploierai tous mes soins. Nous sommes beaucoup plus consultés que nous ne l'avons été la première fois, et il paraît qu'on désire s'éclairer et agir pour le mieux, en évitant les fautes qu'on a commises la première fois.

« C'est avec douleur que je dois vous parler de votre sœur. Il n'y a qu'une voix sur la part qu'elle a prise aux malheureux événements qui se sont passés. Cette unanimité d'opinion sur elle n'eût pas suffi à mes yeux pour l'envisager comme une preuve, si malheureusement je n'en possédais pas d'autres que je vous ai communiquées dans le temps à Vienne. C'est là le sort des femmes les mieux intentionnées ; quand elles s'avisent de vouloir se mêler d'affaires, elles se trompent pour la plupart, et se trouvent alors enveloppées dans leurs erreurs.

« Ne pouvant que désapprouver fortement toute sa marche, j'ai mieux aimé ne pas la voir, et, respectant en elle le malheur, lui éviter le langage que la vérité m'eût imposé. Elle va partir, d'après son désir, pour la Suisse.

« Quoique profondément peiné de ne l'avoir pu trouver dans la ligne de conduite que j'avais espéré d'elle, je n'en formerai pas moins les vœux les plus ardents pour son bonheur.

« Je n'ai pas cessé un instant de m'occuper des affaires personnelles de Votre Altesse, et aussitôt arrivé à Heidelberg, où j'ai rejoint l'empereur d'Autriche, j'ai fait présenter une note à son ministère, calquée d'après celle que Votre Altesse m'avait remise à Munich. La rapidité de nos marches et la lenteur accoutumée de ce ministre n'ont pas permis qu'elle ait eu encore tout l'effet désiré ; j'ai déjà fait revenir à la charge et je ne cesserai d'y pousser.

« Veuillez me mettre aux pieds de la princesse et la remercier de son gracieux souvenir.

« Je prie Votre Altesse Impériale d'être bien persuadé de la tendre amitié que je lui ai vouée, et qui est immuable, comme l'est aussi le caractère de loyauté qui vous distingue. »

« Sire, j'ai eu l'honneur d'écrire à Votre Majesté au commencement de ce mois, pour me rappeler à son souvenir et lui renouveler l'hommage de mes sentiments ; je dois aussi l'entretenir des infortunes de ma patrie et lui dire que le souvenir de sa magnanimité faisait en ce moment mon unique espérance pour mon malheureux pays. Je désire vivement que ma lettre soit parvenue à Votre Majesté. Elle aura

Eugène à Alexandre. Munich, 24 juillet 1815.

été pour vous, sire, une preuve de plus de la juste confiance que m'inspirent les belles qualités que vous avez bien voulu me mettre à portée d'admirer de près.

« Dans cette lettre, je ne vous parlais des intérêts de ma famille que pour vous exprimer toute la sécurité que me donnent les bontés dont vous avez déjà daigné nous prodiguer les témoignages. Alors je ne prévoyais pas encore le moment où Votre Majesté pourrait voir s'accomplir l'ouvrage de sa bienveillance en notre faveur ; mais la rapidité des derniers événements semble avoir rapproché l'époque où vos bienfaisantes intentions peuvent recevoir leur exécution. Les obstacles qui s'y étaient opposés sont évanouis, et les promesses qui, grâce à votre protection, m'ont été solennellement renouvelées par l'acte du congrès du 6 avril dernier, peuvent maintenant être réalisées. Un nouveau congrès doit, dit-on, bientôt se rouvrir ; toutes les destinées vont s'y fixer. Les miennes et celles de ma famille sont entre les mains de Votre Majesté. Votre puissance est pour nous le gage du bonheur, et c'est de votre appui que nous attendons l'existence convenable qui nous a été garantie, et toute la félicité de notre avenir. L'amitié dont Votre Majesté a daigné me donner les plus honorables marques a comblé d'avance les vœux de mon ambition personnelle. Désormais je la mettrai tout entière à justifier vos bontés et à vous prouver ma profonde reconnaissance. Ma femme vous présente ses hommages respectueux. »

« Sire, ce serait méconnaître les bontés dont Votre Majesté m'honore que lui laisser ignorer quelque chose qui touche aux intérêts de ma famille ; aussi je n'hésite point à vous informer d'un incident qui nous cause de vives inquiétudes, et menace de nous enlever nos seuls moyens d'existence.

« Au commencement du mois dernier, le gouvernement autrichien a fait proclamer de la manière la plus solennelle qu'en vertu des décisions du congrès tous mes biens et dotations dans les Marches et les Légations m'étaient rendus et assurés pour en jouir en toute propriété, et ses agents se sont aussitôt conformés partout à cette notification ; mais quelques jours après, l'administration de ces provinces ayant été remise au saint-siége, *le gouvernement pontifical s'est empressé de déclarer aussitôt que, malgré les déterminations du congrès en ma faveur, il ne voulait ni me rendre ni me conserver mes propriétés.*

« J'ai écrit à cet égard au prince de Metternich, à l'effet d'obtenir que l'empereur d'Autriche donne les ordres nécessaires pour que la cour de Rome exécute ses conditions de la généreuse remise qui vient de lui être faite. Le roi de Bavière fait faire aussi des démarches à ce sujet par ses ministres ; mais j'ai cru devoir vous faire connaître aussi les obstacles qui s'opposent à l'accomplissement d'une partie de vos bienfaisantes volontés, afin que vous daigniez ordonner ce que vous jugerez convenable dans cette circonstance. Vous savez bien, sire, que c'est de vous que nous attendons repos et bonheur. Veuillez bien compter aussi sur notre vive reconnaissance et notre profond attachement. »

Eugène à Alexandre. Munich, 7 septembre 1815.

« Sire, la lettre que Votre Majesté m'a fait l'honneur de m'écrire le 18 juillet m'est parvenue depuis quelque temps. Elle est si remplie des témoignages les plus touchants de la bonté et de la confiance de Votre Majesté, qu'elle a été pour moi comme une de ces conversations si précieuses dont le souvenir est toujours présent à mon cœur. Là mon imagination peut me servir d'égide contre toutes les inquiétudes et toutes les peines.

« Vous avez voulu, sire, faire de cette lettre un des monuments les plus chers de vos bontés pour moi, et la récompense la plus honorable de ma conduite, en daignant la terminer en même temps par un éloge de mon caractère et par l'assurance de la continuation de vos bontés pour moi. Vous m'avez rendu tout à la fois bien fier et bien heureux, car votre approbation comble tous les désirs de mon ambition, et votre amitié tous les vœux de mon cœur. Daignez donc, sire, agréer les hommages de ma vive et profonde reconnaissance. J'ose croire que Votre Majesté aura deviné tout ce qu'il m'en a coûté pour avoir différé si longtemps à les lui exprimer. Cependant, mon respect pour ces grandes occupations, pour ces occupations dont l'Europe entière attend le repos et le bonheur, aurait peut-être encore prolongé mon silence, si de nouvelles preuves de votre inépuisable bienveillance n'étaient venues encore agiter mon âme déjà trop émue, et m'ôter le pouvoir de me taire. Je sais tout ce que Votre Majesté a ordonné de faire à Rome en ma faveur, et tout ce qu'elle daigne faire elle-même, à Paris, pour moi.

« Je ne saurais vous exprimer, sire, tout ce que ces nouvelles me font éprouver; comment ne pas adorer la main qui se cache en versant ses bienfaits? Je le vois bien, il n'y a rien que ma famille et moi nous ne devions attendre de votre magnanime amitié; aussi j'espère que Votre Majesté daignera me pardonner de mettre ici sous ses yeux une dernière note relative à notre établissement ; cependant soyez persuadé, sire, que, malgré l'incertitude où je suis encore sur notre sort, je ne suis point inquiet; mais daignez croire surtout que, même au comble de la félicité, je serais principalement heureux de tout vous devoir.

« La princesse est de moitié dans mes sentiments pour Votre Majesté, et elle me charge de la rappeler à votre souvenir. »

« C'est à la porte de Memmingen que je viens de recevoir la lettre de Votre Altesse Impériale.

Alexandre à Eugène. Memmingen, 12 octobre 1815.

« Je suis bien au regret de n'avoir pas su plus tôt ses intentions, et j'aurais eu un véritable plaisir à la revoir. Maintenant la chose devient impossible faute de temps, car, voyageant jour et nuit, j'aurai dépassé Nuremberg cette nuit avant la pointe du jour, par conséquent Votre Altesse n'aura pas la possibilité d'y arriver. J'en ai un véritable regret, et j'attendrai avec d'autant plus d'impatience son arrivée à Pétersbourg. Je n'attendais pour écrire à Votre Altesse, ainsi qu'à la princesse, son épouse, que l'arrivée d'un courrier de Paris qui doit m'annoncer l'entière conclusion des affaires qui concernent l'établissement de Votre Altesse pour les leur annoncer formellement, ce que, j'espère, j'aurai la satisfaction de faire de Berlin où je me rends maintenant. En attendant, je la prie de recevoir l'assurance bien sincère de tout l'attachement que je lui porte, ainsi qu'à la princesse aux pieds de laquelle je vous prie de me mettre.

« Excusez l'irrégularité de cette lettre, tout me manque pour la rendre décente. »

<small>Eugène à Alexandre. Munich, décembre 1815.</small>

« C'est toujours pour remercier Votre Majesté, pour lui parler de ma respectueuse et vive reconnaissance que j'ai à lui écrire.

« Son ministre le comte Capo d'Istria a bien voulu me communiquer le procès-verbal d'une séance du 21 novembre, tenue par les ministres des quatre puissances concernant mon avenir. Je sais que c'est aux ordres positifs de Votre Majesté et à sa puissante protection que je dois ce dernier acte pris à mon égard.

« M. le comte Capo d'Istria a déjà fait toutes les démarches nécessaires pour assurer le succès de la négociation qui va s'ouvrir à Naples ; quoique le zèle de ce ministre ait prévu, par les instructions qu'il m'a communiquées, bien des obstacles, je ne me dissimule pas qu'il s'en présentera encore. Vous n'ignorez pas, sire, combien peu je puis compter sur la bienveillance, je dis même sur la justice de l'Autriche. Vous n'ignorez pas comment la position particulière de la Bavière vis-à-vis de l'Autriche et la faiblesse de son gouvernement rendent peu efficace sa bonne volonté pour mes intérêts. Mon espoir et celui de ma famille sont donc toujours dans l'extrême bonté de Votre Majesté et dans sa haute protection. Nous serons toujours heureux de penser que c'est à la magnanimité de ses sentiments, à sa justice, à son amitié, que nous devrons notre bonheur.

« Soyez donc assez bon, sire, pour ne pas nous oublier, en donnant des ordres pour que votre ouvrage s'achève, pour qu'enfin notre sort soit fixé.

« Il n'est plus de vœux à former pour la gloire de Votre Majesté; mais je la supplie de me permettre de déposer ici ceux que ma famille et moi ne cesserons de faire pour sa santé et son bonheur.

« La princesse veut être particulièrement rappelée au souvenir de Votre Majesté. »

Alexandre à Eugène. Saint-Pétersbourg, 20 janvier 1816.

« Le comte de Pahlen, mon ministre à Munich, est chargé de faire part à Votre Altesse Impériale des mesures concertées avec le ministre du roi, ainsi que des démarches que j'ai faites auprès de la cour de Vienne, dans la vue de combiner l'affaire de l'établissement auquel Votre Altesse a des droits avec l'échange de territoire qui va avoir lieu entre l'Autriche et la Bavière. Je me flatte que mon intervention atteint le but d'assurer un sort à sa famille dans les États de Sa Majesté bavaroise, au défaut d'une possession indépendante, que des difficultés majeures pourraient empêcher de fixer. Il me tient à cœur de voir Votre Altesse persuadée de la part que je prends à l'accomplissement de vœux aussi légitimes qu'ils sont modérés, et du prix que j'attache à justifier la confiance qu'elle a placée en mes sentiments. L'issue de cette négociation sera, je l'espère, de nature à lui donner des preuves de l'estime sincère et de l'amitié constante que Votre Altesse m'a inspirées.

« Veuillez faire agréer à la princesse l'expression de ma gratitude pour son souvenir. »

Eugène à Alexandre. Munich, 12 février 1816.

« Sire, toutes les fois que Votre Majesté Impériale et Royale daigne m'honorer de ses lettres, j'y trouve de nouveaux témoignages de sa bonté et de son puissant intérêt. Ces précieux sentiments sont si bien exprimés dans la lettre que Votre Majesté a bien voulu m'écrire, le 20 janvier dernier, qu'elle a rempli mon cœur de joie et d'attendrissement, en même temps qu'elle a fait la consolation de ma famille.

« Votre Majesté Impériale et Royale a donné des ordres à son ministre, et a bien voulu faire des démarches auprès de la cour d'Autriche pour rattacher l'affaire de mon établissement aux intérêts territoriaux qui se traitent entre l'Autriche et la Bavière. Je la remercie de ce nouveau bienfait. Je ne puis dissimuler à Votre Majesté que ce dernier trait de son intérêt pour moi paraît être le seul qui, dans ces circonstances, pourrait conduire à la réalisation de l'établissement que le congrès a daigné m'assurer. La négociation qui s'est ouverte à Naples ne pourrait tout au plus produire qu'une indemnité pécuniaire qui me laisserait sans état et sans titre, et quelques millions bien éventuels encore pourraient-ils dédommager ma famille d'une pareille perte?

« Certes on a mis beaucoup de mauvaise volonté, en attachant la négociation de mon établissement à un lien aussi fragile que celui d'une indemnité qui devrait en faire la base. Aussi je dois des actions de grâces au ministre de Votre Majesté, le comte Capo d'Istria, qui n'avait accédé à cette proposition de l'Autriche qu'en faisant les plus fortes réserves de revenir à l'acte du 4 janvier. Les faits justifient sa prudence.

« Aujourd'hui je prévois que l'Autriche, dont les intérêts avec la Bavière sont, pour ainsi dire, arrêtés, va chercher à écarter l'idée de lier mon établissement à ces mêmes intérêts, soit en soutenant contre toute probabilité la possibilité chimérique de la négociation de Naples, soit en renvoyant l'objet de mon établissement à la diète de Francfort.

« Je crois pouvoir me dispenser de lui parler des inconvénients qui résulteraient pour moi de l'une et de l'autre proposition. J'aime bien mieux arrêter mes vœux à l'impulsion donnée par Votre Majesté à ses ministres pour fixer mon sort en Bavière. Je m'abandonne entièrement à cet espoir, et, si j'en désire la prompte réalité, c'est pour aller porter plus tôt aux pieds de Votre Majesté l'hommage de mon respect et de mon éternelle reconnaissance. »

« Sire, il est, je crois, de mon devoir d'annoncer à Votre Majesté que, grâce à sa puissante interven-

Eugène à Alexandre. Munich, 8 avril 1816.

tion, je viens enfin d'obtenir justice pour la portion de mes réclamations qui concerne la fortune de mes enfants en Italie.

« Le pape a bien voulu consentir à me restituer les biens que les agents de Sa Sainteté avaient mis sous le séquestre, et l'Autriche, par un arrangement dont je n'attends que la ratification, m'achète les biens que je possédais dans ses États en Lombardie.

« Je n'ai plus que des actions de grâces à rendre à Votre Majesté pour cet heureux résultat, et je la prie de permettre que ma famille, qui doit en recueillir le fruit, confonde ici sa reconnaissance et son dévouement avec ceux d'un père profondément pénétré de ces sentiments ; daignez, sire, en agréer l'hommage. Il ne me reste plus, pour contenter mon ambition et pour justifier la bienveillante sollicitude de Votre Majesté envers moi, qu'à désirer de vouloir bientôt terminer l'objet si précieux pour mes enfants et pour moi de mon établissement politique.

« Si je m'en rapporte, comme je le dois, au ministre bavarois, il fait en ce moment à celui de Votre Majesté un rapport fidèle de tout ce qui s'est passé, à cet égard, dans ces derniers temps. En soumettant à Votre Majesté ces divers projets, et le moyen de terminer cette question si peu importante pour les autres et si précieuse pour mon avenir, on place de nouveau mes destinées dans les mains de Votre Majesté, comme si déjà elle en était le protecteur et l'arbitre. Quoi qu'il arrive, prince indépendant sous la suzeraineté de la Bavière, simple propriétaire ou particulier, je veux tout devoir, tout rapporter à

Votre Majesté, parce que ce sentiment est dans mon cœur, et que le seul vrai bien que j'ai aujourd'hui, c'est sa bienveillance, son appui, et, j'ose dire, son amitié.

« Votre Majesté me permettra d'attendre avec impatience l'heureux moment d'aller déposer à ses pieds le profond sentiment de respect et de reconnaissance dont je suis vivement rempli. »

« Sire, je ne devrais depuis longtemps faire entendre à Votre Majesté que des actions de grâce; mais, malgré la haute protection dont elle daigne m'honorer avec une si généreuse constance, les vœux de sa bonté envers ma famille et moi ne sont point encore accomplis, et je dois mêler de nouvelles supplications aux accents de ma profonde reconnaissance.

Eugène à Alexandre. Munich, 21 juin 1816.

« Quand la fortune a paru vouloir nous accabler de malheurs que nous n'avions pas mérités, vous êtes devenu, sire, notre providence, et, grâce à votre puissant appui, je n'ai plus au moins d'inquiétude pour l'existence de mes enfants. Il reste à fixer leur avenir suivant les engagements que les alliés de Votre Majesté ont pris de concert avec elle.

« Les négociations qui ont eu lieu à Naples paraissaient devoir atteindre ce but de mes légitimes désirs et de vos bontés; des échanges faciles à combiner pouvaient aisément rattacher la décision de mon établissement aux arrangements qui se traitaient entre l'Autriche et la Bavière. Votre Majesté avait daigné approuver cette idée et ordonner des démarches qui devaient en assurer la réalisation. Cependant mes espérances à cet égard ont été déçues, et ma mauvaise fortune l'a emporté sur la convenance qu'il y avait à me placer ainsi, sur les avantages que la Bavière devait y trouver et même sur votre toute-puissante protection.

« Tout semble avoir été conclu entre les cours de Vienne et de Munich, sans qu'il y ait été seulement fait mention de l'établissement de ma famille. J'aurais pu voir dans ce silence un présage funeste, si la magnanime franchise avec laquelle Votre Majesté a daigné proclamer depuis la continuation de ses bontés pour moi n'eût ramené l'espérance dans mon cœur; cependant je ne saurais prévoir encore le moment où seront remplis les engagements que vous aviez bien voulu faire prendre en ma faveur.

« J'ai souhaité, parce que cela est naturel, que la Bavière, faisant de ma cause la sienne, se chargeât de tous les droits qui m'ont été assurés par les traités, et consentît à me donner l'établissement qui m'a été promis; mais je ne puis me dissimuler que le gouvernement bavarois, quoique toujours bien disposé en ma faveur, ne met point à faciliter cet engagement toute la condescendance que j'aurais cru pouvoir attendre de lui. Il paraît surtout craindre de compromettre ses intérêts en m'assurant un établissement avant d'avoir reçu ou de s'être pu garantir des compensations équivalentes. Voici donc aujourd'hui le point de la difficulté; c'est à Votre Majesté qu'il appartient de l'écarter. Daignez, sire, achever seul l'ouvrage que vous avez seul commencé. Veuillez bien donner à vos ministres des ordres et des instructions telles, que les moyens que Naples doit fournir soient assurés et garantis, et qu'ils soient employés immédiatement à m'assurer l'établissement territorial, qui seul peut donner politiquement une situation convenable à ma famille sur laquelle la continuelle manifestation de votre bienveillance a répandu tant d'éclat.

« Que Votre Majesté daigne croire pour toujours à la respectueuse gratitude que lui vouent pour jamais ma famille et mon cœur. »

Alexandre à Eugène.
Saint-Pétersbourg, 3 août 1816.

« Je ne saurais mieux répondre à la lettre que Votre Altesse m'a adressée dernièrement qu'en ordonnant à mon ministère de lui transmettre toutes les communications qui ont eu lieu entre mes alliés et moi relativement à ses intérêts.

« Elles présentent un nouveau gage de la sollicitude invariable avec laquelle je crois devoir soutenir la pleine et entière exécution de ce qui a été convenu à Vienne et à Paris dans la vue d'assurer un sort à la famille de Votre Altesse.

« Je partage complétement les vœux qu'elle forme à cet égard. C'est l'issue prompte de la négociation de Naples, qui seule peut offrir les moyens de procurer subséquemment, de l'aveu de Sa Majesté le roi de Bavière, une solidité véritable à l'établissement auquel Votre Altesse a droit de s'attendre. Toute autre direction m'a semblé peu favorable, et j'ai écarté constamment celles qu'on m'a proposées, dans l'intention unique de ne point dévier des principes convenus, et d'assurer par là aux négociations entamées avec la cour des Deux-Siciles un résultat satisfaisant.

« C'est dans cette vue que mes ministres ont reçu des instructions très-positives, et, ne doutant nullement de la coopération la plus efficace de la part des puissances alliées, je me plais à espérer que Votre Altesse sera à même de donner suite aux arrangements définitifs qui forment l'objet de ses désirs.

« Je m'estimerai heureux de pouvoir contribuer dans un moment opportun, au cas qu'une intervention étrangère puisse être jugée nécessaire.

« Je la prie d'agréer le témoignage de ces sentiments, ainsi que l'assurance de l'estime et de l'amitié que je lui ai vouées. »

Eugène à Alexandre. Munich, 25 août 1816.

« Sire, je sais que je n'ai pas besoin de rappeler ma famille et moi au souvenir de Votre Majesté. Ce que j'apprends de tous côtés, relativement à nos intérêts les plus chers, m'offre sans cesse de nouveaux témoignages de la bienveillance dont vous nous honorez. Aussi, c'est seulement le désir d'exprimer encore à Votre Majesté notre profonde reconnaissance qui me fait profiter d'une occasion pour avoir l'honneur de lui écrire. Ses bontés fondent notre unique espérance pour l'avenir, mais elles seules nous seront toujours bien plus précieuses que tout ce que nous pouvons en attendre.

« J'ai eu connaissance des propositions que la Bavière a soumises à Votre Majesté, à l'égard de mon établissement; elles m'ont paru un moyen satisfaisant de remplir les engagements qui ont été pris envers moi. Je sais aussi que, de la réponse que Votre Majesté a fait faire à ces propositions, il doit résulter quelque retard à la fixation de mon sort; mais je n'en dois pas moins rendre hommage à cet esprit d'ordre, de sagesse, de modération qui a dicté cette réponse, et dont la politique de Votre Majesté porte toujours l'heureuse empreinte. Il eût été peut-être à désirer que Votre Majesté eût engagé le gouvernement bavarois à mettre d'avance à exécution ses bonnes intentions en ma faveur, et que, pour l'y décider, elle eût daigné lui garantir le recouvrement et la disposition des fonds que Naples doit fournir, et même, s'il y avait lieu, lui promettre ses bons offices pour faciliter l'application de cette indemnité dans ses arrangements territoriaux. Par ce moyen, j'aurais vu enfin un terme à l'incertitude dans laquelle ma destinée se trouve encore, incertitude qui a déjà duré trop longtemps, et qui pourrait se prolonger indéfiniment, si quelques dissensions venaient à éclater entre les puissances qui ont contracté des engagements envers moi.

« Votre Majesté daignera sentir tout ce que de semblables événements jetteraient de pénible dans ma situation et celle de ma famille. Quand de telles idées viennent s'offrir à mon imagination, je sens plus vivement, sire, le besoin de m'entretenir avec vous, et j'en désire ardemment une occasion.

« On nous assure que Votre Majesté va dans peu de temps visiter ses États de la Vistule; me permettrait-elle de profiter du séjour qu'elle y fera pour aller lui renouveler les hommages de mes inaltérables sentiments pour son auguste personne? Votre Majesté doit être sûre que je ne ferai point une pareille démarche sans avoir obtenu son assentiment, et, quelle que soit sa décision à cet égard, elle sera certainement ce qu'il y aura de plus convenable. »

D

Alexandre à Eugène. Varsovie, 5 octobre 1816.

« La lettre que Votre Altesse m'a adressée en date du 25 août dernier ne m'est parvenue qu'après mon arrivée à Varsovie, et, tout mon séjour ne devant y durer qu'environ deux semaines, une impossibilité absolue s'est opposée au désir que vous me témoignez de venir m'y voir, et dont l'accomplissement m'eût été si agréable. Veuillez être persuadé que j'apprécie bien sincèrement vos sentiments et la manière dont Votre Altesse envisage les intérêts de sa famille. Ils me tiennent constamment à cœur, et vous en recevrez une preuve réitérée par les notions que mon ministère à Francfort sera dans le cas de transmettre à Votre Altesse, concernant les nouvelles propositions mises en avant à cet égard, et la réponse qui y a été faite. C'est en maintenant dans toute leur vigueur les engagements contractés à l'avantage de Votre Altesse que j'espère atteindre le but de la voir pleinement satisfaite et rassurée sur son avenir. Loin que des appréhensions de la nature de celles dont vous faites mention dans votre lettre puissent jamais altérer la réalisation de vos espérances légitimes, je suis au contraire dans la persuasion que l'accord intime qui règne entre mes alliés et moi, et que le temps cimente tous les jours davantage, doit offrir à Votre Altesse la plus sûre garantie de l'heureure issue de la négociation de Naples et de Francfort.

« Je pars d'ici très-satisfait de l'ordre et de l'activité de toutes les parties de l'administration et de l'organisation militaire. En m'éloignant, je me plais à renouveler à Votre Altesse l'assurance du prix que j'attache à lui être utile et à lui donner de nouveaux témoignages de mon amitié sincère et de ma considération. »

« Sire, j'ai l'honneur de déposer aux pieds de Votre Majesté, à l'occasion du renouvellement de l'année, l'expression de mon éternelle reconnaissance et de mon respectueux et inaltérable dévouement.

Eugène à Alexandre. Munich, 23 décembre 1816.

« Ces sentiments, que la princesse Auguste partage avec moi et qui se perpétueront dans nos enfants, sont, ainsi que tout ce qui a été fait jusqu'à présent pour nous et tout ce qui nous reste encore à espérer, l'ouvrage de vos bontés. Daignez donc, sire, en agréer l'hommage et nous permettre d'y joindre celui des vœux que nous ne cesserons jamais de former pour votre santé et votre bonheur.

« Je ne veux point entretenir ici Votre Majesté de nos intérêts; je me réserve d'en écrire à son ministre, M. le comte de Capo d'Istria; cependant je ne puis m'empêcher de faire connaître à Votre Majesté que j'ai retrouvé, et avec une vive gratitude, de nouveaux témoignages de sa constante protection dans la conduite de M. *** à Francfort; parler à Votre Majesté de ses bontés, c'est encore lui parler de mes sentiments pour son auguste personne. Je la supplie de croire qu'ils ne finiront qu'avec ma vie, et que je m'estimerai bien heureux de pouvoir les lui prouver. »

Alexandre à Eugène. Saint-Pétersbourg, 30 janvier 1817.

« Toutes les fois que Votre Altesse me réitère l'expression de ses sentiments pour moi, j'aime à croire qu'elle est persuadée de la constante réciprocité des miens, et du plaisir que j'éprouve à recevoir de ses lettres. Il m'est infiniment agréable d'apprendre que la princesse Auguste me conserve un souvenir auquel j'attache tant de prix, et qu'elle veut bien unir ses vœux à ceux que Votre Altesse m'exprime avec l'accent de son caractère, je veux dire, celui de la droiture et de la sincérité. J'en forme d'aussi vrais pour l'accomplissement de ses espérances et pour la fixation de son sort. Votre Altesse n'ignore pas que je les accompagne de la coopération la plus constante et la plus active. Elle en aura une nouvelle preuve dans les nominations que mon ministère a l'ordre de lui faire parvenir. Il ne me reste qu'à lui répéter ici que j'apprécie dans toute leur étendue les témoignages de sensibilité dont sa lettre est remplie, en lui renouvelant également les assurances de mon sincère attachement. »

Alexandre à Eugène. Saint-Pétersbourg, 3 avril 1817.

« Depuis l'ouverture des négociations relatives aux intérêts de Votre Altesse, le vote que j'étais appelé à prononcer a toujours été le même. J'avais à cœur la stricte exécution des protocoles du 4 juin et du 21 novembre 1815, et je me félicitais de la liaison intime qui existait entre mes devoirs et l'impulsion de mes sentiments personnels. C'est dans ces dispositions invariables que j'ai reçu la lettre de Votre Altesse par laquelle je suis instruit des facilités qu'elle est déterminée à apporter, à l'effet d'assurer la prompte issue des conférences de Naples.

« Il m'est agréable de partager les espérances qu'elle a conçues à ce titre, et de les attribuer à cet esprit de conciliation manifesté dans un épanchement amical à mon égard, que je ne cesserai jamais de reconnaître. Les intentions de Sa Majesté le roi de Bavière, quant à l'établissement territorial proportionné à l'indemnité pécuniaire que Votre Altesse aura obtenue, seront accompagnées de mes vœux les plus sincères, et mon ministre à Francfort, en se conformant à son invitation, n'aura fait que les devancer.

« Je prie Votre Altesse de compter sur la constance de mon attachement et de l'amitié que je lui ai vouée. »

Eugène à Alexandre. Munich, 16 septembre 1817.

« Sire, la lettre que Votre Majesté a daigné m'écrire le 3 avril dernier a été pour moi un nouveau et bien précieux témoignage des bontés dont elle m'honore, et je saisis avec empressement, pour bien exprimer ma vive et profonde reconnaissance, l'occasion que m'offre le retour du baron de Schilling en Russie. J'oserai aussi l'entretenir un instant de mes affaires depuis plus de trois ans; lui en parler, c'est lui rappeler ses bienfaits. Les négociations qui avaient encore lieu à Naples relativement à mes intérêts paraissent enfin terminées aussi favorablement que les circonstances ont pu le permettre. Je ne saurais dissimuler à Votre Majesté qu'il n'en est pas encore de même pour mon établissement de Bavière. Tout est encore à cet égard dans une incertitude incompréhensible, et les arrangements les plus simples semblent éprouver des difficultés dont il est impossible de se rendre raison et dont il résulte des lenteurs fatigantes. On doit espérer cependant que tout cela va finir, car il n'y a plus de prétextes pour de nouveaux délais ; mais il est pénible de rencontrer si peu de facilités là où on devrait naturellement les trouver toutes. Heureusement il y a une bien douce compensation à toutes les contrariétés ; elles font ressortir avec plus d'éclat tout ce que ma famille et moi nous devons à votre auguste protection. Elle s'est attachée à nous dans notre infortune et nous a rendus dignes d'envie au sein du malheur ; elle nous a soutenus à travers tous les obstacles, et c'est à elle seule que nous devons tout ce qu'il peut y avoir de prospère dans notre avenir. Daignez, sire, nous continuer votre bienveillante amitié et croire à jamais au dévouement et à la reconnaissance dont je serais si heureux de vous offrir des preuves, et dont vous m'avez permis d'espérer que je pourrai vous renouveler de vive voix les hommages. »

Alexandre à Eugène. Moscou,

« J'ai appris avec une satisfaction bien vraie l'heureuse délivrance de la princesse Auguste, et je souhaite que l'enfant qui vient de naître soit pour Votre Altesse une source de consolations. Vous jugez bien des sentiments que je vous porte en me parlant de la part sincère que je ne cesserai de prendre à tout ce qui vous touche. C'est à ce titre qu'il m'a été infiniment agréable de trouver dans les lettres de Votre Altesse le témoignage de la satisfaction que lui fait éprouver l'issue favorable, quoique longtemps retardée, de la négociation de Naples. Il en sera de même, je n'en doute pas, de l'établissement dû à Votre Altesse dans le pays où elle se trouve fixée.

« Je ne finirai point cette lettre sans la remercier de l'expression réitérée d'un attachement que j'apprécie, et sur lequel j'ai toujours compté.

« Veuillez mettre aux pieds de la princesse Auguste l'hommage de mes félicitations, et agréer l'assurance vivement sentie de mon affection et de toute mon estime. »

26 octobre 1817.

« Sire, grâce à la constante protection de Votre Majesté, mes incertitudes sont enfin terminées. Mon établissement en Bavière, proportionnellement aux moyens que le roi de Naples s'est engagé à fournir, a fixé mon sort et celui de ma famille d'une manière aussi convenable que les circonstances l'ont permis; et la bienveillance que Sa Majesté le roi, mon auguste beau-père, m'a montrée dans cette occasion m'a d'autant plus touché que j'y ai vu une nouvelle preuve des sentiments que ce souverain professe pour Votre Majesté. La déclaration que j'ai fait présenter à Francfort le 30 décembre dernier aura, je

Eugène à Alexandre. 10 février 1818.

l'espère, obtenu votre approbation, et je ne puis m'empêcher de faire connaître à Votre Majesté que son ministre, M. le baron d'Anstett, a prouvé encore dans cette circonstance combien il avait à cœur de seconder vos généreuses volontés à mon égard.

« Je sens vivement, Sire, tout ce que vous avez daigné faire pour moi ; je sens surtout le prix et l'étendue de vos bontés; ce que j'ai obtenu, je le leur dois; mais elles sont infinies, et c'est sur elles que je prie Votre Majesté de mesurer ma reconnaissance ; mon seul regret aujourd'hui est de ne pouvoir vous la prouver. J'ose espérer du moins que vous me permettrez d'aller un jour vous l'exprimer moi-même.

« L'accomplissement de ce vœu est maintenant le premier besoin de mon cœur; mais je supplie aussi Votre Majesté de ne point me priver désormais de ces relations qu'elle a daigné rétablir entre elle et moi. Elles étaient ma consolation et mon espoir ; mais dans tous les temps elles feront mon orgueil; elles seront nécessaires à mon bonheur, et je ne verrais qu'un sujet d'affliction dans le succès même de vos bontés, s'il devait mettre un terme à ces relations qui étaient pour moi les marques les plus précieuses de votre estime et de votre amitié.

« La princesse a été bien sensible au souvenir et à l'intérêt de Votre Majesté. Elle vous prie d'agréer ses remercîments, et de la croire de moitié dans les sentiments dont je dépose l'hommage aux pieds de Votre Majesté. Nos enfants les partageront, et, s'ils peuvent nous aider un jour à vous les prouver, ils contribueront beaucoup à notre félicité. »

« Sire, mon beau-frère le prince Charles se rend à Varsovie. Votre Majesté daignera deviner, je l'espère, combien j'envie son bonheur, et avec quel empressement j'aurais fait le même voyage; mais vous revoir, Sire, ne doit point être pour moi un avantage que je doive seulement au rapprochement de Votre Majesté des lieux que j'habite, et je croirais faire mal comprendre tout le prix que j'y attache, si je profitais d'une occasion dans laquelle Votre Majesté se trouverait avoir diminué elle-même la distance qui me sépare d'elle. Cependant, Sire, le bruit se répand que dans le cours de cette année vous pourriez traverser l'Allemagne. Je m'estimerais bien heureux alors que Votre Majesté me permît d'aller, à l'un des lieux de son passage, me rappeler moi-même à son auguste souvenir; mais je supplierais en même temps Votre Majesté de vouloir bien ne point oublier encore, après une faveur si précieuse, que je regarde toujours comme la preuve la plus touchante de sa bienveillance l'espoir qu'elle m'a permis de nourrir que je pourrais aller la remercier un jour dans sa capitale de tout ce qu'elle a daigné faire pour ma famille et pour moi. La princesse partage la reconnaissance que j'éprouve pour Votre Majesté, et elle la prie d'en agréer l'expression. Daignez recevoir en même temps, avec votre bonté si constante et si chère pour nous, l'hommage du respectueux attachement avec lequel j'ai l'honneur d'être, » etc.

<small>Eugène à Alexandre Munich 26 mars 1818.</small>

« Sire, j'apprends à l'instant même que nous ne posséderons point Votre Majesté à Munich; j'aime à

<small>Eugène à Alexandre 27 novemb. 1818.</small>

penser qu'elle daignera sentir combien sont vifs les regrets de la princesse et les miens. Je ne puis supporter l'idée de vous savoir si près de moi sans que j'aie le bonheur de vous voir; cependant je ne crois point devoir profiter de votre séjour à Stuttgard pour y renouveler à Votre Majesté l'hommage de mon respect et de mon dévouement ; mais j'ose espérer qu'elle ne désapprouvera pas le parti que je prends d'aller l'attendre à Mergentheim, que l'on désigne comme sa première couchée dans sa route pour Weimar.

« Vous daignerez apprécier mes sentiments, Sire; ainsi vous comprendrez l'impatience que j'éprouve de vous en répéter l'expression. Je ne cesserai jamais de compter sur vos bontés et de chercher à les justifier; veuillez bien aussi compter à jamais sur la profonde et respectueuse reconnaissance avec laquelle j'ai l'honneur d'être, » etc.

<small>Alexandre à Eugène. Stuttgard, 20 novembre 1818.</small>

« J'ai une ancienne dette à acquitter envers Votre Altesse, ayant reçu de sa part deux lettres durant mes voyages dans le midi de la Russie, et auxquelles mes occupations multipliées pendant les courses rapides et en même temps si longues, ainsi que le séjour du roi de Prusse à Moscou et à Pétersbourg, m'ont ôté la possibilité de répondre.

« Le général Czernischeff devait être porteur de ma lettre à Votre Altesse. Je l'expédie à Munich pour faire mes excuses au roi de ce que je ne puis plus y venir, la réunion d'Aix-la-Chapelle s'étant prolongée beaucoup au delà de mon attente.

« Votre Altesse ne doute pas, j'aime à l'espérer, de la sincérité des sentiments que je lui ai voués, et dont j'ai tâché de la convaincre en toute occasion.

« Elle saura donc se dire tout le plaisir que j'ai éprouvé par l'espoir de la revoir à Mergentheim, ainsi que sa lettre du 27 mo. l'annonce.

« Je me fais une fête de m'entretenir avec elle, et de lui réitérer de vive voix l'assurance d'un attachement aussi vrai qu'inaltérable.

« *P. S.* Veuillez présenter mes respectueux hommages à la princesse, dont le souvenir m'a été infiniment précieux; il m'est bien pénible de renoncer à l'espoir que j'avais eu de les lui offrir en personne. »

Eugène à Alexandre. Munich, 1er janvier 1819.

« Sire, le renouvellement de l'année m'offre une occasion d'exprimer encore une fois à Votre Majesté le respect et la reconnaissance que je lui ai voués pour toute ma vie; j'ose donc la supplier de vouloir bien en agréer le nouvel hommage. La princesse partage entièrement tous mes sentiments pour Votre Majesté, et nos enfants s'élèvent en apprenant ce qu'ils doivent à vos bontés. Nous sentons profondément le prix de ce que vous avez daigné faire pour nous, et nous serions heureux de vous le prouver.

« Mais nous avons besoin que le ciel se charge, en attendant, d'acquitter la dette de nos cœurs. Puisse-t-il donc répandre à jamais sur vous toutes les félicités; tel est le vœu que ma famille et moi nous ne cesserons de former.

« J'ai à remercier encore particulièrement Votre Majesté de la bienveillance avec laquelle elle a daigné m'accueillir à Mergentheim. Le peu d'instants où j'ai eu le bonheur de la revoir a marqué d'une manière bien touchante et bien flatteuse pour moi l'année qui vient de finir. Celle qui commence ne sera pas moins heureuse, j'ose le croire, puisque vous m'avez permis d'espérer qu'elle ne s'écoulera point sans que j'aie eu le bonheur d'aller porter aux pieds de Votre Majesté l'expression de mon dévouement. Veuillez bien compter, Sire, que ce sentiment est aussi inaltérable que tendre et respectueux, et daignez me conserver les augustes bontés qui me l'ont inspiré. »

Alexandre
à Eugène.
Ostraff,
31 juillet
1819.

« Votre Altesse Royale a bien voulu me donner, par sa lettre du mois de mars dernier, un nouveau témoignage d'affection auquel j'attacherai toujours un prix réel. J'étais sur le point d'y répondre après en avoir été trop longtemps empêché par des occupations multipliées, lorsque j'ai reçu celle du 4 juin; elle me rappelle itérativement et avec un intérêt auquel je suis bien sensible un projet dont la réalisation me tient vivement à cœur. J'aurais voulu y souscrire dès à présent; j'éprouve des regrets d'autant plus sincères de voir ce moment reculé encore par des circonstances qu'il n'a pas été en mon pouvoir d'écarter. Des considérations administratives, trop graves pour être perdues de vue, réclament ma présence dans plusieurs provinces de mes États que je n'ai point visitées depuis quelque temps; en m'y rendant sous peu, je ne prévois guère la possibilité de pouvoir revenir à Saint-Pétersbourg avant le mois d'octobre. La saison serait alors moins favorable au voyage de Son Altesse Royale; c'est donc pour l'année prochaine que je dois me réserver le plaisir de la recevoir ici. Je m'empresserai de lui en marquer d'avance l'époque qui me paraîtra la plus opportune. Le retard, quelque pénible qu'il me soit, aura peut-être, d'un autre côté, l'avantage de prévenir des conjectures politiques que le voyage de Votre Altesse Royale, effectué dans le moment actuel, ne manquerait pas de faire naître, et dont elle ne voudrait sans doute ni devenir elle-même ni me rendre l'objet. Un inconvénient de cette nature, ou n'existera pas un an plus tard, ou, j'aime du moins à l'espérer, n'aura point l'effet qui pourrait en résulter aujourd'hui. Votre Altesse Royale ne saurait qu'apprécier ces considérations; en les exposant sans réserve et avec une entière franchise, je crois lui fournir une nouvelle preuve des sentiments d'estime et d'attachement que je lui ai voués à jamais. »

Alexandre à Eugène. Saint-Pétersbourg, 31 janvier 1820.

« La lettre que Votre Altesse Royale a bien voulu m'écrire en date du 24 décembre m'offre une nouvelle preuve de la constance de son attachement. Je n'ai pas besoin de lui dire combien j'ai été sensible à son souvenir. Votre Altesse Royale connaît les sentiments que je lui ai voués invariablement. J'attachais un prix infini à pouvoir les lui exprimer de vive voix. Des circonstances que sans doute elle n'aura pas manqué d'apprécier s'y sont opposées l'année dernière; mais j'aime à me flatter qu'aussitôt qu'elles cesseront d'exister je jouirai de la satisfaction de voir Votre Altesse Royale accomplir la promesse qu'elle m'a donnée.

« Veuillez faire agréer à madame la princesse l'hommage de ma reconnaissance pour son obligeant souvenir et recevoir l'expression renouvelée de mon estime et de mon sincère attachement. »

Eugène à Alexandre. 25 septembre 1820.

« Sire, les journaux nous apprennent votre arrivée à Varsovie. En me sachant ainsi près d'elle, je ne saurais résister au désir de lui renouveler l'hommage de ma respectueuse reconnaissance et de mon inaltérable dévouement.

« J'espère, Sire, que vous daignerez me pardonner de chercher à me dédommager, en vous écrivant, de la privation que m'imposent les considérations politiques qui, suivant ce que vous avez daigné me confier, ne me permettent point d'aller vous exprimer de vive voix les sentiments qui m'attachent à votre auguste personne. Je ne cesserai pourtant jamais d'en former le vœu, et je vois avec une vive peine que les circonstances ne paraissent point encore le favoriser. Je conserverai du moins la conviction qu'au milieu des événements qui occupent aujourd'hui l'Europe rien qui peut m'être personnel ne viendrait interrompre le silence de la retraite où je vis, uniquement occupé de mes devoirs envers ma famille et de ma reconnaissance envers notre magnanime protecteur. Je m'étais trompé, et, si j'en crois un mot échappé au

Journal d'Augsbourg et à quelques lettres de Paris, on se dispose à prononcer mon nom dans l'affaire qui est en ce moment portée devant la Chambre des pairs. Je n'ai pas besoin, j'en suis sûr, de protester à Votre Majesté que je ne sais de cette affaire que ce que les journaux en ont dit. J'ose croire que je suis bien connu de Votre Majesté, et que ce ne sera jamais auprès d'elle que j'aurai à me justifier d'avoir pris une part quelconque dans une intrigue de quelque nature qu'elle soit ; cependant, je ne le dissimule pas, s'il était vrai que mon nom parût dans cette affaire, j'en serais profondément affligé. *Au reste, je me flatte que l'histoire de ma vie suffira pour répondre à toutes les calomnies*, et j'ajoute qu'il n'est point de calomnie dont je ne sois consolé d'avance par le souvenir des bontés de Votre Majesté et par le sentiment intime que je ne cesserai jamais d'en être digne. »

Le comte Pahlen à Eugène. Munich, 27 octobre 1820.

« Monseigneur, venant de recevoir par courrier la lettre ci-incluse de Sa Majesté l'empereur mon maître pour Votre Altesse Royale, je m'empresse d'avoir l'honneur de la lui transmettre sans retard.

« Je ne doute pas, monseigneur, que par la réception de cette lettre vous vous persuadiez que les bruits absurdes qu'on a tâché de faire courir sur votre compte n'ont jamais trouvé accès près de l'empereur.

« Veuillez, monseigneur, faire agréer mes respects à Son Altesse Royale madame la duchesse de Leuchtenberg, et recevoir en même temps l'assurance de la plus haute considération et respect avec lequel j'ai l'honneur, » etc.

<small>Alexandre à Eugène. Varsovie, 17 octobre 1820.</small>

J'ai reçu la lettre par laquelle Votre Altesse Royale veut bien m'entretenir des regrets que lui causent les circonstances qui m'empêchent de la revoir. Les regrets sont réciproques. Je la prie d'en être persuadée, et le sacrifice que nous imposent de graves considérations me fait éprouver une peine dont je croirais inutile de réitérer à Votre Altesse Royale l'expression vivement sentie. Ma conduite envers elle est le meilleur témoignage de l'estime que je lui porte. Je sais apprécier à leur juste valeur les bruits que la calomnie ose répandre, et je connais trop Votre Altesse Royale pour ne point être convaincu que jamais elle ne démentira la noblesse et la loyauté de son caractère. Je suis très-reconnaissant à Son Altesse Royale madame la princesse du souvenir qu'elle veut bien me conserver; je m'empresse de lui en offrir mes remercîments et de renouveler à Votre Altesse Royale les assurances de ma sincère amitié. »

<small>Alexandre à Eugène. Laybach, 24 février 1821.</small>

« Le général Czernischeff allant se rendre à Munich pour porter mes compliments de condoléance au roi et à la reine, je profite de cette occasion pour adresser à Votre Altesse ces lignes, et la prier, en me rappelant au souvenir de la princesse son épouse, de lui exprimer toute la part que je prends à sa douleur. J'espère que Votre Altesse est bien convaincue des sentiments d'amitié que je lui porte, et qu'ils sont aussi invariables que sincères; lui en donner une preuve sera toujours une véritable satisfaction pour moi, et je la prie d'en recevoir ici l'assurance réitérée. »

« L'excursion que je viens de faire ne m'a pas permis de répondre plus tôt à la lettre que Votre Altesse Royale m'a écrite le 26 juillet [1]. Je lui ai voué un trop sincère attachement pour ne pas ressentir une vive peine de son affliction, et je mets trop de prix à sa confiance pour ne pas exprimer avec une entière franchise l'opinion qu'elle me demande. Le vœu dont Votre Altesse Royale m'entretient dans sa lettre honore ses sentiments, et il serait impossible de ne pas y trouver une nouvelle preuve des qualités de son cœur. Il me semble néanmoins que, dans cette occasion, les affections, quelque vives qu'elles soient, et quelque honorable que puisse en être le principe, devraient céder aux calculs de cette prudence qui a toujours marqué la conduite de Votre Altesse Royale. Je crois donc que, sous tous les rapports, il serait préférable qu'elle renonçât à son désir. Dans les temps où nous vivons, la malveillance est si active, ses interprétations sont si perfides et si fausses, qu'on ne saurait trop mettre de soins à s'abstenir de toutes démarches dont elle pourrait s'emparer. Votre Altesse Royale est convaincue, j'aime à le croire, que si je ne lui déguise pas ma pensée, c'est parce que je tiens à lui donner un témoignage de plus de l'intérêt que je lui porte. »

Alexandre à Eugène. Tsorsko-Ischo, 8 octobre 1821.

[1] Cette lettre du prince Eugène nous manque.

*Eugène
à Alexandre.
30 juin 1822.*

« Sire, si depuis quelque temps je n'ai pas écrit à Votre Majesté, c'était dans la seule crainte de la déranger de ses nombreuses et importantes occupations. Aujourd'hui je ne puis résister (le comte de Pahlen m'offrant une occasion sûre) au désir de vous offrir, Sire, la nouvelle assurance de mon respectueux attachement.

« Le bruit public nous annonce pour cet automne un congrès en Italie; mais il est permis d'espérer vous voir un moment à Munich. Vous possédera-t-elle ? Où pourrai-je me trouver sur votre route, soit lorsque vous vous rendrez, soit lorsque vous reviendrez de l'Italie ? Cette demande n'est point indiscrète, Sire, lorsque c'est le cœur qui la fait. J'ai besoin de vous revoir. Vous me permettrez de vous parler de mon intérieur, de quelques projets brillants pour mes enfants, que je n'ai pas recherchés, mais que je n'ai pas dû refuser ; projets, du reste, qui sont encore soumis à quelques conditions, et, si jamais il y a quelque chose de décidé à l'avantage des miens, Votre Majesté en sera sûrement informée la première. »

*Alexandre
à Eugène.
Petershoff,
24 juillet
1823.*

« J'ai reçu avec une double satisfaction la lettre que Votre Altesse Royale a bien voulu m'adresser pour me faire part du mariage de la princesse Joséphine avec l'héritier présomptif de la couronne de Suède. Il me tardait de voir confirmer d'une manière aussi positive la nouvelle que la santé de Votre Altesse Royale avait éprouvé une amélioration qui calme enfin ma trop juste sollicitude, et je partage avec la même sincérité la joie que lui cause l'union de la princesse sa fille. Puissent les liens qu'elle a formés être bénis par la divine providence, et puisse le bonheur des deux époux contribuer longtemps à celui de Votre Altesse Royale! En lui offrant ces vœux d'une véritable amitié, je la prie de les faire agréer à Son Altesse Royale madame la duchesse de Leuchtenberg, en lui exprimant mes félicitations les plus empressées.

« Je saisis cette occasion avec plaisir pour réitérer à Votre Altesse Royale l'assurance de mon sincère attachement et de ma haute estime. »

« Votre Altesse Royale m'a fait éprouver un vif plaisir en m'adressant sa lettre du 2 septembre. J'ai été particulièrement charmé d'y trouver la confirmation des nouvelles qui m'annonçaient l'heureux rétablissement de votre santé. J'en offre toutes mes félicitations à Votre Altesse Royale, en la priant de croire à la réciprocité de mon attachement et à l'intérêt que je ne cesserai de porter à sa famille. En lui demandant de remercier Son Altesse Royale madame la duchesse de Leuchtenberg du souvenir qu'elle me garde, je saisis cette occasion avec empressement de vous réitérer l'assurance de ma haute estime et de mon inviolable amitié. »

Alexandre à Eugène. Crenovitz, 28 novembre 1823.

LIVRE XXX

§ Iᵉʳ. — On cherche à porter atteinte à la réputation du prince Eugène. — Notice sur le général d'Anthouard. — Son caractère, sa conduite, ses motifs de haine contre le vice-roi et contre la vice-reine. — Lettres à l'appui. — Dessous de cartes. — Notes rédigées par le général d'Anthouard contre le prince Eugène. — Réfutation de ces notes point par point. — Le général Pelet. — Le duc de Raguse.
§ II. — Affaire du dépôt des 800,000 francs. — Affaire du codicille du testament de l'empereur Napoléon Iᵉʳ.

I

Les existences les plus pures, les hommes qui ne se sont pas écartés un seul instant du sentier de la loyauté et de l'honneur, les hommes qui ont pratiqué quand même toutes les vertus, faisant abnégation de leurs intérêts, pour n'avoir en vue que l'accomplissement du devoir, ne sont pas toujours à l'abri des calomnies enfantées par la vengeance. Rien ne porte à ces tristes réflexions comme ce qu'on a vu se produire, dans ces dernières années, à l'égard du prince Eugène.

Certes, s'il est un prince dont le souvenir soit conservé dans les masses comme étant le type le plus parfait de l'honneur et de la fidélité, c'est bien le sien. Nous croyons avoir prouvé par l'exposé de sa vie politique, militaire et privée, que nul ne mérita mieux la haute réputation de loyauté qui s'est attachée si justement à son nom, la vénération profonde qu'on a pour sa mémoire en France comme à l'étranger. Amis et ennemis lui ont rendu justice dans toutes les phases d'une vie malheureusement trop courte. L'empereur Napoléon a porté sur lui, à Sainte-Hélène, un jugement qui doit être regardé comme le jugement de l'impartiale histoire, comme le dernier mot de la postérité ; l'empereur Alexandre fut son ami sincère et dévoué à partir du jour où il put le voir et le connaître. Eh bien, malgré tout, il s'est trouvé un homme qui, dans ces dernières années, a tenté de *miner* cette réputation sans tache. Deux autres hommes lui ont prêté assistance, et, d'insinuation en insinuation, on est arrivé à produire le doute dans quelques esprits. La goutte d'eau, filtrant sur le granit, ne finit-elle pas, après bien des siècles, par laisser sa trace sur le rocher ?

Nous allons, pour la dernière fois et afin d'anéantir ce doute, mettre à nu les motifs qui ont fait agir chacun des trois hommes qui seuls n'ont pas craint de s'élever contre l'opinion universelle.

Celui qui a le plus fait pour porter atteinte à la belle réputation du prince Eugène, c'est le général d'Anthouard, longtemps attaché au vice-roi comme premier aide de camp, et qui, mieux que personne, a été à même d'apprécier la pureté de la vie de son général et de son bienfaiteur.

Qu'on nous permette un rapide exposé de la vie de cet officier, homme de mérite, sans doute, nous l'avons dit à plusieurs reprises, mais dont le caractère était loin d'être sympathique.

Lorsqu'à la fin de 1805 le prince Eugène fut nommé vice-roi d'Italie, l'Empereur lui donna pour premier aide de camp M. d'Anthouard, officier d'artillerie, ayant de bons services de guerre, mais dont le caractère n'était pas en harmonie avec les talents militaires; c'était un homme d'un esprit remuant, inquiet, frondeur et très-susceptible. Il n'était pas aimé dans son arme. Le prince Eugène a dit plus d'une fois qu'au premier abord sa physionomie lui déplut, et que, s'il avait été le maître, il ne l'aurait pas pris sur sa mine.

Après son mariage avec la princesse Auguste de Bavière, qui avait à peine dix-neuf ans, le prince Eugène partit pour Milan, accompagné de son aide de camp d'Anthouard. Ce dernier ne tarda pas, par sa manière d'être, à éloigner de lui tous ses camarades; il se plaignit souvent de leur malveillance et s'en étonnait, sans s'apercevoir, comme il arrive toujours en pareil cas, qu'il ne devait s'en prendre qu'à lui-même de ces dispositions peu bienveillantes.

Voyant que la vice-reine, malgré son jeune âge, prenait de l'ascendant sur le prince, il chercha à s'assurer un accès de ce côté en faisant une cour assidue à la jeune comtesse Sophie de Sandizell, que la princesse avait amenée avec elle et qu'elle aimait beaucoup. Comme ses assiduités commençaient [à être très-remarquées, il annonça hautement son projet de demander la jeune comtesse en mariage. Cependant les mois s'écoulaient sans qu'il mît ce projet à exécution. Madame la baronne de Wurmbs, vieille gouvernante de la princesse, qui l'avait suivie avec le titre de dame d'atours, craignant que la réputation de la jeune comtesse Sandizell fût compromise, fit venir le général d'Anthouard et le pressa de s'expliquer, en lui représentant que ses assiduités commençaient à porter atteinte à la réputation de la personne qu'il semblait rechercher. Le général d'Anthouard répondit à madame de Wurmbs de la manière la plus inconvenante. Pour prévenir les suites de cette incartade, il demanda sur-le-champ à voir la vice-reine[1]. Il paraît que, dans cette occasion, le général d'Anthouard sortit des bornes du respect qu'il devait à cette princesse; car, au retour du vice-roi (alors absent) elle s'en plaignit à lui, et le prince fit défendre au général de se présenter dans le salon de la princesse pendant un mois. Ceux qui connaissent la cour savent combien une pareille défense est humiliante pour un courtisan. Peu de temps après, on apprit que le général *était marié, mais séparé de sa femme, qui vivait obscurément dans une ville de province.* Dès ce moment, la vice-reine traita toujours le général d'Anthouard avec une froideur marquée et comme un homme qu'on n'estime pas. Elle était trop jeune et trop loyale pour savoir dissimuler ses impressions. Cela explique la haine que le général d'Anthouard con-

---

[1] Voir plus loin la lettre adressée à ce sujet à M. Planat de la Faye, par la vice-reine elle-même.

serva contre cette princesse et la vengeance qu'il crut en tirer par les assertions mensongères contenues dans le fameux mémoire qu'il déposa en 1840 dans les archives du dépôt de la guerre.

Après cet échec, le général d'Anthouard tourna ses vues d'un autre côté ; il voulut être ministre de la guerre du royaume d'Italie. Ses talents et son activité pouvaient justifier cette ambition, mais l'objet en était mal choisi ; car le prince n'ignorait pas que l'Empereur ne voulait, autant que possible, que des Italiens à l'administration de son royaume. Aussi le général d'Anthouard éprouva-t-il de la part du vice-roi un refus, qui cependant ne le découragea pas. Il revint plusieurs fois à la charge, mais toujours sans succès ; il en conçut un profond ressentiment contre le prince Eugène.

Lors de la chute de l'Empire et de l'entrée des Bourbons à Paris, le prince Eugène se trouvait à Mantoue avec tout son état-major ; il avait près de lui six aides de camp français, dont cinq déclarèrent qu'ils ne quitteraient pas le vice-roi avant de connaître le sort qui lui était réservé. Un seul, le général d'Anthouard, entrevoyant sans doute de nouveaux horizons, s'empressa au contraire de demander au prince la permission de partir immédiatement pour Paris ; il le fit verbalement et dans des termes peu convenables. Le prince se contenta de lui dire qu'il lui accordait sa demande. Ils se quittèrent froidement. Cependant, rentré chez lui, le général parut se repentir ; il lui écrivit la lettre qu'on a lue au livre précédent.

A peine arrivé à Paris, le général d'Anthouard changea de ligne politique. Le prince Eugène, retiré en Bavière, ne tarda pas à être informé, par ses amis de Paris, de certains mauvais propos que son ancien aide de camp tenait sur son compte.

Protégé par le maréchal Marmont, alors tout-puissant, le général d'Anthouard se jeta à corps perdu dans le parti du nouveau gouvernement, et dès la fin de 1815 il avait donné à la Restauration assez de gages de son dévouement pour être choisi comme président du conseil de guerre chargé de juger le général Drouot. Le vertueux Drouot fut sauvé par l'ascendant irrésistible de ses vertus et par l'éloquente déposition du maréchal Macdonald; mais il ne dut certes pas son acquittement à son ancien camarade.

On a vu plus haut que le général d'Anthouard n'avait pas voulu se brouiller avec le vice-roi. Voici pourquoi : Le prince Eugène, outre le traitement de leur grade, allouait à chacun de ses aides de camp, sur sa cassette particulière, une somme annuelle de six mille francs. Il la conserva, dans la suite, à ceux qui ne l'avaient pas quitté. D'Anthouard, en grande faveur sous la Restauration, avait cependant la prétention de garder ce traitement de six mille francs, à titre de pension. Il fit à ce sujet de nombreuses démarches ; mais ses demandes réitérées ne furent point accueillies. Enfin, en 1825, ayant perdu de fortes sommes dans des spéculations de Bourse, il pria le baron Darnay d'en écrire au prince d'une manière pressante pour le prier de lui venir en aide par le don d'une somme de soixante mille francs [1].

Le refus du prince réveilla sans doute dans le cœur de d'Anthouard de nouveaux ressentiments, car c'est alors qu'il résolut de se venger en essayant de ternir la belle réputation que s'étaient acquise Eugène et la princesse Auguste. Sa position d'ancien premier aide de camp du vice-roi devait donner du poids à ses assertions, et, dès que le prince fut mort, en 1824, il commença une sorte de croisade à laquelle il associa le maréchal Marmont et le général Pelet, ancien aide de camp du maréchal Masséna, et directeur du dépôt de la guerre.

Toutefois ses attaques se bornèrent, pendant trois ans, à entretenir de ses récits les personnages les plus influents et les plus haut placés; mais, pressé de tous côtés de publier ce qu'il n'avait jusqu'alors fait connaître que verbalement, il se décida enfin, en 1827, à faire insérer dans le *Spectateur militaire*, sous le voile de l'anonyme, un article dans lequel il affirmait que le vice-roi et la vice-reine s'entendaient avec l'ennemi et trahissaient l'Empereur, etc., etc.[2].

Cet article, sur lequel nous reviendrons, fut réfuté par M. de Norvins, qui produisit plusieurs documents irrécusables, mais trop peu nombreux[3].

De son côté, M. Planat de la Faye adressa de Munich, le 4 avril 1827, une réponse énergique à l'article anonyme; l'insertion en fut refusée par le *Spectateur*

---

[1] Voir plus loin la lettre du baron Darnay et la réponse du prince Eugène.
[2] *Spectateur militaire* de février 1827, page 457.
[3] *Spectateur militaire* de mai 1827, page 168.

militaire. Elle parut dans le *Journal des sciences militaires*[1].

Le *Spectateur militaire* avait annoncé que l'auteur de l'article anonyme s'empresserait sans doute de répondre à M. de Norvins. Il n'en fit rien, et garda depuis lors le plus profond silence. Comme complément de cette notice sur le général d'Anthouard, et pour prouver ce que nous avançons, nous joignons ici les deux curieux documents qu'on va lire.

La duchesse de Leuchtenberg (princesse Auguste) à M. Planat de la Faye. Munich, 19 avril 1840. — « Monsieur le chevalier Planat de la Faye, j'ai reçu votre lettre du 5, et comprends que, dans sa position actuelle, M. Thiers ne peut penser à s'occuper de l'ouvrage qu'il veut faire, et dont il vous a parlé au mois de février. Mais il me semble qu'il serait pourtant bon qu'il eût connaissance des papiers que vous avez pour rectifier ses idées. Vous pourriez même lui en donner une copie, bien entendu, si vous trouvez l'occasion de lui parler et de lui dire combien je désire qu'il fasse aussi connaître la vérité, puisque je suis persuadée que cela fera taire toutes les calomnies qu'on a répandues sur le prince Eugène, dont la conduite était si noble et exempte de reproches. Je mourrai tranquille quand je serai certaine que personne ne pourra plus mettre cela en doute.

« Je suis bien touchée de la peine que vous vous donnez, de l'intérêt que vous prenez à une chose

---

[1] *Journal des sciences militaires*, août 1827, page 336.

qui me tient tant à cœur, et de ce que vous voulez tâcher de déjouer les menées sourdes du général d'Anthouard. L'acharnement de cet homme contre la mémoire du prince Eugène, auquel il doit tout, est incroyable. Il s'est conduit avec tant d'ingratitude à Mantoue, que je crois que c'est pour se réhabiliter lui-même, et pour donner un motif plausible à sa conduite, qu'il veut noircir la mémoire du vice-roi. J'ai parlé au comte Méjan père, qui n'était plus à Mantoue les derniers temps, et qui ne sait aucun détail sur ce qui s'y est passé avec d'Anthouard. Mais il dit aussi qu'il était d'un caractère frondeur, inquiet, intrigant et vindicatif.

« Il avait une ambition démesurée, et voulait devenir ministre de la guerre en Italie, mais ne fut pas nommé.

« Et puis il a fait la cour à la comtesse de Sandizell, ma dame du palais, d'une manière qui devait la compromettre, dès qu'il n'avait pas l'intention de l'épouser. La baronne de Wurmbs, comme dame d'atours, en parla franchement, de ma part, à la comtesse, ce qui déplut au monsieur. Il profita d'une absence du vice-roi pour me demander une audience; j'étais si assurée, qu'il venait me demander la permission d'épouser Sophie (car j'ignorais alors qu'il était déjà marié), que je le reçus avec empressement, et je ne fus pas peu étonnée lorsqu'il commença par me dire des horreurs de la baronne de Wurmbs, et qu'il termina cette kyrielle d'injures en m'assurant qu'elle n'espionnait la conduite de Sophie que parce qu'elle était jalouse de ce qu'on s'occupait plus de cette dernière que d'elle. Je lui répondis comme il le méritait, ce qui parut l'étonner, car il avait probablement espéré, à cause de ma grande jeunesse, que je me laisserais intimider, et qu'on ferait de moi ce qu'on voudrait. Quand le vice-roi revint, je lui racontai tout, et sur-le-champ il fit défendre au général d'Anthouard de paraître pendant un mois dans mon salon, ce qui le piqua au vif et l'humilia, et je crois que c'est cette humiliation qu'il ne nous pardonnera jamais.

« Voici donc les motifs qui sont, je crois, cause de cette haine :

« 1° L'espèce d'exil de mon salon ;

« 2° Le désappointement de n'avoir pas été fait ministre de la guerre en Italie;

« 3° Sa conduite indigne à Mantoue au moment de nos malheurs;

« 4° Le refus que fit le prince, à Munich, de lui donner la pension et un capital de 60,000 fr., qu'il demandait pour rétablir sa fortune qu'il avait dérangée avec des spéculations.

« Le général Triaire est le seul qui peut savoir beaucoup de choses sur d'Anthouard, son ancien camarade, et je vais faire de nouvelles tentatives pour qu'il me fasse des notes sur ce sujet, en lui représentant qu'il est de la plus grande importance de savoir la vérité pour faire taire la calomnie. »

Le baron Darnay à Eugène. Paris, 19 octobre 1823. — « Monseigneur, le général d'Anthouard vient de m'écrire pour me faire part d'un événement qui lui enlève toutes ses économies et la dot de sa femme. L'agent de change Sandrier, auquel il avait confié tout ce qu'il possédait d'argent, a fait banqueroute, et ruine toutes ses combinaisons domestiques. Il me charge de faire connaître à Votre Altesse Royale ce revers désastreux, et d'invoquer en sa faveur la générosité de Votre Altesse Royale. Le général ajoute *qu'une somme de 60,000 francs pourrait l'aider à surmonter les embarras où il se trouve.* Je lui ai répondu que je me faisais un devoir de soumettre ses prières à Votre Altesse Royale, et que je lui ferais connaître sa réponse.

« C'est pour m'acquitter de ma promesse que j'ai l'honneur de lui tracer le résumé de la lettre du général, » etc.

Réponse du prince Eugène. Eichstett, 3 novembre 1823. — « Quant à la demande du général d'Anthouard, vous connaissez vous-même trop bien mes affaires pour ne pas savoir qu'il m'est impossible de satisfaire à son désir. Je me garderai bien d'ajouter que vous savez aussi bien que moi qu'il s'en faut *de beaucoup* que j'aie eu à me louer de la conduite du général, lors et depuis que nous nous sommes séparés.

« Il a aussi demandé le même traitement qu'ont les aides de camp qui ne quittèrent pas le prince Eugène et qui ne lui manquèrent jamais; c'est une effronterie sans nom [1]. »

---

[1] Une autre lettre, en date du 2 janvier 1837, lettre adressée par la duchesse de Leuchtenberg à M. Planat, constate de nouveau que le général d'Anthouard avait, à plusieurs reprises, renouvelé la demande d'une pension de 6,000 francs.

Maintenant que nous avons montré le dessous des cartes, que nous avons fait connaître les motifs *non avoués*, qui, sans aucun doute, ont porté le généra d'Anthouard à agir ainsi qu'il l'a fait, revenons à la note remise par lui, *adoucie* par le général Pelet, et insérée ensuite au *Spectateur* de 1827.

Nous allons rétablir dans son entier ce document et le réfuter point par point. Lorsque le sixième volume des *Mémoires* de Marmont parut, ces notes furent recherchées *par ordre*, et retrouvées au dépôt de la guerre. Nous les avons eues entre les mains telles qu'elles avaient été écrites d'abord et avec les corrections du général Pelet.

NOTES DU GÉNÉRAL D'ANTHOUARD.

L'Empereur voulant rendre le prince Eugène libre de tous ses mouvements pour la campagne fin de 1813 et 1814, lui prescrivit d'envoyer sa famille en France. La princesse Auguste avait à choisir de venir près de l'impératrice Marie-Louise, ou près de l'impératrice Joséphine, sa belle-mère. Elle refusa positivement l'un et l'autre parti.

Elle se rappelait avec chagrin que lors du mariage de

RÉFUTATION.

C'est le 19 février 1814 seulement, et non en 1813, que Napoléon écrit au prince Eugène à ce sujet. Si Napoléon eût eu la pensée que lui prêta d'Anthouard, ce n'est pas le 19 février, mais avant l'ouverture de la campagne de 1814, qu'il eût prescrit à Eugène de faire venir la vice-reine en France.

Cela est inexact, la vice-reine avait occupé la place à

Marie-Louise, elle avait marché après tous les individus de la famille Bonaparte, et avait juré de ne plus se trouver exposée à une pareille humiliation pour son amour-propre.

Alors, l'Empereur proposa à la princesse de se rendre à Montpellier ou à Marseille, où elle conserverait tout l'extérieur du rang qu'elle avait à Milan; elle aurait pour sa garde une partie de la garde royale italienne. Même refus.

La princesse ne pouvait souffrir ni la France ni les Français. Elle était d'ailleurs en correspondance avec son père sur les événements présents et futurs.

laquelle son titre de princesse impériale lui donnait droit. Le cérémonial de la cour fixait strictement à chacun son rang. (Voir le *Moniteur* de cette époque.)

La correspondance du prince Eugène, ses lettres à sa femme (que nous avons toutes publiées) depuis le jour où le vice-roi se rendit à l'armée, prouvent qu'il n'a jamais été question d'un semblable projet. C'est là une pure invention; la preuve c'est que dans sa lettre du 9 mars 1814, Napoléon dit à Eugène : *Sur la demande de la reine Hortense, j'aurais pu vous en écrire plus tôt.*

La princesse Auguste aimait la France; ce qui le prouve, c'est sa douleur lorsqu'elle apprit le changement de politique de la Bavière, c'est sa lettre à son père dans cette circonstance. Elle n'aimait pas le général français d'Anthouard et nous croyons avoir bien établi qu'elle avait de bonnes raisons pour cela; mais elle aimait les Français.

Enfin l'Empereur décida que la princesse se rendrait à Gênes avec les ministres italiens; elle aurait une partie de la garde italienne pour sa personne, et l'Empereur en porterait la garnison à 15,000 hommes en donnant le commandement au général Frésia, dont les formes et les manières obséquieuses devaient convenir à la princesse. Même refus.

On prétexta qu'il fallait rester à Milan, pour donner du courage aux Italiens, et que l'on ne quitterait cette capitale que

Elle était si peu en correspondance avec son père sur les événements présents et futurs, après la défection de la Bavière, en 1814, qu'elle et son mari poussèrent la délicatesse sur ce point jusqu'à ne plus vouloir écrire au roi Maximilien. Ce fait ressort des lettres du vice-roi à sa femme.

Ceci nous paraît une assertion niaise. Napoléon, en 1814, pour garder toutes les princesses du monde, à l'exception de sa femme et de son fils, régente et futur empereur, n'était pas homme à priver une de ses armées de 15,000 bons soldats; aussi n'est-il question de ce projet que dans la *note* du général d'Anthouard. Nous défions qu'on trouve, dans la volumineuse correspondance officielle ou particulière de cette époque, un mot qui s'y rapporte.

On n'eut rien à prétexter, attendu qu'il ne fut nullement question de voyage pour la vice-reine, jusqu'à la lettre du 19 février 1814, lorsqu'on y serait forcé.

L'Empereur fut extrêmement contrarié de tous ces refus et de ce projet.

Il voulait rendre le prince Eugène indépendant de toute affection de famille, pour le mettre à même de bien exécuter son plan de campagne. Peut-être même, voyant la conduite de Murat, voulait-il mettre le prince Eugène à l'abri des séductions de la famille de sa femme; mais, quels que fussent ses motifs, son plan échoua.

et alors, ainsi que l'attestent les réponses du prince et de sa femme à l'Empereur, elles n'opposèrent nullement un refus aux volontés de Napoléon.

Il eût fallu que Napoléon connût bien peu son fils adoptif et la princesse Auguste pour avoir cette méfiance vis-à-vis d'eux, et ce n'est pas là ce que semble indiquer sa correspondance avec Eugène. C'est d'autant plus mal au général d'Anthouard de parler ainsi, que l'ex-premier aide de camp ne put ignorer le résultat de la mission du prince la Tour-Taxis, la conduite du vice-roi et celle de la vice-reine après la défection de la Bavière. Napoléon ne manifesta pas l'intention de faire quitter Milan à la fin de 1813 à la princesse Auguste, cela ressort forcément, nous le répétons, de cette phrase de sa lettre du 9 mars: « Sur la demande de la reine Hortense, j'aurais pu vous en *écrire plus tôt*, mais alors Paris était menacé, » etc.;

donc il ne lui en avait pas écrit plus tôt, donc ce qu'avance d'Anthouard ne peut pas être vrai.

Passant sous silence tout ce qui, dans les Notes du général d'Anthouard, a trait au roi de Naples, nous arrivons au fameux plan de campagne que l'ancien aide de camp du prince Eugène prête à Napoléon. Nous ferons, avant tout, une observation importante : c'est que, dans l'écrit du général, il n'y a pas *une date*, lorsqu'il serait indispensable de préciser, pour ainsi dire, les jours et les *heures*.

Le prince Eugène occupant Vérone, Legnago et toute l'Italie de l'Adige, depuis Roveredo, Ferrare, Modène, Plaisance, les Napolitains avaient leur avant-garde à Bologne, les Autrichiens occupaient le Tyrol et tous les pays vénitiens, à l'exception de Venise, Osoppo et Palmanova.

L'Empereur prescrivait au prince Eugène de tenir la ligne de l'Adige aussi longtemps que possible, pour avoir le temps de recevoir les conscrits, de les organiser, équiper, armer, etc., et il

Nous ferons remarquer que, dans le mémoire accusateur du général d'Anthouard, tout est confondu à dessein, qu'il n'y a pas une seule date, tandis que les dates sont la chose la plus importante, attendu que les ordres se modifient en raison des faits dans un ordre chronologique qu'il est indispensable d'indiquer avant tout.

Si l'empereur prescrivait au prince Eugène de tenir la ligne de l'Adige aussi longtemps que possible, comme le vice-roi n'arriva sur l'Adige, après avoir défendu la partie orientale du royaume, faisait connaitre son mécontentement de ce que l'on n'avait pas suivi ses instructions précédentes, qui étaient de renvoyer les dépôts dans les places sur le derrière, pour y recevoir et organiser les conscrits, tandis qu'en les jetant dans les places fortes bloquées, telles que Osoppo, Palma, Venise, on se privait des moyens d'organisation, et qu'il fallait réunir ensuite en entier les moyens d'organisation, d'habillement, d'instruction, ce qui énervait les corps actifs. Les conscrits appelés étaient les rappelés des années précédentes, qui procuraient des hommes formés et aptes à faire ensuite des soldats. Ils devaient arriver dans la fin de novembre et dans le courant de décembre, ce qui eut lieu en grande partie.

L'Empereur ordonnait au prince Eugène de convenir d'une suspension d'armes avec le maréchal de Bellegarde, au moment où il craindrait de voir forcer la ligne de l'Adige, à l'effet de re-

qu'au commencement de novembre, il n'a pu être question de l'évacuation avant cette époque. Il ne la lui prescrivit pas non plus, après le 20 novembre, puisque c'est d'Anthouard lui-même qui fut chargé de porter l'ordre de défendre le royaume, et que cet ordre est contenu dans des instructions écrites sous la dictée de l'Empereur, *de la main de d'Anthouard*, et que ces instructions que le général croyait détruites existent.

C'est le seul fait avancé par d'Anthouard, dont nous trouvons trace dans la correspondance de l'Empereur avec Eugène. C'est du reste un détail fort insignifiant dans la question de la *trahison prétendue* du prince.

Quand l'Empereur ordonnait-il cela? Avant novembre 1813? Non, puisqu'il faisait passer les Alpes à des conscrits des anciennes provinces de France pour renforcer l'armée d'Italie, puisqu'il

mettre aux Autrichiens les forteresses d'Osoppo et de Palma-Nova, en en retirant les garnisons, qui ne consistaient guère que dans environ 1,500 hommes de dépôt des malades.

Les hostilités ne devraient recommencer qu'en prévenant vingt-quatre heures à l'avance, après la rentrée des garnisons. L'Empereur était convaincu que M. de Bellegarde, ancien militaire, faisant la guerre régulièrement, serait enchanté d'obtenir aussi facilement deux forteresses imprenables, qui se trouvaient sur ses derrières et sur la véritable ligne d'opérations. Le prince Eugène devait, aussitôt la conclusion, étendre ses troupes, sous prétexte de repos ou de facilité de vivres, et les porter en arrière, sur les deux routes, de Vérone à Milan et Crémone; faire filer tous les équipages sur les deux routes du mont Cenis et du mont Genèvre ; faire successivement suivre ces deux dernières directions par l'armée, en ne conservant l'ordre de faire partir la division Séveroli d'Espagne pour rallier cette armée? Il eût été par trop niais de mettre des renforts en marche de France et d'Espagne sur l'Italie, si l'armée d'Italie devait elle-même rentrer en France. Est-ce de novembre 1813 à janvier 1814 que Napoléon donna l'ordre dont parle d'Anthouard? Non, puisque d'Anthouard s'est chargé de nous prouver *par écrit* le contraire. Est-ce enfin en janvier 1814 qu'il a été question d'une suspension d'armes et d'une évacuation de l'Italie. Ah ! c'est différent. Oui, c'est à cette époque, vers le milieu de janvier 1814, mais il ne fut question que d'une évacuation *conditionnelle* à la conduite du roi de Naples. Le prince Eugène ne devait évacuer l'Italie que le jour où Murat *aurait déclaré la guerre*.

Quant à tous les détails d'exécution du fameux plan d'évacuation, détails que donne ici d'Anthouard, nous

vant qu'un masque de cavalerie légère et quelque infanterie sur la ligne de l'Adige.

Le prince Borghèse, prévenu de ce mouvement, devait tout disposer pour les vivres et transports; le mont Cenis devait être bien armé et approvisionné, ainsi que le fort de Fenestrelles, pour arrêter l'ennemi sur les frontières. Il devait y avoir une garnison dans Mantoue et une autre dans Alexandrie. Venise était déjà pourvue et bloquée par terre.

n'en trouvons trace nulle part dans les archives, dans les documents, dans les lettres officielles ou particulières. Nous renvoyons nos lecteurs à la lettre de l'Empereur au prince.

Il est question, dans la correspondance du prince Borghèse avec l'Empereur, d'armes à envoyer en France et d'une division à diriger sur Chambéry, et cela, *à la fin de février* 1814.

Sans doute, le mont Cenis, Fenestrelles, devaient être armés et approvisionnés, sans doute il devait y avoir, quelque *chose qu'il arrivât*, des garnisons dans Mantoue et dans Alexandrie. Cependant nous ferons observer en passant que le général d'Anthouard n'est pas conséquent avec lui-même lorsqu'il parle d'une garnison dans Mantoue, quelques lignes après avoir dit que l'Empereur était convaincu que M. de Bellegarde serait enchanté d'obtenir deux forteresses importantes[1]. Mantoue était

---

[1] A moins toutefois que, par une des deux forteresses imprenables,

L'Empereur voulait que l'on mît de préférence les troupes italiennes dans Mantoue et Alexandrie, parce qu'il craignait qu'en les ramenant en France dans ces circonstances, leur moral ne fût trop affecté de voir l'Italie occupée par les étrangers, et eux loin de leurs familles. L'Empereur ne conservait, en Italie, que Venise, Mantoue et Alexandrie, bien armés et approvisionnés; il abandonnait toutes les autres places. « *Cela me suffit, disait-il; j'aurai ensuite l'Italie quand je voudrai; l'Italie est en France, mais la France n'est pas en Italie, et c'est en France que tout se décide.* »

une de ces deux forteresses. Or, si la remise de Mantoue devait être une des conditions de la suspension d'armes, on ne pouvait songer à y laisser une garnison française. Peut-être M. d'Anthouard veut-il parler d'une *garnison autrichienne.*

L'Empereur, dans sa lettre au ministre, en date du 8 février, donne l'ordre de laisser 4,000 conscrits *français* à Alexandrie [1].

Qui a entendu ces paroles? à quelle époque ont-elles été dites? à qui ont-elles été adressées? où ce fait est-il consigné? Et d'ailleurs, si telle avait été la pensée de Napoléon, pourquoi avait-il

---

M. d'Anthouard n'entende Peschiera, qui était fort prenable, au contraire.
[1] Page 86, 10ᵉ volume.

Aussitôt que l'armistice aurait été dénoncé par M. de Bellegarde, les troupes devaient forcer de marches pour dépasser le mont Cenis et le mont Genèvre. La cavalerie légère, qui formait rideau, devait attendre les démonstrations des Autrichiens et alors se retirer rapidement pour rejoindre l'infanterie. Il était probable que M. de Bellegarde porterait des troupes sur Peschiera et Mantoue, passerait le Mincio et, ne trouvant pas d'ennemis, se dirigerait de nuit sur Milan, où il organiserait le gouvernement, ferait chanter le *Te Deum*, donnerait des ordres pour occuper tout le pays, pour suivre les Français... Mais toutes ces dispositions devaient prendre plusieurs jours, et l'armée française aurait gagné de l'avance. Forte voulu attendre pour l'évacuation de l'Italie la déclaration de guerre de Murat, c'est-à-dire ne faire abandonner le pays par ses troupes que le jour où il n'était plus tenable ?

Les détails de ce plan d'évacuation paraissent fort bien imaginés. Tout cela semble très-rationnel. Le général d'Anthouard ne manquait ni de talent ni d'imagination ; malheureusement il n'est question dans aucune lettre, dans aucune instruction, de cette ingénieuse combinaison. Seul de toutes les pièces qui se trouvent aux archives, ce précieux document aurait-il été égaré ? On pourrait le craindre, si la lettre de Napoléon à Clarke (en date du 8 février) n'existait dans les archives militaires du dépôt de la guerre. Or cette lettre entre dans les plus grands détails sur ce que veut l'Empereur.

de 50 à 55,000 hommes avec un bon équipage de 10 bouches à feu, elle aurait passé par Briançon et le mont Cenis pour déboucher sur Grenoble et sur Chambéry ; elle trouvait à Chambéry le général Dessaix avec 5 ou 6,000 hommes, le général Marchand avec une douzaine de mille hommes ; à Lyon, le maréchal Augereau avec environ 20,000 hommes, ce qui, réuni à l'armée d'Italie, fournit 70,000 hommes, combattant sous les ordres du prince Eugène. Le général Dessaix devait former l'extrême droite, et avec quelques mille hommes se porter sur le Valais, y former des partisans et donner des inquiétudes aux Autrichiens sur leurs derrières.

L'armée devait remonter par la Bourgogne ou la Franche-Comté, suivant les circonstances, et se diriger sur Langres ou Belfort. L'ar-

Dessaix avait à cette époque 1,200 à 1,500 hommes ; Marchand en avait 4,300. Certainement il est à regretter que l'Empereur n'ait pas fait adopter le plan que d'Anthouard lui prête si gratuitement ; les choses eussent peut-être changé beaucoup d'aspect en France ; mais Napoléon ne voulait rien abandonner de ses conquêtes ; il ne sut jamais faire une concession de territoire ; après chaque bataille gagnée, il croyait pouvoir tout conserver. Le lendemain de Montmirail il disait : « Je suis plus près de Vienne et de Berlin que les alliés ne le sont de Paris. »

C'est le duc de Castiglione qui eut en effet une mission analogue ; seulement Genève était son point objectif. Dans aucun des nombreux ordres

mée autrichienne, prise en flanc et sur ses derrières, devait se hâter de se replier sur la Suisse.

L'armée venue d'Italie, arrivée sur les frontières de Lorraine, était aussitôt rejointe par l'Empereur, qui, à cet effet, faisait un mouvement sur Saint-Dizier. Alors, suivi de sa garde, il se mettait à la tête de l'armée d'Italie et dirigeait l'armée venue de Paris pour couvrir la capitale. Ensuite il prenait en Lorraine 25,000 hommes qui y étaient organisés, et renforçait de quelques troupes en Alsace ; pendant ces opérations les Autrichiens étaient repoussés, puis l'Empereur descendait le Rhin pour balayer tous les ennemis qui avaient passé en France, en les rejetant vers l'intérieur pour en prendre le plus possible. Arrivé à ce point le résultat de la guerre était décidé.

Le prince Eugène a reçu les instructions pour l'exécution de ce projet de campagne.

transmis à Augereau pour cette importante opération, il ne fut question que l'armée d'Italie dût y coopérer.

Si le plan écrit par le général d'Anthouard a été projeté par l'Empereur, ce qu'il y a de positif, c'est qu'on ne trouve rien qui l'indique, dans aucun document ; il n'eut même pas un commencement d'exécution. L'aide de camp du prince Eugène, il faut le croire, fut le seul auquel Napoléon en fit la confidence ; mais ce qu'il y a de bien singulier, c'est que les instructions que lui dicta l'Empereur pour le vice-roi sont en complet désaccord avec ce plan.

Si cela était vrai, on serait obligé d'admettre que d'Anthouard a envoyé des instructions *fausses* à Eugène.

L'Empereur disait : « Si « les ennemis ne passent pas « le Rhin avant le 1ᵉʳ janvier « 1814, je suis en mesure, « et le plan s'exécutera en « calculant bien les mouve- « ments. Mais, si je suis at- « taqué avant Noël, je suis « pris en l'air au milieu de « mes dispositions qui se « trouveront en partie para- « lysées. Je ne suis pas en « mesure et il faudra que le « prince Eugène se presse « de faire son mouvement. »

L'Empereur, attaqué de tous côtés et à l'époque qu'il avait redoutée, ne recevant aucune nouvelle du prince Eugène relativement au mouvement qui vient d'être détaillé, lui demanda où il en était de ses dispositions? N'ayant toujours pas de réponse, il ordonna au ministre de la guerre d'en écrire officiellement. En conséquence, le duc de Feltre fit connaître par le *télégraphe* que l'Empereur était mécontent du retard dans l'exécution de ses ordres pour le mouvement de l'armée d'Italie sur

Comment se fait-il, si l'Empereur a dit de pareilles choses, qu'il n'ait envoyé qu'en janvier 1814 un ordre, et un ordre *conditionnel*, d'évacuation ?

Ceci est faux. Il n'y a jamais eu ni interruption, ni même de *lacune*, pendant la campagne d'Italie (1813-1814) dans la correspondance de Napoléon, d'Eugène et du ministre. Nous faisons mieux que de le dire, nous l'avons prouvé en donnant *in extenso* cette correspondance.

Nous ne savons qui, de M. Begin ou du général d'Anthouard, peut revendiquer le monopole *du télégraphe non atmosphérique* (1814), faisant parvenir, *en quinze minutes*, une dépêche de

France; il demandait au prince Eugène de lui faire connaître ses dispositions et son itinéraire. Cette demande arriva de Paris en un quart d'heure; on pouvait répondre par le même moyen, mais le prince retarda sa réponse de vingt-quatre heures et l'expédia par un courrier qui mit cinq jours. Il savait également, par les correspondances de ses amis, que l'Empereur avait souvent dit et répété qu'il attendait Eugène avec l'armée d'Italie; qu'il était probable qu'il était en marche. — L'Empereur avait compté sur lui plus que sur tous les autres. Il ne pouvait s'imaginer que ses ordres ne seraient pas exécutés, et, lorsque, sur le champ de bataille de Montmirail, un aide de camp du prince Eugène arriva, portant des rapports du combat ou plutôt de l'échauffourée qui venait d'avoir lieu sur le Mincio, la première question que l'Empereur fit : « Où est Eugène ? Quand arrive-t-il ? »

Paris à Milan. Pourquoi le général d'Anthouard ne donne-t-il pas les termes de la dépêche et aussi la réponse du vice-roi ? Pourquoi surtout le rapport d'Anthouard ne précise-t-il pas une seule date ? Pourquoi ? Nous allons le dire : C'est qu'une seule date détruirait tout cet édifice mensonger.

Ainsi d'Anthouard a le malheur de parler du *champ de bataille de Montmirail*, où l'Empereur aurait fait à Tascher cette question : « Où est Eugène ? Quand arrive-t-il ? » Et aussitôt le comte Tascher, qui existe encore, s'inscrit en faux. Napoléon ne lui a pas dit cela ; Napoléon a été enchanté de l'affaire du Mincio ; Napoléon

Le prince, dans sa dépêche, parlait de sa victoire, s'excusait de ne pas pouvoir quitter l'Italie, n'ayant plus la ligne de l'Adige, étant replié derrière le Mincio et presque enveloppé par les Autrichiens et les Napolitains en nombre quadruple de ses troupes, ce qui ne lui permettait pas de faire le mouvement sur France; mais qu'il était en mesure de défendre le pays.

L'Empereur vit bien dès lors qu'il ne pouvait plus compter sur la coopération de l'armée d'Italie, et il en devina le motif; il garda le silence, comme il l'avait a ordonné de porter l'ordre au vice-roi de *tenir en Italie*. Ce n'est pas à Montmirail, mais à Guignes, que Tascher a rejoint l'Empereur, et ce dernier, à la suite de ses victoires nouvelles, abandonne toute idée d'évacuation, *même conditionnelle*. Il pense qu'après ses récents succès, Eugène peut et doit se maintenir dans la péninsule.

Cette dépêche, qu'on trouve *tout entière* à la page 77 de ce volume, *est complétement dénaturée* dans le mémoire accusateur et mensonger de d'Anthouard. Cette lettre d'Eugène existe *originale* au dépôt de la guerre; le général Pelet, avant d'admettre le *Mémoire*, aurait pu facilement s'assurer de la véracité de son collaborateur en dénigrement.

L'Empereur n'eût pas risqué le sort de son armée d'Italie et le salut de la France pour ne pas punir une désobéissance. Il eût enlevé le commandement à

gardé longtemps sur la défection de Murat; mais un plan de campagne fut manqué, et la France, comme il l'avait dit, ne fut plus défendue en Italie et l'Italie fut perdue en France.

Il faut remarquer que le prince eut l'air de mettre à exécution le plan de campagne, mais il était trop tard. Au lieu d'avoir profité du moment où il était sur l'Adige, libre de ses mouvements, il balança sur le parti à prendre, retenu d'un côté par sa famille; puis, pressé par l'honneur et la reconnaissance, il fut constamment dans l'hésitation, et lorsqu'il sentit la faute qu'il avait commise, il était trop tard pour la réparer, il ne pouvait plus quitter l'Italie. C'est ce qu'explique sa correspondance avec l'Empereur et pourquoi Napoléon, appréciant ce qui se passait, fit contre fortune bon cœur, le laissa maître de rester en Italie, pourvu qu'il y fît la guerre loyalement en arrê-

Eugène et ne lui eût pas envoyé *l'ordre impératif de conserver l'Italie et d'abandonner toute idée d'évacuation.* L'Empereur, comme il le dit lui-même dans une de ses lettres, n'était pas un *Louis le Débonnaire.*

Si M. le général d'Anthouard est persuadé de ce qu'il avance, sans donner *aucune preuve à l'appui,* comment a-t-il osé écrire au vice-roi une lettre dans laquelle il vante sa *loyauté,* sa magnifique conduite, sa *fidélité,* modèle pour tous les souverains? etc.

tant les ennemis sur ce point.

La princesse Auguste avait refusé de venir en France. Que ce fût par amour-propre blessé, par la haine ou par suite des insinuations de l'Allemagne, le fait n'en est pas moins que ce fut le premier pas contre le plan de l'Empereur. Le prince Eugène tonnait contre Murat qui ne venait pas se joindre à lui, et pendant ce temps il correspondait avec l'Autriche et la Bavière. Au moment où il reçut les ordres de l'Empereur pour préparer son mouvement, il était à Vérone, revenant de Roveredo, sous prétexte de visiter la ligne, mais dans le fait pour recevoir un parlementaire entre les avant-postes et s'expliquer avec lui. C'était un prince allemand au service d'Autriche, et qui se présentait sous l'uniforme d'un sous-lieutenant; à son retour il entra en pourparler avec le maréchal Bellegarde, c'était un de ses aides de camp, ami d'enfance, qui

Nous avons prouvé déjà que cette assertion est de la plus indigne fausseté.

Nous renvoyons à la relation de la mission du prince de la Tour et Taxis, et à sa correspondance.

1° C'est au mois de novembre 1813 qu'eut lieu la mission du prince de la Tour et Taxis. Nous sommes entrés déjà dans des détails trop minutieux pour revenir sur ce fait.

2° Nous avons expliqué comment et pourquoi le prince envoya un aide de camp à Bellegarde; mais il le fit beaucoup plus tard, lorsque la santé de la vice-reine et l'approche du moment de ses couches inspirèrent des craintes pour elle. Or M. d'Anthouard paraît vouloir laisser entendre que la rencontre du prince Eugène avec le prince la Tour et ses relations avec Bellegarde ont eu lieu à la même épo-

était le porte-parole. Les conventions étaient déjà tellement avancées, que le prince Eugène, tenant l'Adige, demandait que la princesse pût rester à Milan, ce que M. de Bellegarde ne voulut pas accorder, son instruction étant qu'il n'y eût à Milan que les agents du gouvernement de l'empereur d'Autriche; mais il ajoutait: « La princesse peut habiter « le château de Monza; je « lui fournirai une garde, et « l'on aura pour elle tous « les égards dus à une prin- « cesse d'une maison alliée « de l'empereur mon maî- « tre... » Ces paroles sont remarquables en ceci, que le prince Eugène n'exécutait pas les ordres de l'Empereur, avait l'air de s'entendre avec les ennemis, et cependant il refusa toujours de se joindre à eux, ce qui était encore le résultat de son inquiétude, occasionnée d'un côté par ses affections de famille, et de l'autre par le point d'honneur et la reconnaissance envers l'Empereur.

que. Nous ferons seulement observer que le feld-maréchal Bellegarde n'était pas encore en Italie. Il ne prit le commandement de l'armée autrichienne que le 15 *décembre.*

On a vu, au contraire, combien l'empereur d'Autriche et le comte de Bellegarde avaient mis d'égard dans leur réponse et d'empressement à accorder ce que désirait le prince Eugène pour sa femme.

Les raisonnements du général d'Anthouard deviennent ici tellement embrouillés, ses conclusions si singulières, qu'il nous est impossible de suivre les uns et de comprendre les autres.

Le prince, ne pouvant obtenir ce qu'il désirait pour la princesse, la fit venir à Mantoue; il n'avait pas encore abandonné la ligne de l'Adige; il aurait pu exécuter le mouvement indiqué par l'Empereur; mais il ne put se décider à exécuter un plan aussi vaste. Ensuite il aurait fallu conduire avec lui sa famille, dont la présence le paralysait. Il est probable qu'on lui avait fait des promesses. On lui avait fait connaître les espérances du congrès de Châtillon; il s'attendait à apprendre que la paix était signée; il était persuadé qu'il conserverait le royaume d'Italie, qui serait détaché de la France dont Napoléon resterait le chef. Il ignorait alors que le seul point qui n'avait pas été consenti, et qui fit annuler toutes les conférences, était la désignation du prince Eugène en Italie. L'Empereur y voulait Joseph. Le prince Eugène sentait bien que Murat, lui et les autres, n'étaient rien que par la vo-

On a vu ce qui avait déterminé la vertueuse princesse Auguste à venir à Mantoue. Il faut que M. d'Anthouard soit possédé d'une haine bien maladroite pour imputer à crime à la vice-reine un des plus beaux traits de sa vie, si fertile en actions généreuses.

Nous doutons fort de la véracité de cette assertion relative au roi Joseph. Joseph était alors assez mal avec l'Empereur, et nous

lonté de Napoléon et par l'appui de ses armes; que, si le soutien manquait, tout l'échafaudage croulait. Cependant on lui avait fait connaître tout l'intérêt que lui portaient les alliés, ce qui lui donnait l'espoir de rester souverain du royaume d'Italie, comme Murat l'était de Naples.

Lorsqu'il apprit par M. de Bellegarde l'abdication de Napoléon, il se démit du commandement de l'armée française, disant qu'il se devait à l'Italie; il croyait y rester, mais il fut détrompé par M. de Bellegarde. Il prit alors le parti de se rendre en Bavière avec sa famille.

ne pensons pas qu'il ait été question de lui, à cette époque, pour la couronne d'Italie.

On avait fait mieux que cela, on lui avait offert la couronne d'Italie.

Il avait bien le droit d'espérer que les Italiens ne seraient pas assez maladroits pour se jeter de gaieté de cœur dans les bras de l'Autriche. En Italie, tous les honnêtes gens désiraient l'autonomie du royaume et demandaient Eugène pour roi. Si le comte Confalioneri, si Melzi, si Pino, ont fait échouer cette combinaison, le premier en se mettant à la tête de l'émeute sanglante du 20 avril à Milan, le second en intriguant pour l'Autriche, le troisième en laissant faire l'émeute, la faute peut en quelque sorte en être aussi un peu attribuée à Eugène lui-même, qui ne voulut pas envoyer de troupes à Milan, pour ne pas se donner même l'apparence d'avoir pesé sur la décision du Sénat.

Nous ne réfuterons pas les observations qui, dans l'article du *Spectateur militaire*, suivent la note *modifiée* du général d'Anthouard. Nous nous bornerons à dire que, si nous admettons, jusqu'à un certain point, que des hommes n'ayant pas la possibilité de recourir à des documents historiques, aient pu prendre le change, nous ne comprendrons jamais qu'il en ait été de même pour des hommes ayant toute facilité de vérifier des faits dont la fausseté est aussi évidente.

Le général Pelet, directeur du dépôt de la guerre, qui avait sous la main assez de lettres, de documents, en un mot de preuves matérielles de la mauvaise foi de d'Anthouard, puisqu'il disposait des archives militaires, pour le confondre et rétablir la vérité historique si horriblement travestie dans le mémoire de l'ancien aide de camp du prince, non-seulement ne le fit pas, mais même prêta les mains à la calomnie. Nous avons expliqué comment. Quels motifs avait-il d'agir ainsi? quel était son but? peu nous importe. Ce qui nous importe à constater, c'est qu'il ne put être dupe des paroles et de l'écrit du général, et qu'il accepta paroles et écrit, bien qu'il fît sonner très-haut, à certaine époque, son attachement à la famille de l'Empereur.

Après les généraux d'Anthouard et Pelet vint le

duc de Raguse, trop heureux d'abriter la *très-petite trahison* d'Essonne derrière la *grosse trahison* d'Italie, trop heureux de trouver un plus grand coupable que lui, trop heureux de se venger de l'affaire des 300,000 francs des mines d'Idria [1], et de ce mot d'Eugène à l'Empereur après Wagram : « Je souhaite, Sire, que Votre Majesté n'ait jamais à se repentir d'avoir nommé Marmont maréchal. » Le duc de Raguse saisit avec avidité l'occasion de satisfaire d'un seul coup toutes ses rancunes contre le vice-roi, en essayant de le mettre à sa place au pilori de l'opinion publique. S'étayant donc d'un récit que lui a fait, dit-il, le général d'Anthouard, il accuse sottement, catégoriquement le prince Eugène d'avoir trahi. Il raconte même une petite anecdote, en vertu de laquelle l'ancien premier aide de camp du vice-roi serait venu *à Munich* sous la Restauration, aurait travaillé avec le prince, aurait retrouvé l'ordre porté par lui pour le mouvement sur la France, et l'aurait montré à Eugène qui l'aurait jeté au feu. Tout cela est bien inventé ; mais, ô miracle ! voilà que le chef de la police de Munich déclare formellement ce que déclarent les anciens serviteurs du vice-roi, qui n'ont pas quitté le prince Eugène : c'est que d'Anthouard *n'est jamais venu à Munich* depuis 1814. Miracle plus grand encore, le fameux papier brûlé par Eugène se retrouve dans les archives ducales : l'ordre qu'il contient est non pas une injonction d'évacuer, mais une injonction de défendre l'Italie ?

---

[1] Voir au 2ᵉ volume de ces *Mémoires*.

Ainsi s'écroule pierre à pierre le fameux édifice si laborieusement élevé par d'Anthouard, et auquel ont travaillé, avec aussi peu de discernement et de légèreté que de mauvaise foi, le général Pelet et le duc de Raguse.

II

Après la mort de l'empereur Napoléon Ier, le prince Eugène eut des ennemis d'une autre espèce. Deux affaires d'intérêt vinrent troubler les dernières années de son existence.

Nous allons, à l'égard de ces deux affaires, entrer dans des détails assez circonstanciés et assez précis pour qu'il ne puisse plus rester un doute sur la conduite loyale du fils adoptif de Napoléon aussi bien au point de vue des intérêts matériels qu'au point de vue de sa conduite politique et militaire.

Le 29 octobre 1817, le prince Eugène signa une déclaration portant que le comte de Lavalette lui avait remis, à la fin de juin 1814, à titre de dépôt *pur et simple*, une somme de 800,000 francs, qu'il lui avait dit provenir d'un dépôt particulier à lui précédemment confié par l'empereur Napoléon. Cette déclaration portait de plus que le prince se chargeait de remettre ladite somme à qui de droit, du moment où ce dépôt viendrait à être redemandé au comte de Lavalette, garantissant celui-ci et sa famille de toutes recherches à ce sujet.

La signature du prince Eugène était suivie d'une attestation signée de M. le chevalier Soulange-Bodin, intendant général des biens de Son Altesse Royale en France, et de M. le baron Darnay, secrétaire intime du cabinet de Son Altesse, portant qu'ils avaient pleine et entière connaissance du dépôt mentionné dans la déclaration.

Dès le mois de mars 1818, le prince Eugène fut informé que M. le comte de Las Cases avait été chargé de l'envoi à Sainte-Hélène des fonds faisant partie du dépôt en question, et de l'emploi de ces fonds conformément à la demande de l'empereur Napoléon, et suivant une lettre du général Bertrand.

Des payements successifs eurent donc lieu à partir de cette époque, suivant les indications qu'on donna au prince, et conformément aux lettres et pièces existantes dans le dossier de cette affaire.

Voici les indications sommaires de ces fragments :

En 1818, à M. le comte de Las Cases, en lettres de change, 21,820 francs.

A son retour de Sainte-Hélène en Europe, M. le général Gourgaud remit au prince Eugène un billet de l'empereur Napoléon, daté du 12 juillet 1817, portant qu'il avait accordé une pension viagère de 12,000 francs à la mère de ce général, à dater du 1ᵉʳ janvier 1817.

Depuis, le prince reçut une lettre signée de M. le comte Bertrand et de M. le comte de Montholon, datée du 31 août 1821, portant que, suivant les intentions de l'Empereur, cette pension pourrait être payée aussi au général Gourgaud, et même *capitalisée* en sa faveur.

Plus tard, le prince consentit à donner une hypothèque pour cette pension, et, depuis encore, il accorda que cette hypothèque serait prise sur une de ses propriétés.

Le billet de l'empereur Napoléon, base de ces libéralités, était écrit sur un petit carré de papier d'environ 20 millimètres, apporté de Sainte-Hélène par M. le général Gourgaud. M. Hennin, ancien trésorier de la couronne, le fixa sur une feuille de papier et le plaça dans le dossier de cette affaire aux archives de la maison ducale.

Dans cette année 1819, il fut payé à M. le général Gourgaud, sur sa pension, 6,000 francs; à MM. Matheus frères, de Francfort, sur mandat, suivant la demande de M. le comte de Las Cases, en traites sur Paris, 370,000 francs; un bon de l'empereur Napoléon, au profit du docteur Stokoé (payé à M. le docteur O'Méara), 24,565 francs 65 centimes; à M. le docteur O'Méara, 2,370 francs 36 centimes.

En 1820, à M. le général Gourgaud, 12,000 fr.; à MM. Matheus frères, de Francfort, 40,000 francs; à M. W. Holms, de Londres, pour MM. Matheus frères, *idem*, en traites sur Paris, 72,000 francs.

En 1821, il fut payé : à M. le général Gourgaud, 6,000 francs ; à MM. Baring frères, de Londres, sur la demande de M. le général Bertrand, en remises sur Londres, par M. d'Eichthal, de Munich, 80,114 francs 37 centimes; à M. le général Bertrand, en effets sur Londres, 39,897 francs 63 centimes.

En 1822, il fut payé à M. le général Gourgaud, pour un an et demi de sa pension, 18,000 francs.

La pension de 12,000 francs, accordée à M. le général Gourgaud, ayant été constituée en rente viagère et hypothéquée, il faut porter le capital de cette créance au total des payements effectués, 812,768 francs 01 centime.

Il est nécessaire de mentionner ici quelle fut la conclusion finale de cette affaire de la pension de M. le général Gourgaud.

Après le décès du prince Eugène, la tutelle décida la vente de la propriété sur laquelle l'hypothèque avait été donnée. Il fallut, pour rendre cette propriété libre, aux termes du contrat, racheter à M. le général Gourgaud cette créance hypothécaire. Il refusa la substitution d'une autre hypothèque. Il exigea un payement en argent comptant.

La maison ducale fut obligée de lui donner, non pas 120,000 francs, représentant la valeur du capital de sa rente viagère, mais la somme de 170,000 francs. Total des payements faits, 812,768 francs 01 centime.

Le compte de ces payements fut dressé, par ordre du prince Eugène, le 6 juin 1822, et les pièces qui servirent de bases pour l'établir existent dans les archives ducales. Elles y ont été classées à cette époque par M. Hennin.

Cette affaire se trouvait donc entièrement terminée par le fait des payements effectués, *qui excédaient la somme remise au prince Eugène à titre de dépôt.*

Il y avait tout lieu de penser qu'il ne serait question d'aucunes réclamations à cet égard.

Il n'en fut pas ainsi.

Après la mort de l'empereur Napoléon, ses exécuteurs testamentaires adressèrent au prince Eugène, le 5 juillet 1822, une lettre dans laquelle ils lui demandaient de leur tenir compte des intérêts du dépôt de 800,000 francs, et de leur fournir copie des pièces à l'appui des divers payements faits par lui.

Sur le premier point, il était évident, d'après l'acte constatant la remise des 800,000 francs, que le prince n'avait reçu cette somme *qu'à titre de dépôt pur et simple, et qu'en conséquence il n'avait à tenir compte d'aucun intérêt.*

Sur le second point, il était également positif que le prince n'avait agi que comme chargé de verser des fonds à des personnes à lui désignées, et nullement de faire telles ou telles dépenses. C'était donc aux personnes qui avaient reçu ces fonds et fait les dépenses à justifier si les sommes avaient été employées conformément aux ordres qu'elles avaient reçus.

Le prince avait d'autant moins à produire ces pièces qu'elles n'eussent été que des copies de lettres de change tirées et acquittées, sur lesquelles aucune difficulté ne pouvait être élevée par les exécuteurs testamentaires, puisque ces mouvements de fonds ou versements avaient été effectués par des moyens à eux bien connus et en partie à eux-mêmes, et qu'ils n'étaient ni contestables ni contestés.

Le prince Eugène fit transmettre aux exécuteurs

testamentaires une réponse à leur lettre; cette réponse, datée de Munich, le 7 décembre 1822, contenait le compte des sommes payées, s'élevant à 812,768 francs 01 centime, et une note explicative de ce compte, en date du 7 décembre 1822, avec les copies des pièces, au nombre de neuf, d'après lesquelles le prince s'était trouvé autorisé à effectuer les versements.

La seule observation que l'on eût pu faire sur ce compte, c'est que l'ordre de l'Empereur, pour le payement au profit du docteur Stokoé, était adressé au roi Joseph (qui n'avait pas effectué ce payement), et non au prince Eugène.

Mais on pourrait répondre à cette objection que l'autre ordre pour le payement à faire au docteur O'Méara avait été adressé à la fois au prince Eugène et au roi Joseph, et que le prince Eugène put fort bien ne pas devoir équivoquer sur un payement qui pouvait être relatif à des soins pour la santé de l'Empereur.

Les exécuteurs testamentaires cherchèrent à élever des difficultés sur ces communications du prince Eugène.

Le 15 mars 1823, le comte de Montholon écrivit au prince une lettre dans laquelle il essayait de répondre au compte du 6 juin 1822 et à la note explicative du 7 décembre 1822. Il annonçait que ces pièces avaient été soumises aux arbitres nommés par les exécuteurs testamentaires.

Il exposait, quant aux intérêts du dépôt, que l'Empereur, lors de son départ de Paris en 1815, avait fait connaître au prince que son intention était que les fonds du dépôt en ses mains fussent immédiatement versés dans la caisse de la maison Laffitte.

Le comte de Montholon concluait de cela que le prince devait les intérêts du dépôt des 800,000 fr.

La réponse à cette prétention était fort simple.

D'abord, le prince n'avait eu aucune connaissance de cette *prétendue intention* de l'Empereur.

Ce fut seulement en 1817 que le prince remit à M. le comte de Lavalette la déclaration d'avoir reçu de lui, en 1814, le dépôt en question. S'il y avait eu des dispositions antérieures à ce sujet, il en eût été fait mention alors.

Enfin une preuve que l'Empereur n'avait pas voulu que les 800,000 francs fussent versés dans la caisse de M. J. Laffitte, c'est que des remises de fonds aux agents de l'Empereur à faire par le prince sur ce même dépôt lui furent demandées de Sainte-Hélène.

Dans sa lettre le comte de Montholon ajoutait que, par ses dispositions testamentaires, par ses instructions aux exécuteurs de ses dernières volontés, l'Empereur avait ordonné impérieusement de réclamer les intérêts, à raison de 5 pour 100, des 5,280,000 fr. déposés chez M. Laffitte, dont les 800,000 francs du prince faisaient partie.

Mais il avait disposé antérieurement de ces 800,000 francs.

On ne pouvait demander à un dépositaire des intérêts d'une somme à lui confiée à titre de dépôt, quand on avait déjà tiré sur ce dépositaire de façon à absorber le montant du dépôt, sous prétexte que l'on avait eu antérieurement l'intention de faire verser le montant du dépôt dans les mains d'une autre personne. Et ces intérêts, disait le comte de Montholon, étaient réclamés en vertu d'ordres impérieusement donnés?...

Le comte de Montholon exposait ensuite : que le général Gourgaud réclamait une partie des arrérages de sa pension, se fondant sur ceci, *que ce que le prince lui avait donné l'avait été à titre de don, et non pas pour l'acquit de l'ordre de l'Empereur relatif à la pension.*

Cela était inexact, et, de plus, le général Gourgaud était soldé entièrement depuis la fin de l'année 1822.

Le comte de Montholon cherchait aussi à dénaturer les articles des versements faits par ordre du prince aux divers agents de l'Empereur; il exposait à cet effet des détails qui n'ont aucune portée.

Enfin il transmettait au prince un compte, refait par lui, des sommes payées par le prince, s'élevant bien à la somme de 812,768 fr. 01 c. comme celui du 6 juin 1822, mais dans lequel il avait ajouté des intérêts à 5 pour 100, s'élevant à 236,968 francs; ce qui, disait-il, avait été approuvé par les arbitres de la succession de l'Empereur, les ducs de Bassano et de Vicence et le comte Daru.

Dans une lettre du 19 mars 1823, adressée au baron Darnay, son intendant à Paris, le prince lui fit connaître les demandes et les observations du comte de Montholon et lui indiqua les réponses à faire pour repousser ces demandes.

Dans cette lettre, le prince faisait la déclaration positive que les payements au général Gourgaud pour la pension n'avaient pas été *un acte de sa générosité*, mais étaient incontestablement imputables sur les fonds du dépôt de 800,000 francs, conformément d'ailleurs aux pièces émanées de l'Empereur et formant la base de cette pension.

Ces démarches, ces prétentions, dénuées de fondements réels, du comte de Montholon furent sans résultats ; elles ne pouvaient pas en avoir, puisqu'elles n'étaient pas même de nature à donner ouverture à des actions judiciaires.

Après le décès du prince Eugène, la tutelle n'accueillit pas ces demandes.

Chargé alors des affaires de la maison ducale à Paris, M. Hennin repoussa les démarches qui furent tentées à cet égard.

Dans le mémoire, en forme de conclusions, dont il va bientôt être question, le comte de Montholon exposa que le 1ᵉʳ juin 1827 il avait renouvelé ses demandes en adressant une requête à Son Altesse Royale le prince Charles de Bavière, tuteur des enfants du prince Eugène.

Cette démarche resta, comme toutes les autres, sans résultats.

A la fin de 1834 et au commencement de 1835, le comte de Montholon, longtemps absent de Paris, y revint, et renouvela ses démarches pour les réclamations en question.

Il fit de nouvelles instances auprès de M. Hennin, tant en personne que par le ministère de M. Cabanel, qui agissait en son nom et à celui de ses créanciers.

A cette époque, la famille ducale avait demandé et obtenu la faculté de vendre le domaine formant la dotation de Navarre, pour en convertir le prix en rentes sur la dette publique.

Le comte de Montholon et son mandataire mirent opposition entre les mains de l'adjudicataire des biens du majorat.

Cette prétention était inadmissible, tant pour le capital de la dotation que pour les intérêts. Le capital n'appartenait pas au doté, mais à l'État; les intérêts faisaient partie des revenus de la dotation, insaisissables de leur nature. M. Hennin fit assigner en main levée de cette opposition.

L'affaire fut plaidée en référé le 26 février 1835.

Le président du tribunal de première instance, qui tenait le référé, décida que, comme l'on ne peut se créer des titres à soi-même, il n'y avait pas matière à procès, et que l'adjudication aurait son plein et entier effet.

Ces détails se trouvent aussi mentionnés dans l'exposé de l'affaire du testament de l'empereur Napoléon.

En 1836, le comte de Montholon fit de nouvelles démarches.

Il céda ensuite ses prétendus droits à M. Pérardel, lequel fit de semblables instances en 1841 et en 1845.

En 1849, certaines publications que nous ne qualifierons pas vinrent ajouter à tout ce qui avait été déjà tenté. Mais ces réclamations n'aboutirent pas, attendu qu'elles ne pouvaient pas aboutir.

Affaire du codicille. — Pendant sa dernière maladie, Son Altesse Royale le prince Eugène reçut une lettre des exécuteurs testamentaires de l'empereur Napoléon, contenant la copie d'un testament qu'il désignait sous le nom de son codicille.

Cette pièce avait été placée à Londres dans un dépôt public par les exécuteurs testamentaires.

Voici ce qu'elle contenait :

« *Ce 24 avril 1821, Longwood.* — Ceci est mon
« codicille, ou acte de ma dernière volonté.

« Sur la liquidation de ma liste civile d'Italie,
« tels qu'argent, bijoux, argenterie, linge, meubles,
« écuries, dont le vice-roi est dépositaire, et qui
« m'appartenaient, je dispose de 2,000,000 que je
« lègue à mes plus fidèles serviteurs. J'espère que
« mon fils Eugène Napoléon les acquittera fidèle-
« ment. Il ne peut oublier les 40,000,000 que je
« lui ai donnés, soit en Italie, soit par le partage
« de la succession de sa mère.

« 1° Sur ces 2,000,000, je lègue, etc.

« 2° Au comte de Montholon, 200,000 francs, etc.

« Ce codicille est écrit entièrement de ma propre
« main, signé et scellé de mes armes. NAPOLÉON. »

Cet acte était de nature à causer au prince de vifs chagrins par les résultats de son attachement si constant, si sincère à la personne de Napoléon, et dans l'état de santé où il se trouvait alors, et aussi, à un certain point, à cause de la situation de ses affaires. Le prince Eugène avait alors près de lui, en qualité de secrétaire du cabinet, chargé de la suite de ses affaires, M. Hennin ; il lui remit cette lettre au moment où il venait de la recevoir, en lui faisant connaître les sentiments douloureux que cette communication lui causait.

M. Hennin reconnut aussitôt que ce codicille, fâcheux sans doute, était en réalité sans valeur légale. Il s'efforça de faire apprécier au prince les motifs qui se réunissaient pour rendre cette pièce un acte sans portée réelle.

Il y avait, en effet, des objections toutes-puissantes et d'une évidence entière à lui opposer.

Pour y répondre complétement, il faut, avant tout, en relever les points dont il se compose réellement :

1° Liquidation de la liste civile d'Italie ;

2° Argent, bijoux, argenterie, linge, meubles, écuries, dont le vice-roi est dépositaire ;

3° Quarante millions donnés au vice-roi en Italie ;

4° Partage de la succession de sa mère, donné au vice-roi ;

5° Demande de deux millions à acquitter par le prince, et dont Napoléon dispose en les léguant à ses plus fidèles serviteurs.

Voici les réponses à ces divers articles :

1° *Liquidation de la liste civile d'Italie.*

Dans les derniers mois de l'existence du royaume d'Italie, le pays était épuisé par la guerre et en partie occupé par l'ennemi.

La situation du trésor public était fort embarrassée. Sur la demande du ministre du trésor, le vice-roi autorisa M. Hennin, trésorier de la couronne, à retarder la rentrée des allocations fixées dans le budget de l'État pour la liste civile. Le système d'administration des finances de la maison royale offrait constamment un encaisse plus ou moins important, par suite des économies opérées dans ce service.

Cela fut exécuté, et, lors de l'occupation de Milan par l'armée autrichienne, il était dû *par le trésor de l'État au trésor de la couronne* environ sept mois de la dotation de la liste civile, c'est-à-dire 3,500,000 francs.

Après la paix, le prince Eugène fit pendant longtemps de nombreuses démarches pour obtenir du gouvernement autrichien la liquidation et le payement de ce solde.

Il n'a jamais pu en rien obtenir, et il n'a pas été payé sur ce solde un seul centime.

2° *Argent, bijoux, argenterie, linge, meubles, écuries, dont le vice-roi est dépositaire.*

Les valeurs et objets en question étaient, pendant la durée du royaume d'Italie, administrés et conservés par les agents des diverses parties de l'administration de la liste civile sous la direction de l'intendant général.

En quittant le royaume d'Italie, le prince Eugène se conduisit, en cela comme en toutes choses, honorablement et avec loyauté. Il s'éloignait du royaume qu'il avait gouverné; il ne prit rien, n'emporta rien. Tout ce qui faisait partie de la liste civile, y compris même le faible reste en espèces existant dans le trésor de la couronne, fut laissé et recueilli par les autorités autrichiennes.

Le vice-roi n'a donc jamais été dépositaire de ces valeurs et objets pendant la durée du royaume d'Italie, et encore bien moins depuis.

Comment a-t-il été possible de dire qu'il était dépositaire de ces valeurs et objets sept ans après les événements militaires et politiques qui les avaient fait passer en la possession du gouvernement autrichien?

3° *Quarante millions donnés au vice-roi en Italie.*

Il s'agit ici de la dotation faite au prince par Napoléon. D'abord, il faut dire que cette dotation n'était pas de *quarante*, mais de *vingt* millions, en biens nationaux dans la Romagne et les Marches.

La meilleure preuve que ces biens ne valaient que vingt millions, c'est que, plus de quarante ans après, avec les améliorations et accroissements survenus, ils ont été vendus au gouvernement pontifical pour la somme d'environ *vingt-deux* millions.

Cette dotation n'était pas de *vingt* millions en espèces, mais de cinq à six cent mille francs de revenus, plus ou moins, que ces biens produisaient suivant la fertilité ou la non-fertilité des récoltes.

En 1814, cette dotation fut *séquestrée*, pour ne pas dire *confisquée*, par le pape.

Ce ne fut que deux ans après qu'elle fut restituée au prince Eugène par le congrès de Vienne, duquel il la reçut alors.

4° *Partage de la succession de sa mère, donné au vice-roi.*

Sans aucun doute, le prince Eugène a recueilli la moitié à lui revenant de la succession de sa mère, l'impératrice Joséphine.

Mais comment peut-on dire que l'on a donné à un fils la succession de sa mère? D'après ce système, on aurait donc pu l'empêcher de recueillir cette succession, ou la lui prendre? La lui ravir eût été une spoliation contraire au Code Napoléon.

Pour terminer, il faut ajouter que la succession a produit en effets, meubles, objets d'art et le domaine de Malmaison, une somme d'environ *deux millions*. Le domaine a dû être vendu pour payer des dettes.

5° *Demande de deux millions à acquitter par le prince Eugène, et dont l'empereur Napoléon dispose en faveur de ses plus fidèles serviteurs.*

L'Empereur avait adopté Eugène, et l'avait placé dans un rang élevé, lui avait fait épouser la fille d'un roi, dont il a eu six enfants, à l'établissement desquels il doit penser. Demander à ce prince deux millions, c'était lui demander quatre à cinq années de ses revenus. Dans sa position, avec sa nombreuse famille, pouvait-il abandonner une pareille somme?

Il faut aussi ajouter que les promesses qui avaient été faites par l'Empereur à la princesse Auguste en 1806, lors de son mariage avec le prince Eugène, n'ont jamais été réalisées.

On doit donc déplorer chez l'Empereur cette ignorance des faits (car c'est à cela seul qu'il est possible d'attribuer son codicille).

D'autres codicilles de Napoléon, de la même nature, et à la charge d'autres personnes de sa famille, furent également signés par lui et n'eurent pas un meilleur accueil, parce qu'ils étaient impossibles à accueillir.

L'Empereur, de 1815 à 1821, c'est-à-dire pendant six ans, était resté pour ainsi dire étranger à tout ce qui s'était passé en Europe; il n'est donc pas surprenant qu'il eût ignoré bien des choses sur sa famille. Toutefois le prince Eugène fut vivement impressionné par une demande aussi imprévue.

Il fit savoir aux exécuteurs testamentaires, par le baron Darnay, chargé de ses affaires à Paris, que le seul moyen qu'il avait de satisfaire à la demande de l'Empereur était de presser de nouveau le gouvernement autrichien de liquider et de lui solder la liste civile d'Italie, puisque c'était le motif principal sur lequel Napoléon appuyait sa demande.

Il écrivit même dans ce sens aux exécuteurs testamentaires, le 30 août 1822.

Le prince mourut sans avoir rien pu obtenir de l'Autriche à cet égard. Un peu plus tard, le baron Darnay cessa d'être chargé des affaires de la maison ducale à Paris, et M. Hennin le remplaça.

Ce fut donc à lui que furent adressées les demandes et les sollicitations des exécuteurs testamentaires. M. Hennin pensa que les demandes ne pouvaient être admises.

Le général Bertrand et M. Marchand résilièrent leurs fonctions d'exécuteurs testamentaires, en laissant le comte de Montholon chargé seul de ce soin.

Il se passa beaucoup de temps sans qu'il fût fait de nouvelles et positives démarches pour ces réclamations.

Il y avait lieu de penser que l'on avait renoncé à donner des suites sérieuses à cette affaire.

Cependant, à la fin de l'année 1834 et au commencement de 1835, le comte de Montholon renouvela ses demandes. Retenu longtemps hors de Paris par la situation de ses affaires privées, il y revint, au moyen d'un arrangement avec ses créanciers, auxquels il avait abandonné ce qu'il appelait ses droits dans les réclamations basées sur le codicille.

Il recommença alors ses instances auprès de M. Hennin, tant en personne que par le ministère de M. Cabanel, qui agissait tant au nom du comte de Montholon qu'en celui de ses créanciers.

M. Cabanel annonça à M. Hennin que si cette affaire ne pouvait pas se terminer par son entremise, le comte de Montholon enverrait à Munich un fondé de pouvoirs pour y faire valoir ses droits, etc.

Les réclamations de M. Cabanel étaient alors basées sur l'affaire du codicille et sur l'affaire relative au dépôt fait en 1815 au prince Eugène, au nom de l'Empereur, d'une somme de 800,000 francs, affaire que nous avons expliquée précédemment.

Cette somme, ainsi qu'on l'a dit, avait été régulièrement remboursée depuis longtemps et même par des versements plus élevés.

Au commencement de l'année 1836, le comte de Montholon céda à M. Pérardel ses prétendus droits sur la maison ducale.

Tout en plaidant, tout en menaçant de nouvelles poursuites, ces messieurs parlaient constamment d'arriver à des arrangements.

Aucune suite ne fut donnée aux réclamations pendant encore quelque temps.

En 1841, le 16 septembre, le nouveau mandataire de M. le comte de Montholon, M. Pérardel, écrivit à Son Altesse Royale madame la duchesse une lettre contenant de nouvelles demandes, des menaces de publicité et de poursuites judiciaires.

M. Keller, avocat de la maison ducale, répondit le 22 octobre, en entrant dans quelques explications.

Alors comme toujours, aux demandes de M. le comte de Montholon et de ses agents, M. Hennin se borna à opposer les mêmes refus, basés sur les motifs puisés dans la nature de l'affaire.

A leurs sollicitations, à leurs menaces de publicité et de procès, à leurs offres d'arrangements, il répondit constamment que, tant qu'il serait chargé de cette affaire et que l'on suivrait ses conseils ils n'obtiendraient rien.

Enfin, après quelques autres démarches que nous croyons inutile de rapporter ici, les réclamations non fondées vis-à-vis de la famille ducale cessèrent entièrement à partir de 1850.

POSTFACE

Pour rédiger et publier un ouvrage de longue haleine comme celui des *Mémoires du prince Eugène*, nous avons dû avoir recours à beaucoup de documents historiques. Nous voulons, en terminant, dire de qui nous tenons les matériaux qui nous ont été si utiles.

1° La correspondance politique et militaire du prince Eugène avec Napoléon, avec le roi de Bavière, avec l'empereur Alexandre, avec le ministre de la guerre nous a été envoyée par Son Altesse Impériale et Royale madame la grande-duchesse de Leuchtenberg.

2° Les lettres intimes du prince Eugène à sa femme, la princesse Auguste, nous viennent de Sa Majesté la reine douairière de Suède.

3° Plusieurs lettres concernant Murat nous ont été données par M. Schu.

4° Nous tenons de la complaisance de M. Hennin,

jadis trésorier de la couronne d'Italie, des notes très-détaillées sur tout ce qui a rapport aux affaires du domaine de Navarre, du dépôt des 800,000 fr. et du codicille de Napoléon.

5° M. Planat de la Faye, ancien officier d'ordonnance de l'empereur Napoléon, attaché quelque temps à la personne du prince Eugène, nous a communiqué plusieurs lettres importantes sur le divorce et sur les affaires de 1814.

6° Nous devons à M. le comte Tascher de la Pagerie, ancien aide de camp du prince Eugène : une note sur son envoi en Tyrol auprès de Hoffer, une note sur son voyage à Paris lors du divorce, son rapport sur la bataille du Mincio et la relation de sa mission en 1814 auprès de l'empereur Napoléon.

7° Le colonel comte Vignolle nous a communiqué des documents importants de son père sur les campagnes de 1809 et de 1813.

Plusieurs fautes typographiques nous ont été signalées, plusieurs noms ont été, dans le courant de l'ouvrage, écrits de deux manières différentes.

Malgré tout le soin apporté à une première édition, il est bien difficile qu'il en soit autrement. Toutefois il est une de ces *erreurs* que nous tenons à rectifier. A la page 174 du volume IV°, livre XI, on lit : *Lui-même* (Napoléon) *se disposait à partir pour Erfurth*, où devaient se régler, *entre les deux plus puissants souverains du monde, les destinées de l'Europe.* Ce qui constituerait un anachronisme. Il faut lire : *Lui-même se disposait à* partir pour Paris, tranquille, depuis qu'à Erfurth *avaient été réglées entre les deux plus puissants souverains du monde les destinées de l'Europe.* Du reste, cette erreur n'a pu tromper aucun de nos lecteurs, puisque page 220 du même volume, à la correspondance du même livre, on trouve une lettre de l'Empereur en date du 21 septembre 1808, annonçant son départ pour Erfurth.

FIN DU DIXIÈME ET DERNIER VOLUME.

TABLE DES MATIÈRES

LIVRE XXVII

DU 1er JANVIER 1814 AU 9 FÉVRIER 1814.

§ I. — Coup d'œil sur ce qui avait eu lieu depuis le commencement des hostilités à Zara, — Cattaro, — Raguse, — Venise. — Conduite de l'armée napolitaine de Murat à Rome, à Ancône. — Cette armée occupe Bologne, Modène, Ferrare et Cento, vers la fin de janvier sans déclaration de guerre préalable. — Première lettre de Napoléon, en date du 17 janvier, dans laquelle il est question de l'évacuation *conditionnelle* de l'Italie. — Napoléon semble abandonner ce projet. — Pourquoi? — Le prince Eugène, se basant sur les faits hostiles de l'armée napolitaine, adresse une proclamation aux peuples du royaume d'Italie et une à ses troupes. — Il envoie le général Gratien à Plaisance. — Mesures concernant Gênes et le littoral. — L'armée d'Italie abandonne l'Adige (4 février) pour se porter sur la ligne du Mincio. — Position de cette armée sur la rive droite du Mincio................ 2

§ II. — Bataille du Mincio (8 février 1814). — Plan du vice-roi. — Son but en livrant cette bataille. — Dispositions qu'il prend. — Le même jour le comte de Bellegarde veut franchir le Mincio. — Son plan. — Idée fausse à laquelle il obéit. — Ses dispositions. — Récit de la bataille. — Ses différentes phases. — Rapport fait à Napoléon par le commandant Tascher. — Lettre critique du maréchal Vaillant sur cette bataille................ 13

Correspondance relative au livre XXVII................ 39

LIVRE XXVIII

DU 9 FÉVRIER A LA FIN D'AVRIL 1814.

§ I. — L'Empereur revient à son projet de rappeler en France l'armée d'Italie (8 février 1814). — Lettres du duc de Feltre, de l'impératrice Joséphine et de la reine Hortense. — Dépêche télégraphique. — Lettre de l'Empereur au duc de Feltre (8 février). — Remarque sur les ordres donnés par Napoléon. — Réponse du vice-roi (16 février) au duc de Feltre. — Nouvelle dépêche de ce dernier (17 février). — Lettres explicatives du vice-roi à Napoléon et à sa mère (18 février). — Eugène se prépare à obéir, puis il modifie ses projets par suite de la conduite du roi de Naples. — Lettre au prince Camille (21 février) — La situation change complétement. — Lettre de Napoléon à Eugène (18 février). — Lettre de Napoléon relative à la vice-reine (19 février); — d'Eugène au duc de Feltre (22 février). — Arrivée du colonel Tascher (25 février). — Son curieux rapport au vice-roi. — Résumé. — Extrait du précis historique des opérations de l'armée de Lyon en 1814 84

§ II. — Ce qui avait motivé la lettre du 19 février de l'Empereur. — Explications à ce sujet. — Démarche du vice-roi auprès de Bellegarde. — Mécontentement de la princesse Auguste en voyant la belle conduite de son mari méconnue. — Ses lettres à la reine Hortense et à Eugène (19 et 20 février). — Réponse du vice-roi (21 février). — Lettre du roi de Bavière à sa fille. — Noble réponse du prince Eugène. — Le vice-roi fait connaître à la princesse Auguste la lettre de Napoléon en date du 19 février. — Réponses d'Eugène et de la princesse à l'Empereur. — Nouvelles lettres de Napoléon à Eugène et à sa femme (12 mars). — La vice-reine se décide à s'enfermer dans Mantoue pour y faire ses couches 122

§ III. — Suite des opérations militaires. — Le lendemain de la bataille du Mincio ou de Roverbella, le prince Eugène repasse la rivière et rétablit sa communication avec le général Verdier. — Affaire de Borghetto (10 février). — Combats du côté du Tyrol; — de Gardova, le 14; — de Salo, le 16 février. — Sixième organisation de l'armée d'Italie. — Ce qui la motive. — Le général d'Anthouard envoyé à Plaisance. — Conduite des Napolitains. — Ils déclarent formellement la guerre le 15 février. — Ils attaquent le 17 les avant-postes de la division Séveroli. — Mouvements du côté de Plaisance. — Rapport du général Grenier. — Capitulation de la citadelle d'Ancône le 15, de Livourne le 19 février. — Combat de Guastalla (1ᵉʳ mars). — Combat sur le Taro. — Attaque de Parme (2 mars). — Succès du général Grenier. — Affaire de Reggio (7 mars). —

Blocus de Venise. — Reconnaissance offensive du 10 mars sur la ligne du Mincio. — Évacuation de Civita-Vecchia et du château Saint-Ange par suite d'une convention (10 mars). — Le général Maucune prend le commandement du corps détaché de droite de l'armée d'Italie. — La vice-reine à Mantoue. — Siége de Gênes (1ᵉʳ avril). — Affaire du Taro (13 avril). — Convention pour l'évacuation de l'Italie (16 avril). — Reddition de Gênes (19 avril). — De Venise le 20. — Évacuation de l'Italie par l'armée. — Proclamation du vice-roi. — Ordre du général Grenier (18 avril). — Intrigues et révolution à Milan. — Conduite du prince Eugène. — Adresse de l'armée au vice-roi. — Lettre de d'Anthouard. — Réflexions. . 137
Correspondance relative au livre XXVIII. 185

LIVRE XXIX

1814—1824

Le prince Eugène vient à Vérone (fin d'avril). — Il quitte l'Italie pour se rendre à Munich avec la vice-reine et ses enfants. — Il est appelé à Paris auprès de l'impératrice Joséphine. — Sa réception par Louis XVIII, par les princes de la famille des Bourbons, et par les souverains alliés. — Il ferme les yeux à sa mère. — Sa liaison avec l'empereur Alexandre. — Séjour du prince à Vienne pendant le congrès. — Sa conduite pendant les Cent-Jours. — Interprétation donnée par les grandes puissances à l'article du traité de Fontainebleau qui le concerne. — Arrangements proposés. — Phases différentes de cette affaire. — Fixation du sort du prince Eugène. — Sa belle lettre à l'empereur Alexandre, à la suite des malheurs de la France. — Sa générosité envers les Français malheureux. — Il reste étranger à toute politique. — Ses sentiments envers Napoléon. — Lettre à ce sujet à l'empereur Alexandre (1818). — Il vient en aide au proscrit de Sainte-Hélène. — Son entrevue avec Alexandre sur le territoire du Wurtemberg. — Mariage de sa fille aînée. — Maladies. — Mort du prince Eugène le 21 février 1824. — Paroles de Louis XVIII à cette nouvelle. — Jugement de Napoléon sur le prince vice-roi. — Lettres de l'empereur Alexandre à sa veuve. — Lettre *présumée* d'Eugène à Alexandre. — Propositions faites, *dit-on*, à Eugène par le duc d'Orléans en 1821.
Correspondance relative au livre XIX. 287

LIVRE XXX

§ 1ᵉʳ. — On cherche à porter atteinte à la réputation du prince Eugène. — Notice sur le général d'Anthouard. — Son caractère, sa conduite, ses motifs de haine contre le vice-roi et la vice-reine. — Lettres à l'appui. — Dessous de cartes. — Notes rédigées par le général d'Anthouard contre le prince Eugène. — Refutation de ces notes, point par point. — Le général Pelet. — Le duc de Raguse. 375

§ II. — Affaire du dépôt des 800,000 francs. — Affaire du codicile du testament de l'empereur Napoléon Ier. 408

Postface. 427

FIN DE LA TABLE DES MATIÈRES

PARIS. — IMP. SIMON RAÇON ET COMP., 1, RUE D'ERFURTH.

CHEZ LES MÊMES ÉDITEURS.

BIBLIOTHÈQUE CONTEMPORAINE

GRAND N-18 À 3 FR. 1 VOL.

	vol.
J. AUTRAN	
Laboureurs et Soldats	1
La Vie rurale	1
Poèmes de la mer	1
J. BARTHELEMY ST-HILAIRE	
Lettres sur l'Égypte	1
L. BAUDENS	
La Guerre de Crimée, les Campements, les Abris, les Ambulances, les Hôpitaux, etc.	1
La PRINCESSE de BELGIOJOSO	
Scènes de la vie turque	1
Nouv. scèn. de la vie turque	1
HECTOR BERLIOZ	
Les Soirées de l'orchestre	1
DE STENDHAL (H. BEYLE)	
De l'Amour, seule édit. complète	1
Promenades dans Rome	2
La Chartreuse de Parme	1
Le Rouge et le Noir	1
Romans et Nouvelles	1
Hist. de la peinture en Italie	1
Vie de Rossini	1
Racine et Shakspeare	1
Mémoires d'un Touriste	2
Vies de Haydn, de Mozart	
Rome, Naples et Florence	1
Correspondance inédite	2
Chroniques italiennes	1
Nouvelles inédites	1
Nouvelles et Mélanges	1
H. BLAZE DE BURY	
Écriv. et Poèt. de l'Allemag.	1
Souvenirs et Récits des Campagnes d'Autriche	1
Épis. de l'Hist. du Hanovre	1
Intermèdes et Poèmes	1
Les Amies de Goethe	1
A. BRIZEUX	
Œuvres complètes	2
LE PRINCE A. DE BROGLIE	
Étud. moral. et littéraires	1
CUVILLIER-FLEURY	
Portraits politiques et révolutionnaires (2e éd.)	2
Études histor. et littérair.	1
Nouvelles études historiques et littéraires	1
Dernières études historiques et littéraires	2
LE COMTE D'HAUSSONVILLE	
Histoire de la politique extérieure du gouvernement français, 1830-1848	2
Histoire de la Réunion de la Lorraine à la France	4
ALPHONSE ESQUIROS	
La Néerlande et la Vie hollandaise	2
FEUILLET DE CONCHES	
Léopold Robert, sa vie, ses œuvres et sa correspondance. Nouv. édit.	1
LE PRINCE DE LA MOSKOWA	
Souvenirs et Récits	
EUGENE FORCADE	
Études historiques	1
Histoire des causes de la guerre d'Orient	1

	vol.
OCTAVE FEUILLET	
Scènes et Proverbes	1
Scènes et Comédies	1
Bellah	1
La petite Comtesse	1
Le Roman d'un jeune homme pauvre	1
EUGENE FROMENTIN	
Une Année dans le Sahel	1
Un Été dans le Sahara	1
LÉOPOLD DE GAILLARD	
Questions italiennes	1
GREGOROVIUS	
Traduction de P. Sabatier.	
Les Tombeaux des Papes romains, avec introd. de J.-J. Ampère	1
F. HALEVY	
Souvenirs et Portraits	1
HENRI HEINE	
De l'Allemagne	2
Lutèce, lettres sur la vie sociale en France	1
Poèmes et Légendes	1
Reisebilder, tableaux de voyage	2
De la France	1
ARSENE HOUSSAYE	
Mademoiselle Mariani	1
JULES JANIN	
Histoire de la littérature dramatique	6
Les Contes du Chalet	1
Barnave	1
ALPHONSE KARR	
Lettres écrites de mon jardin	1
Le Roi des Iles Canaries	1
En fumant	1
De loin	1
Sur la plage	1
LAMARTINE	
Toussaint Louverture	1
Geneviève, 5e édition	1
Les Confidences, nouv. éd.	1
Nouv. Confidences, 2e éd.	1
VICTOR DE LAPRADE	
Idylles héroïques	1
Poèmes évangéliques	1
Psyché, Odes et Poèmes	1
ANTOINE DE LATOUR	
Études sur l'Espagne	2
La Baie de Cadix	1
Tolède et les Bords du Tage	1
CH. LAVOLLÉE	
La Chine contemporaine	1
JOHN LEMOINNE	
Étud. crit. et biograph'q.	1
HECTOR MALOT	
Les Victimes d'amour	1
COMTE DE MARCELLUS	
Chants popul. de la Grèce	1
CH. DE MAZADE	
L'Espagne moderne	1
L'Italie moderne	1
PROSPER MÉRIMÉE	
Nouvelles, Carmen, etc.	1
Épisode de l'Hist. de Russie	1
Les Deux Héritages	1
Études sur l'Hist. romaine	1
Mélang. hist. et littérair.	1

	vol.
F. PONSARD	
Théâtre complet, 2e édit.	1
Études antiques	1
D. NISARD	
Études sur la Renaissance	1
Souvenirs de voyage	1
Études de crit. littéraire	1
Étud. d'Hist. et de Littérat.	1
CHARLES NODIER	
Mémoires et Correspondances historiques, littéraires inédits, 172 846	1
THÉODORE PAVIE	
Scènes et Récits des pays d'outre-mer	1
Récits de Terre et de Mer	1
A. PEYRAT	
Histoire et Religion	
GUSTAVE PLANCHE	
Portraits d'artistes	2
Étud. sur l'École française	2
Études sur les Arts	1
Études littéraires	
A. DE PONTMARTIN	
Causeries littéraires	
Causeries du samedi	
LOUIS RATISBONNE	
L'Enfer du Dante, traduction en vers, texte en regard	2
Le Purgatoire, traduction en vers, texte en regard	2
Le Paradis, traduction en vers, texte en regard	2
Impressions littéraires	1
PAUL DE REMUSAT	
Les Sciences naturelles, études sur leur histoire et sur leurs plus récents progrès	1
JULES SANDEAU	
Catherine	1
Nouvelles	1
Un Héritage	1
La Maison de Penarvan	1
ST-RENÉ TAILLANDIER	
Allemagne et Russie	1
Hist. et Philos. religieuse	1
Étud. de Littérat. étrang.	1
A. THIERS	
Histoire de Law	1
E. DE VALBEZEN	
(Le Major Fridolin)	
Récits d'hier et d'aujourd'hui	
SAMUEL VINCENT	
Du Protestantisme en France, nouv. édit. avec une introduction de M. Prévost-Paradol	
L. VITET	
La Ligue	2
Le Louvre	1
L'anc. Académ. de peinture	1
***	
Les Horizons prochains	1
Les Horizons célestes	1
***	
Robert Emmet	

www.ingramcontent.com/pod-product-compliance
Lightning Source LLC
Chambersburg PA
CBHW050902230426
43666CB00010B/1987